本书出版得到部校共建复旦大学新闻学院新媒体实验中心项目经费支持

深度报道新论

A New Theory
of In-depth
Reporting

窦锋昌◎著

暨南大学出版社
JINAN UNIVERSITY PRESS

中国·广州

图书在版编目（CIP）数据

深度报道新论/窦锋昌著. —广州：暨南大学出版社，2024.6
ISBN 978 – 7 – 5668 – 3915 – 2

Ⅰ. ①深…　Ⅱ. ①窦…　Ⅲ. ①新闻报道　Ⅳ. ①G222. 2

中国国家版本馆 CIP 数据核字（2024）第 096102 号

深度报道新论

SHENDU BAODAO XINLUN

著　者：窦锋昌

出 版 人：阳　翼
责任编辑：刘　蓓　王辰月
责任校对：刘舜怡　王雪琳　梁安儿
责任印制：周一丹　郑玉婷

出版发行：暨南大学出版社（511434）
电　　话：总编室（8620）31105261
　　　　　营销部（8620）37331682　37331689
传　　真：（8620）31105289（办公室）　37331684（营销部）
网　　址：http：//www. jnupress. com
排　　版：广州市新晨文化发展有限公司
印　　刷：广东广州日报传媒股份有限公司印务分公司
开　　本：787mm×1092mm　1/16
印　　张：15. 5
字　　数：320 千
版　　次：2024 年 6 月第 1 版
印　　次：2024 年 6 月第 1 次
定　　价：69. 80 元

前　言

近些年来，有一种声音此起彼伏：中国的深度报道衰落了。这种说法有着明显的现实依据，比如调查记者的总量减少了，深度报道的版面被压缩了，深度报道的部门被裁撤了等。其直接的后果就是当重大新闻事件发生时，相关的深度报道不如以前多了。

这里说的"以前"指的是中国的深度报道曾经的那个辉煌时期，时间是从20世纪90年代到21世纪第一个十年，一般被称为"黄金20年"。在这二十年里，中国传统媒体的发展态势是向上的，依附其上的深度报道也是如此，出现了一大批名记者、名作品。但是2010年以后，伴随着移动互联网技术在媒体领域的大面积使用，深度报道及其母体——传统媒体遭遇重大挑战甚至是挫败。

不过，观察最近几年的媒体发展，我们发现社会和受众对深度报道的需求依然巨大，深度报道"重生"的迹象非常明显，特别是在2020年新冠疫情发生以来的报道中。面对此类复杂的事件，读者怎样才能把握住事情的基本脉络？怎样辨别相关信息的真伪？很大程度上还是要依靠专业媒体所做的深度报道，深度报道的重要性因此重新得以凸显。

同时，我们看到深度报道本身也在发展。比如最近几年在各个媒体平台上迅猛发展的非虚构写作就是一个典型代表，非虚构写作和我们过去在深度报道课堂上所说的"特稿"其实大同小异，只不过如今插上了互联网的翅膀。再比如，数据新闻及信息的可视化操作，也可以看成深度报道在互联网兴起后的一类崭新深度报道实践。

因此，只要我们能够秉持一种与时俱进的眼光，就会发现深度报道改变的只是其组织方式、生产方式和呈现方式，在它适应了新的传播条件之后，完全可以"涅槃重生"。

本书就是在深度报道面临如此历史性巨变的背景下写成的。综合来看，与同样讲深度报道的其他专著或者教材相比，本书具有如下三个突出特点：

第一，具有鲜明的时代性。从始至终，笔者抓住深度报道在互联网时代所遇到的挑战这个重要主线，体现深度报道在生产过程的各个环节所发生的重要变化，力争把这些变化写深、写透。同时，深度报道也自有其稳定的一面，很好地处理了其中"变"与"不变"的辩证关系。

第二，具有鲜明的历史性。深度报道虽然总体来说是一门实务性课程，但是因为它与社会实践之间的紧密关系，我们也可以从更宏观的历史角度看待深度报道的过去与未来，因此，本书用较大的篇幅讲述深度报道的"史论"，特别是深度报道在西方和中国的发展脉络，以便读者从理论层面认识和把握深度报道。

第三，具有鲜明的实践性。深度报道毕竟是一门实践性科目，读者看完本书后，除了能够鉴赏深度报道的优劣之外，还要能够动手写作深度报道，因此本书用了大量篇幅依照生产过程的顺序，解剖了深度报道的操作要点，力求让读者"学得会"以及"用得上"。

本书适合作为高等院校新闻传播专业学生的教材或重要的参考阅读书目，可以有效提高学生的新闻眼光和动手能力。同时，本书也可以为广大自媒体从业者、非虚构写作者提供采写指导。如果说传统媒体时代，深度报道是专业新闻工作者的垄断权力，到了如今的移动互联网时代，则是"人人皆记者""人人皆深度记者"。最后，阅读本书也可以帮助提高新闻深度用户的媒体素养和鉴赏水平，让读者不仅看到新闻的"热闹"，还可以看懂新闻的"门道"。

窦锋昌

2024 年 2 月

目 录
CONTENTS

第一章

深度报道及其在新媒体时代的变化

对于新闻学界来说,"深度报道"是很多大学新闻传播学院的一门必修课,属于新闻实务类课程的一个重要组成部分。对于新闻业界来说,深度报道是许多媒体的核心竞争力,而且伴随着新闻生产社会化步伐的加快,深度报道或者类深度报道也成为很多互联网新媒体或者自媒体刊发内容的首选,从选题到采访,再到写作,以至于最后的呈现,深度报道都表现出了完全不同于传统媒体时代的新特点。本书力争全面准确地反映出深度报道在互联网条件下的新变化,简而言之,本书要写的是新媒体时代的深度报道。

第一章的题目是"深度报道及其在新媒体时代的变化",意图通过若干案例让读者感受深度报道的特点,明确它和一般的新闻报道的区别,以及它的外在特征及采写要求。

一提起深度报道,可能有人会把它同调查报道、舆论监督报道甚至是揭黑报道等同起来。这样的理解是不准确的,本书后续的章节中会有详细的解释。这里需要指出的是,深度报道是新闻采编业务中的一种形式或体裁,它的运作要在马克思主义新闻观的指导下进行。马克思主义新闻观是指马克思主义对于新闻现象和新闻传播活动的总的看法,涉及新闻本源、新闻本质及新闻传播规律等许多根本性问题。同时,马克思主义新闻观是党的新闻舆论工作的灵魂,也是一个与时俱进、不断充实、逐步完善和创新发展的观念。

2016年2月19日,习近平总书记在党的新闻舆论工作座谈会上发表的重要讲话,为我们在新形势下做好党的新闻舆论工作提供了强大思想武器和根本遵循。在讲话中,习近平总书记提出了"高举旗帜、引领导向,围绕中心、服务大局,团结人民、鼓舞士气,成风化人、凝心聚力,澄清谬误、明辨是非,联接中外、沟通世界"的48字方针,这是党的新闻舆论工作的职责和使命,是马克思主义新闻观的最新发展。在这个48字的方针中,"引领导向""围绕中心""鼓舞士气""澄清谬误""明辨是非"等内容和本书所谈的深度报道具有直接的关系,深度报道从选题到采写的一系列环节都要遵循这一基本方针的要求和指引。

第一节　学习深度报道课程的目标

在正式了解深度报道之前,我们先思考两个问题:第一个问题是,在日常阅读新闻的过程中,我们有没有注意到有深度报道这样一种新闻体裁?或者说,什么样的报道才是深度报道?它和一般的新闻报道(消息、通讯)有什么区别?第二个问题是,通过学习深度报道这门课程或者阅读深度报道这类新闻,我们要达到什么样的目标?

一、深度报道与消息、通讯的区别

先看第一个问题，深度报道与消息、通讯有什么区别？深度报道与消息的区别较大，消息通常按照"倒金字塔"的方式去写，有动态感十足的标题和简洁明快的导语，也有时效性强、篇幅不长等外部特点。深度报道则不然，深度报道的写作讲究起承转合，讲究悬念的设置，一般不会直来直去，且篇幅很长。

不过，深度报道与通讯的关系则有点"剪不断、理还乱"的感觉，它们之间有较高的重合度，甚至可以说通讯是深度报道的一种特殊类型，特别是在我们国家的一些特殊历史时期，通讯承担着重要的社会宣传和动员功能，在采访方式以及写作手法上和深度报道比较接近。正因为如此，在中国新闻奖的奖项设置上，曾经有一个类别叫"通讯与深度报道"，它给出的界定是"用分析性报道、解释性报道、调查性报道、新闻特写、新闻综述等表现手法对新闻人物、事件等进行深入和详细报道的新闻作品"，其中包含"分上下两期刊发的新闻作品"，以及"系列、连续、组合报道"。由此可以看出，在新闻业界的具体操作过程中，通讯和深度报道有着非常紧密的关系，在评奖的时候被视为同一种文体。虽然如此，深度报道和通讯之间还是不能完全画等号。通讯的选题和写法有其独特之处，比如字里行间有着饱满的情绪、整篇通讯有着鲜明的政治立场等，而当下一般所说的深度报道更加强调事实的披露、文笔的平实、立场的公允和情感的退后等。

从媒体类型来说，中国的媒体有不同的属性和定位，比如最为常见的各级党报，基本上都以刊发消息和通讯为主，在这样的媒体上，深度报道不是主要的报道形式；相反，周刊、周报刊登的报道大部分都是深度报道，如《财新周刊》《三联生活周刊》《南方周末》《南风窗》等媒体所刊发的报道就是如此。《21世纪经济报道》《第一财经日报》这样的财经类媒体，虽然在刊发周期上是接近日报的媒体，但因为它们刊登的稿件的专业性比较强，采用的主要报道类型也是深度报道。

从采写角度来说，消息的写作可以简单概括为"有一说一"，讲究的是简洁明快，把重要的信息及时、迅速、准确地传达给读者。同时，它的原创性没有那么强，记者个人对事实的挖掘不多，多数情况下扮演的是一个"传声筒"的角色。但是深度报道与消息不一样，一般不能够"有一说一"，而是要"有一说二"，甚至是"有一说三"。记者要把新闻事件发生的前因后果、背景等相关元素在报道中说清楚，这就需要记者投入较多的原创劳动在里面。因此，深度报道跟消息所承担的功能不一样，是两种完全不一样的报道形式。

二、学习深度报道，预期可以达到的目标

接下来谈谈另外一个问题，即通过阅读深度报道这类新闻或者学习深度报道课程，我们要达到什么样的目标？从新闻学院课程体系的角度来说，深度报道和新闻采写一样，属于新闻实务类课程，但是深度报道又不是完全的实务类课程，还具有比较多的史论性质。概括起来，深度报道至少要起到以下四方面的作用：

第一，要掌握深度报道的历史和一般理论知识。包括深度报道在世界范围内的发展史，以及中国特别是近二三十年来深度报道的发展过程，这些属于本课程的史论类知识。

第二，要学会鉴赏优秀的深度报道。在如今的新媒体时代，每个人每天都会接触到大量参差不齐、泥沙俱下的新闻报道，我们需要对这些报道的质量做出自己的评判，以便彰显和提高个人的媒介素养和阅读品味。

第三，要更好地理解和观察社会。我们读新闻、学新闻、做新闻，最终的目标都是观察和理解我们身处的这个社会，通过大量阅读深度报道乃至动手写深度报道，来增进对社会的理解和认识。深度报道记者不只是观察社会的"皮毛"和现象，更要深入社会的肌理，来洞察社会运行的深层密码。因此，希望通过对深度报道的学习，促进深度报道记者批判性思维的训练与养成，深度报道记者不应该只做简单的"传声筒"，而要通过现象看本质，透视事件的前因后果，看到一个更加复杂和立体的世界。

第四，要掌握几种主要深度报道的写法。在具备理论知识和鉴赏能力的基础上，要具备自己动手写深度报道的能力，这也是本书以及相关课程的重要目标之一。当然，本书主要讲授的是深度报道采写的基本技能，是一种"底线"学习，书里讲授的都是必须掌握的技能。但学无止境，如果要达到比较高超的深度报道采写水平，需要进一步的专门学习，同时，还需要一定的"天赋"。这里要多说一句，在如今的新闻生产社会化条件下，深度报道的写作主体不只是专业新闻机构的记者，所有开设自媒体账号的人都可能需要具备深度报道的采写技能，这也是如今的深度报道和以往传统媒体时期的深度报道的一个很大的区别。

在现实新闻采编工作中，我们可以看到，深度报道对社会舆论有着重大的影响力。在马克思主义新闻观看来，舆论是一种普遍的、隐蔽的、非强制的力量。虽然它对任何人都不发生强制作用，它不能命令人们的行为，也不能规定人们的行为，但它却能产生一种精神的、道义的力量，给人以压力。有的时候，公众的谴责甚至胜于法律的处罚和组织的处理。因此，舆论导向直接影响社会成员的思想和行动，关系革命和建设事业的成败、党和人民的祸福，是党的新闻舆论工作中一个必须高度重视的原则性问题。历史和现实告诉我们，新闻舆论工作处在意识形态斗争最前沿，舆论导向历来是影响社会发展的重要力量，好的舆论可以成为发展的"推进器"、民意的"晴雨表"、社会的"黏合剂"、道德的"风

向标"。① 做好深度报道的新闻生产，可以为营造良好的社会舆论贡献强大的力量。

三、本书三个板块的内容设置

基于上述定位，本书的内容主要包含以下三个板块：

第一个板块是深度报道的历史与理论。这部分内容主要是深度报道的概念界定、特点、历史发展，包括一些有代表性的深度报道栏目、知名深度记者和深度报道篇章，从宏观角度让读者感受和认识深度报道。

第二个板块是实操部分，即深度报道的采访与写作，从共性角度来谈深度报道的采访写作要求。要做深度报道，第一步是要有好的选题，有时候选题的好坏甚至会直接决定一篇报道最后能不能成功；第二步是要有扎实的采访，好的选题有了，怎样把采访做得扎实、深入、细致是一个重要的问题；第三步是写作，采访过后，怎样把大量的素材完整、深入并有条理地写出来，是需要花大量时间去构思和酝酿的，同时也需要比较高的写作技巧。

第三个板块是深度报道的几种主要类型，包括调查性报道、解释性报道、特稿、非虚构写作②。

第二节　深度报道在媒体实践中的角色和功能

本节通过一些具体的例子，让读者感受深度报道在媒体实践中的角色和功能，具体包括两方面的内容：一是深度报道在重大新闻中的角色和功能，二是深度报道在日常新闻中的角色和功能。

一、深度报道在重大新闻中的角色和功能

图 1 - 1、图 1 - 2 是《人民日报》2020 年 2 月 15 日刊登的关于新冠疫情的两篇报道。第一篇是在头版发表的，眉题是"习近平主持召开中央全面深化改革委员会第十二次会议强调"，主标题是"完善重大疫情防控体制机制　健全国家公共卫生应急管理体系"。这

---

① 王玮：《论在新的时代条件下如何践行马克思主义新闻观》，《视听纵横》2016 年第 2 期。
② 选题通常比较"软"，常用于人物类选题和一些比较静态的选题，特稿和当下非常热门的"非虚构写作"很接近，本书在近乎同一语义上使用这两个概念。

就是一篇消息报道，虽然它的篇幅比较长，但是从体裁上来讲仍然属于动态、及时的消息报道。《人民日报》同一天的第 2 版上还有一篇通讯类的报道，主标题是"这座城，有爱有温暖"，讲的是武汉这座城市里发生的传递爱和温暖的故事，属于通讯类报道。

图 1-1 《人民日报》2020 年 2 月 15 日第 1 版

图 1-2 《人民日报》2020 年 2 月 15 日第 2 版

这两篇新闻报道，一篇是消息，一篇是通讯，后者尽管还不是今天严格意义上的深度报道，但已经有了一些深度报道的模样和感觉。在相当长的时间里，主流媒体刊发的通讯承担了我们国家特别是社会主义建设时期的重要新闻报道功能，是一种特殊的深度报道类型。在综合性媒体对如新冠疫情这样的重大事件所做的报道中，消息和深度报道这两种体裁通常需要交叉配合使用，消息传达各种动态信息，深度报道挖掘事件背后的各种深层次问题。

图 1-3、图 1-4 是两家市场化取向的杂志 2020 年初关于新冠疫情的报道，一个是《财新周刊》的封面报道，另一个是《财经》的封面报道。这两家杂志在 2020 年新冠疫情暴发初期都做出了非常有水准的报道。两家杂志的封面报道就是典型的深度报道：《财新周刊》的报道是国内媒体第一次对新冠疫情做出的纵深式报道，标题是"新冠病毒何以

至此",内容分成四个部分,分别是"现场篇""病人篇""解毒篇"和"国际篇",通过这四个部分的解析,向读者展示武汉的疫情是怎样一步一步发展到后来的严峻状态的;《拯救武汉》是《财经》杂志的封面报道,这篇报道虽然刊发得晚一些,但是通过这篇报道,读者能够厘清疫情初始阶段的来龙去脉,也是非常有价值的,读者读后能获得一定的信息增量。

图 1-3 《财新周刊》2020 年第 4 期封面报道

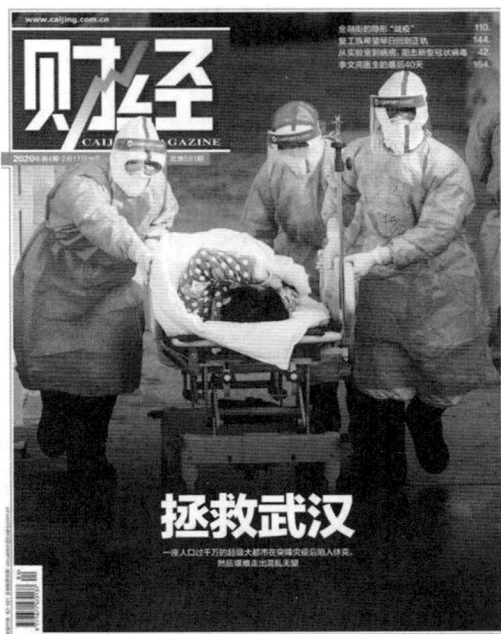

图 1-4 《财经》2020 年第 4 期封面报道

除了这两家杂志,《南方周末》《新京报》《三联生活周刊》等媒体在 2020 年的新冠疫情报道中也表现得十分突出。和上面提到的《人民日报》等综合性媒体不同,周报、周刊类媒体把深度报道作为自己的主打产品,这些媒体虽然也刊发关于疫情的动态新闻,但是所占的比例很低。

总体来看,以 2020 年初的新冠疫情相关报道媒体为例,可以分为三类,它们分别承担了关于新闻报道的不同角色和功能:

第一类是以《人民日报》① 为代表的党报、党刊、党台和党网,这类媒体的报道以消

---

① 这里的《人民日报》四个字虽然延续传统加了书名号,但是不代表《人民日报》只是一个纸质媒体。事实上,如今的《人民日报》是涵盖报纸、网站、客户端、微信公众号、抖音号、头条号等所有端口的全媒体集群。下面谈到的其他媒体也是如此。

息为主，是新冠疫情报道的主力军。报道的重点在于动态、及时跟进党中央、国务院以及湖北、武汉等各级政府所采取的一系列防治措施，报道各地医疗队奔赴湖北、奔赴武汉的救援行动，各地各团体、个体的捐款捐物，以及医疗队伍中涌现的各种可歌可泣的英雄事迹等。这既是抗疫的主战场，也是媒体报道的主战场。

第二类是市场化媒体，如《财新周刊》《财经》《南方周末》等，它们做的报道可以概括为"问题导向"报道，主要功能在于发现医疗救治中存在的问题，然后由政府跟进和解决。比如，2020 年 2 月初，《财新周刊》和《财经》几乎同时报道了一个突出的问题：在武汉新冠疫情发展的早期阶段，有大量病人不能及时被医院收治，导致他们只能居家隔离，这带来了很大的隐患，因为可能会造成家庭成员内部的交叉感染，甚至是社区里的大面积扩散。两家媒体的报道发表之后，湖北当地政府针对滞留在医院之外的病人，采取了大量及时有效的措施，包括加快建设雷神山、火神山两座医院及多座方舱医院等。采取这些措施之后，武汉的患病人数显著下降，说明这一批以发现和提出问题为主要目标的"问题导向"深度报道对解决问题起了不可忽视的推动作用。

第三类是在网络上以个人化叙事方式进行报道的各类自媒体。比如，一些网友得了病或者他的家人朋友得了病，他们在自媒体上发文，通过这些个人化的叙事，向读者展现了疫情防治中的很多细节和片段。如其中一位病友把她从发病到在家进行自我治疗再到痊愈的整个过程都记录下来，这样的报道也很有价值，比严肃媒体的报道多了不少的贴近性、现场感和代入感。自媒体报道对前两类专业性媒体的报道进行了有效的补充。

总之，党媒、市场化媒体以及自媒体的这三类报道各有各的价值，它们在报道的主题和形式上有明显的不同，在报道所产生的效果上也有显见的差异。但是，这些不同类型媒体的报道都是当下中国舆论场上的重要力量，一样不可忽视，正是在这些不同类型媒体的共同作用下，才形成了中国舆论的全貌。在这个舆论版图中，深度报道是其中的一个重要力量。

二、深度报道在日常新闻中的角色和功能

2020 年新冠疫情的暴发是一个突发事件，深度报道扮演了重要角色。那么，在没有此类重大突发事件的时候，或者说在媒体所做的常规新闻报道中，深度报道的角色和功能又是怎样的呢？下面通过三个案例看一看：

第一个案例：2018 年 3 月的全国两会期间，《南方都市报》在客户端发布这样一条短消息："刚刚，南都记者抢得人大发布第一问！如何修宪？"《南方都市报》作为一个地方媒体，在全国两会上抢得一个发言机会是很难得的，因为地方媒体不像中央媒体有那么多的提问机会，所以《南方都市报》专门就这个问题写了一条消息。《南方都市报》记者的

提问是关于宪法修改的问题，然后发言人就这个问题给予回答，包括为什么要修宪、修宪的背景以及如何修宪等。

除了这个消息，《南方都市报》又做了一个纵深式的背景挖掘报道，讲述了提问记者本人的成长故事，特别是连续八年报道全国两会的故事，这虽然不是一个正式的深度报道，但比前面提到的消息多了不少的附加内容，说明该记者在全国两会的采访方面积累了比较多的经验，能得到这个提问机会以及问出这个问题是有原因的。这个报道虽然篇幅不长，但是已经有了一定的深度报道的追求，比纯粹一问一答式的消息更加立体、丰富。

第二个案例：2016 年 9 月在杭州召开的 G20 峰会是当年一个重要的"主场外交"活动，除了中央媒体之外，杭州本地的媒体纷纷投入"重兵"进行报道。我们比较一下上海的《文汇报》和杭州的《钱江晚报》关于 G20 峰会的报道，可以发现两份报纸在处理该选题时呈现出完全不同的报道形式。《文汇报》的报道基本上用的都是新华社通稿，新华社通稿包括两部分，一部分是各种动态消息，主要围绕峰会的召开、习近平主席的讲话以及当地的一系列包括欢迎晚会在内的活动进行，此外还有一些新闻特写和通讯。《钱江晚报》与《文汇报》不同，它刊登了大量的自采报道，峰会当天出了 132 个版面，其中包括 16 个新闻版、16 个特别报道版以及 100 个特刊版，各种各样与峰会相关的内容都被囊括在内，其中就包含一些深度报道，大大超出了新华社通稿所覆盖的范围。

这个例子说明，一家媒体在某一个选题上要不要做深度报道，跟每家媒体的属性和对不同新闻事件的价值判断紧密相关。

第三个案例：2018 年是改革开放四十周年，复旦大学新闻学院准备写一篇"外国留学生眼中的改革开放"的深度报道，报道由学院的几位学生联合采访，笔者作为指导老师参与了报道过程。就这个选题而言，采访相对容易，因为复旦大学有很多留学生，他们是很好的采访对象，学生在很短的时间内就采访了多名留学生，然后分门别类去加工整理采访到的素材。素材很多，怎样把采访得到的大量素材加工成文有一定的难度。几经修改后，这篇报道发表在了《人民日报》上，从外国留学生这样一个独特的群体来看中国改革开放四十年所取得的巨大成就。

这个例子说明，深度报道的"采"和"写"两个阶段都很重要，这和消息稿的采写形成了明显差异，消息稿的采写一般来讲是"七分采、三分写"，深度报道的采写可能是"五分采、五分写"，甚至是"四分采、六分写"。

第三节 深度报道的不同表现形式

在上一节，我们通过几个案例感受了深度报道在当今媒体报道中的角色和功能。那么，在具体的新闻操作层面，深度报道和媒体中最为常见的消息稿又有什么不同呢？下面通过几个具体例子来比较，在同一个题材上，消息稿和深度报道的写法有什么不同。同时，看一看在媒体实践中，深度报道有哪些主要的表现形式。

一、作为人物报道的深度报道

香港大学新闻及传媒研究中心的负责人陈婉莹老师 2016 年 8 月退休，很多媒体刊发了相关报道。先看关于陈婉莹退休的一则动态消息稿，是"蓝鲸财经"于 2016 年 9 月 1 日发布的，采用的是提纲挈领、"倒金字塔式"的消息写法，标题是《传奇报人陈婉莹从香港大学卸任》。

该报道援引著名媒体人杨锦麟微信公众号的消息称："陈婉莹正式从她 17 年前一手创办的香港大学新闻及传媒研究中心光荣退休。"新的信息其实只有这一句话，后面的两百多字都是资料性信息，比如"陈婉莹 20 世纪 70 年代毕业于香港大学，之后获得尼曼奖学金并前往哈佛大学就读，曾在美国从事新闻工作 25 年，其中 1990 年到 1997 年，她在美国当时的第一地方大报《纽约每日新闻》担任记者，冒着生命危险完成了一系列国际性华人偷渡问题报道"。报道还提到，在一次接受《人民日报》记者采访时，陈婉莹谈到了新闻理想："做记者投身新闻还是有点理想的好，要在专业里面有所发展，要做有意义的事情，为社会做点贡献……怎么能评价一个新闻记者？就是看他最近做的事怎么样，You are as good as your last story（最后一篇稿决定你有多优秀）。"[①]

总之，这是一条只有三百来字的简短消息，介绍了陈婉莹这个人物是做什么工作的，有什么主要的工作经历，有什么鲜明的个性。

同一时间，澎湃新闻就此选题做了一篇深度报道，在写法上和上述消息稿有着明显不同。这篇报道是《69 岁陈婉莹从港大退休：我是一名记者，我有的就是公信力》，之前的消息稿已经介绍了陈婉莹的主要事迹，那么如果要做一篇深度稿，应该从哪些角度入手呢？

---

① 张驰：《传奇报人陈婉莹从香港大学卸任》，蓝鲸财经，https://www.lanjinger.com/d/21106，2016 年 9 月 1 日。

澎湃新闻的这篇深度报道分成了几个小标题，第一个小标题是"没有部门的中心"，主要讲陈婉莹回香港大学创办新闻及传媒研究中心的故事，该研究中心的设置比较好地适应了当时的媒体发展形势。第二个小标题是"永远在 start up"，即永远处在起始状态，讲的是陈婉莹的精神面貌，一直处于"忘记昨天、重新开始"的状态中。第三个小标题是"飓风莹"，讲她的做事风格雷厉风行、快刀斩乱麻。第四个小标题是"中国是最大的故事"，采访了包括南方报业传媒集团的前副总编江艺平在内的多位知情人士，讲述陈婉莹在她们眼中的形象。第五个即最后一个小标题是"一朝记者，一世记者"，讲述陈婉莹与一般老师的不同，她是到了临近退休的年龄才转去高校做学术研究，她的主要身份还是记者。

这篇深度稿件的采访量显然要比消息稿的采访量大很多，上面的消息稿是一篇综述性的、以网上资料整合为主的报道，但是澎湃新闻的这篇报道有了更多原创性的采访内容，最后呈现出一个更加立体的人物形象，让读者看到了更加丰富的人物性格，这就是一篇深度报道所能达到的传播效果。

通过上述案例，我们可以总结出消息稿与深度报道的五个不同之处：

第一，稿件长度不同。消息稿通常在 1 000 字以内，有严格的字数限制，超过 1 000 字的稿件不能参评中国新闻奖的消息类奖项；而深度报道通常在 5 000 字以上，按照中国新闻奖的早期评奖标准，通讯和深度报道不能超过 3 000 字，但媒体上发表的深度报道一般都会超过 3 000 字，在 2021 年上海新闻奖的评选中，深度报道的字数上限已经增加到 5 000 字，也允许个别超长报道申报，但是要特别说明理由。

第二，新闻背景不同。消息稿基本上不交代背景，即使交代，通常也比较简略；但深度报道则是遍布背景性的内容，把当下的新闻事件或者新闻人物放到历史的长河中去认识和把握，有一个大的历史参照系作为坐标。

第三，意义深浅不同。消息稿强调"短平快"，主要在于展示事件的动态变化；深度报道要去深挖事件的内涵和外延。

第四，段落划分上不同。消息稿分为导语、正文、结尾三部分，中间一般不设小标题；深度报道因为篇幅长，一般会分为很多个部分，以小标题做提纲挈领式的导读或指引。

第五，文本结构不同。消息稿的文本呈现为一个"倒金字塔式"的结构（指重要性上"头重脚轻"的写作结构），短小精悍，由标题、导语、正文和结尾这几个部分组成；深度报道的叙事架构很大程度上类似于小说的结构，尤其是特写和非虚构写作，对整个框架和篇章结构有很高的要求，结构上要张弛有度，语言上要娓娓道来，能够让读者慢慢体会到其中所蕴含的深意。

二、作为非虚构写作或者特稿的深度报道

"非虚构写作"是近年来非常热门的一个概念，后面的章节中我们会专门讲到它和特稿以及深度报道的关系。在本书中，我们近乎在相同的意义上使用特稿和非虚构写作这两个概念。在新媒体和自媒体发展迅速的今天，非虚构写作大有用武之地。通过下面的两篇同题报道，我们可以感受到在同样的报道题材上，消息稿和非虚构写作的不同之处。

2023年1月19日，中新社刊发了一条题为《中国春运节前客流高峰已至 农村地区补齐新冠防疫短板》的报道，这是一条消息稿，该报道称2023年春节是中国对新冠病毒感染实施"乙类乙管"后的首个春节，许多民众已踏上返乡之路，春运进入节前客流高峰。与此同时，农村地区是当时新冠疫情防控的重点地区，中国正从多个层面补齐农村疫情防控短板，努力保障民众安全回家、放心过年。

该稿件援引农业农村部农村合作经济指导司副司长、一级巡视员毛德智的说法，透露国务院联防联控机制农村地区疫情防控工作专班组织各地在农村地区进行全面摸排，当时已摸排5.9亿人，摸清了农村地区老、幼、病、残、孕等五类人群的基本信息。各地面向重点人群免费发放了健康包5 717万份。

同时，稿件援引国家卫生健康委员会医疗应急司司长郭燕红在国务院联防联控机制新闻发布会上的说法："我们要求各地在节假日期间，发热诊室要应设尽设、应开尽开，并保证正常运行。"她还介绍说，截至1月19日，全国基层医疗卫生机构共配备247.8万个指氧仪，包括社区卫生服务中心和乡镇卫生院共配置19.1万台制氧机。

同样是在农村地区应对新冠病毒感染的选题上，"每日人物"微信公众号选择了用非虚构写作的方式进行报道。2023年1月13日，该公众号刊发了一篇题为《奥密克戎侵袭，县城如何熬过最难一月》的报道。虽然报道的主题与上述中新社的报道相同，但是在报道对象的选择、材料构成以及具体写法上都显示出了与消息稿完全不同的样态。

"每日人物"的稿件在开头部分有一段内容简介："在不到半个月的时间里，奥密克戎就已经侵扰了全国大部分的县城、乡镇乃至村庄。王玉兰所属的县处于中部省份，常住人口三十多万，大约一半住在城区，一半生活在乡村，城镇化稍低于全国的平均水平，GDP在省里排名中游，算是一个中规中矩的县。面对突然造访的奥密克戎，这里的反应也可能是多数县乡的样本。"在这个背景下，这篇稿件关注的主要问题是："县城突然陷入病况，至今已过去近一个月，县城和村庄里的人们经历了什么？他们如何应对？当多数人从第一次感染中痊愈之后，一切都好起来了吗？"

《奥密克戎侵袭，县城如何熬过最难一月》这篇稿件在报道的正文部分，运用了如下六个小标题来展开详细的报道："第一例""高峰日""重要一环""在家熬着的老人"

"孤岛养老院""等待春天"。从小标题上可以看出每个部分的主要内容，其最显著的特点是每个小标题的内容都充满了细节的"小故事"，体现的是一种细致入微的叙事风格，让读者可以看到很多"点"上的信息。相反，上述中新社的消息稿则充满了宏大叙事，读者读后得到的更多是"面"上的信息。

三、作为数据新闻的深度报道

数据新闻在一定意义上也属于深度报道的一种表现形式。2016 年新生入学之际，复旦大学微信公众号发布了一条关于 2016 级复旦大学本科生的数据新闻，用数据的方式来表现 2016 年全体新生的"宏观特征"，这条数据新闻从性别、专业、星座、地域、年龄、留学生最爱的专业、姓氏等七个方面勾画出当年招生的 3 000 多名本科生的总体"画像"。

可以与之相比较的，是上海《劳动报》当时刊发的一篇综合性消息稿，标题是《复旦迎来 3 400 余新生，"网红"警察摆摊宣传防诈骗》，这篇报道的写作显然属于社会新闻的写法，是比较传统的写法。记者抓了几个新闻点，包括双胞胎兄弟考取同一专业、"网红"警察宣传防诈骗、学生报到后首次先填问卷后分宿舍、绿色通道抢先开启等。

前些年出版的"深度报道"类教材里，已经有一些和数据新闻相关的章节，但那时候还不叫"数据新闻"，而是叫"精确新闻"。数据新闻是一种特殊类型的深度报道，在新媒体时代有了更多的用武之地，首先是数据的来源更加丰富，其次是数据可视化手段也更加多样化。比如关于新冠疫情的报道，就可以很好地用柱状图、饼状图等可视化方式予以直观表达。

参考学术研究中质化研究和量化研究的区别，我们可以把传统的深度报道归类于"质化写作"，而把数据新闻视为一种"量化写作"。

四、历史类题材中的深度报道

2016 年，上海的城市副中心五角场周边进行了大范围改造，特别是地下空间的变化很大，澎湃新闻当时发布了一条消息稿，名为《上海"地下五角场"将开放，包括近万平方米全市最大地下商场》。这篇报道告诉读者，这条地下街将要建成什么样子，同时建成后也可以缓解这一地区停车难的问题。

当时一家自媒体所发的报道与澎湃新闻的报道形成了反差，自媒体发布的是《"大上海计划"与"五角场"的前世今生》，从历史的角度回顾了"大上海"建设计划和五角场的前世今生。20 世纪 30 年代启动的"大上海"建设计划主要就在五角场地区，现在还保留下了江湾体育场等多个建筑物，这篇报道可以被视为一篇深度报道或类深度报道。

历史类选题在深度报道领域里占有非常大的比例，这样的报道不能只援引历史资料，因为新闻报道不同于历史书写。写作这类报道，要有新的新闻由头，虽然史实固定不变，但是要由讲述者讲出来而不仅仅是堆砌史料，要把"死的历史"写成"活的新闻"。此外，还要有现场和现实描写，要有现实与历史的交叉描写。

第四节　深度报道的界定、特点与变化

以上是若干深度报道的具体实例，我们现在从实践回到理论层面，尝试概括归纳深度报道的一般特点。

一、以往教科书对深度报道的界定

在以往的教科书中，对深度报道通常有三种界定。

第一，深度报道是一种文体，这也是普利策新闻奖所采纳的分类标准。在现在的普利策新闻奖里，主要是依据文体对奖项进行分类，比如调查性报道侧重"是什么"，往往报道比较负面的内容；解释性报道侧重"为什么"，报道的内容往往比较中性；特稿写作的获奖作品侧重细节的提供，用优美的文笔来表现立体化的形象或者展现事物的复杂性。当然，在文体的基础上，普利策新闻奖的分类中还有地域标准，比如国际报道奖、国内报道奖、本地报道奖等。

第二，深度报道是一种形式，可以是单篇报道，比如《南方都市报》2003年4月25日刊发的《被收容者孙志刚之死》；也可以是组合式报道，由多篇相关报道组成一个大的专题报道，《财新周刊》在2020年的新冠疫情报道中就比较多地采用了这样的形式；还可以是连续报道，对同一个报道对象持续不断地进行更新报道；更可以是系列报道，题材相近，但每次都是不同的报道，例如各家媒体2019年所做的"新中国成立70周年"系列报道。中国新闻奖所设置的深度报道奖就包含以上四种形式。

第三，深度报道是一种旨趣或追求，这是最宽泛的一种界定。任何对深度有追求的报道都是深度报道，而不必拘泥于文体或形式。比如在报道动态消息之外，再追加一些背景报道，它既不是调查报道，也不是解释性报道，更不是特稿，但是比一般的消息多了一些内容，那么在最广泛的意义上，它也是一种深度报道。深度报道是力图通过报道新闻事件与社会的关联，揭示新闻背后更深层意义的报道文体或报道形式，试图将重大的事实置于

复杂的脉络中去呈现其核心意义，不论是写人、写事还是写现象，深度报道的核心是追求真相。

笔者以为，在当下的新媒体环境中，第三种对深度报道的界定比较贴合我国新闻界的实践。在媒体的日常操作中，版面上未必标明深度报道，这些报道或者版面可能叫专题新闻，也可能叫专题报道、深度新闻、焦点新闻、核心新闻、冰点周刊（《中国青年报》）、特稿、新闻蓝页（《广州日报》）等，但是按照上述的界定方法，都可以归为深度报道。

深度报道超越了"有闻必录"的阶段，也超越了一般的"事实核实"阶段，而是进入了"深入调查"的阶段，这也是采访的三个层次："有闻必录"一般是消息，"事实核实"是进行初步的核实，把比较深入的报道写出来，这就具有了深度报道的一些特点，或者可以叫作"类深度报道"，到最后经过全面深入的调查核实后写出严格意义上的深度报道。

二、本书对深度报道特征的归纳

以上是关于深度报道的概念界定，我们再从深度报道的特征上来总结其一般特点，大致如下：

第一，深度报道有大量、立体、丰富的事实，提供的是事实性报道，是一种新闻体裁，而不是"评论"，记者不能发表自己的主观评论，应该让事实说话。在当下的自媒体时代，强调这一点特别有意义，自媒体上所发表的作品大多属于观点性文章，最多是"夹叙夹议"，这和讲究"从事实出发"的深度报道形成了鲜明差异。

第二，深度报道的采访量一般比较大，要求信源更加丰富多元，力求言之有据。在表达方面，深度报道很少用第一人称，多用第三人称，以免让报道带有明显的主观性，更不能加入作者过多的个人感情色彩，用网络用语说就是不能"入戏太深"。

第三，深度报道要悲天悯人，呈现人物和事件的复杂性，就算是正面人物，也要写出他充满人情味的一面，不是把他神化，就像塑造小说中的人物一样，要塑造真实可信的人物形象。《红楼梦》中的人物都是个性鲜明的，坏人不是百分百的坏，好人也不是百分百的好，好与坏之间还有大量的"灰色地带"，深度报道要写出真实的人和事。

第四，深度报道的理念是"理性、建设性"，要能够推动社会进步。这个功能主要由调查性报道所承担，虽然这类报道在基调上是偏负面的，但它的出发点并不是"搞破坏"，并不是要打破既有的社会架构，而是要秉承"理性、建设性"的理念推动社会一点一滴地进步。

第五，篇幅长、版面大、结构完整。虽然说好的新闻未必就很长，但篇幅太短肯定无法呈现事件的立体性和复杂性。因此，从篇幅上来说，深度报道一般要在三千字以上，五六千字的深度报道比较多见，也有一部分超过一万字的。但是如果要参加中国新闻奖的评选，一般不能超过五千字。因为篇幅长，所以叙述中要讲究起承转合、逻辑清晰和文字优美。这样一来，深度报道和消息的写作就形成了很大的不同，消息的写作要点是抓新闻点，但是深度报道一定要照顾到结构的完整性。

第六，深度报道要有比较好的原创性，不能依赖"转载"或"整合"去完成，一定要有记者的大量的采访做基础，才有可能写出好的深度报道。这也是当下自媒体写作的一个突出特点，因为自媒体写手通常没有采访权，主要依靠网络资料的整合去写作，对于严格的深度报道来说，这是不允许的，是有严重潜在风险的。

第七，深度报道采访费时、费力，有的时候还会有风险和危险，只有经过这样的采访才能够保证采访素材的丰富性以及原创性，这也是与一般的消息采写不同的地方。

第八，一部分深度报道可读性不是很强，它面向的是特定的"窄众"读者群；但是大部分深度报道是要面向大众读者传播的，因此，可读性对深度报道来说也很重要。深度报道不应该是面目可憎的、冗长乏味的报道，而应该是引人入胜的、具有很好的可读性的稿件。

结合历史发展和新闻实践，我们可以总结出深度报道一般具有的三个要素：首先，题材重大值得深度报道。凡是有资格运用深度报道方式进行操作的新闻题材，必定是重大的、有着广泛影响力的。其次，内涵方面有挖掘的潜力。在报道的过程当中，报道内涵的挖掘就是找出"新闻背后的新闻"，包括新闻背景、事实渊源等。最后，外延方面有丰富的拓展性。对新闻事件进行解释、分析、判断、预测等，对事件的来龙去脉、结果和趋势要有理论和实践上的思辨。

上面说的是"理想化"的深度报道，具体到中国国情来说，深度报道的外延要更加宽泛，除调查报道、解释性报道、特写之外，通讯、专题报道也可归为深度报道。深度报道除了是一种文体，还是一种报道理念和思维方式，只要超越"有一说一""有闻必录"的层次而有深度挖掘意识的报道都属于深度报道，至少也是"类深度报道"。

三、深度报道在新媒体时代的变化

上面讲了对深度报道的界定以及深度报道的一般特征，这种对概念的界定和对特征的归纳，主要是基于深度报道在报纸、期刊、广播电视等传统媒体里扮演的角色进行的。但是，如今早已不是传统媒体的天下，而是进入了新媒体时代或者叫全媒体时代，又或者叫互联网时代，在这样一个全新的时代，深度报道也在发生着剧烈的变化。对这些变化的描述和归纳、概括体现在本书的全部章节中，这也是本书与以往出版的深度报道教材和专著非常不同的一个方面。

首先要说明的一点是，这里所说的新媒体时代、全媒体时代或互联网时代，是比较相近的概念，本书不对它们做进一步的区分，在大致相同的意义上使用这些概念。但不管用哪一个概念来描述这个全新的媒体时代，其核心要义都是以互联网为代表的信息技术成为主导的媒体技术，互联网特别是移动互联网深刻地改变了世界的媒体生态，使世界媒体从原来的印刷技术主导的时代转变为移动互联网技术主导的时代。如果要在中国为这个转变找一个时间节点的话，笔者以为是 2012 年。2012 年前后，以联通公司推出高速 3G 网络服务为代表的"软件"加上以苹果公司推出智能手机为代表的"硬件"相结合，产生了移动互联网并且在媒体领域得到大面积使用，改变了整个媒体的新闻生产方式以及经营管理方式，从那一年开始，中国的传统媒体集体进入了下滑轨道并开始了艰难的媒体融合发展之路。

具体到深度报道，过去十余年间也发生了一系列重大变化，择其要者，简述如下。更多的对于变化的论述，可参考本书后面相关的章节。

第一，深度报道主体的变化。在传统媒体时代，能够生产深度报道的主体肯定是专业化新闻机构里面的专职采编人员，这是一群人数很少、具有精英化特色的职业新闻记者。但到了如今的新媒体时代，"人人皆记者"，从而理论上人人都可以生产深度报道，虽然这些深度报道可能存在这样或那样的问题，但是数量无限增加了。况且，这中间还产生了诸如"真实故事计划""谷雨实验室"等专业化深度报道操作平台。整个深度报道的主体无限增加了，产量也无限增加了。

第二，深度报道形式的变化。在传统媒体时代，一说到深度报道，无非就是调查性报道、解释性报道和特稿这三种主要的类型。但是到了如今的新媒体时代，深度报道的形式猛然丰富了很多，非虚构写作的兴起是一个典型的例子。此外，还有各种可视化的对话、专访，以及数据新闻、图表新闻等崭新的形式。

第三，深度报道线索来源的变化。在传统媒体时代，深度报道的线索来源比较单一，主要集中在线人或知情人的报料上。但是随着新媒体的发展，各种线索来源纷至沓来，网络成为深度报道最大的线索来源地，现在的深度报道记者必须是个网络高手。

第四，深度报道采访方式的变化。在传统媒体时代，深度报道记者往往是"单打独斗"地进行采访，最多是不同媒体的深度记者"联合作战"。但是在今天的媒体环境下，职业的深度报道记者更多地会和网友，特别是在某一个方面有专长的网友合作采访，形成了一种新的协作式采访方式。

第五节　参考书目、媒体平台与代表性作品

要学好深度报道，除了自己勤学苦练之外，最重要的就是多阅读、多思考。在这一节，我们列出一些阅读书目、重要的深度报道媒体平台以及若干篇报道篇目，这些推荐都是"包括但不限于"。

一、参考书目

表1-1　参考书目

书名	作者	出版社	出版时间
《深度报道：理论、实践与案例》	张志安	高等教育出版社	2015年6月
《市场化党报的深度新闻生产》	窦锋昌	中山大学出版社	2014年10月
《全媒体新闻生产：案例与方法》	窦锋昌	复旦大学出版社	2018年12月
《哈佛非虚构写作课： 怎样讲好一个故事》	克雷莫等	中国文史出版社	2015年9月
《唐山大地震》	钱钢	当代中国出版社	2005年5月
《王国与权力：撼动世界的〈纽约时报〉》	特立斯	上海人民出版社	2016年7月
《美孚石油公司史》	塔贝尔	广西师范大学出版社	2019年2月

二、媒体平台

在新媒体时代，深度报道正处于快速的变化当中，因此还需要关注当下一些主要从事深度报道的媒体平台以及研究深度报道的微信公众号。要想学好深度报道，关注这些媒体及微信公众号和阅读前面的参考书目一样重要，两者缺一不可。

这些媒体包括但不限于：《人民日报》《解放日报》《中国青年报》《财新周刊》《财经》《三联生活周刊》《南风窗》《南方人物周刊》《新京报》《第一财经日报》及其系列媒体账号，还有红星新闻、澎湃新闻、北青深一度、每日人物、在人间、谷雨实验室、GQ报道、秦朔朋友圈、兽楼处等新媒体账号。研究深度报道的微信公众号包括但不限于传媒茶话会、全媒派等。

三、代表性作品

在这一章里，我们说过阅读和鉴赏深度报道是学好深度报道的一个重要手段和方法。那么，怎么样提高阅读和鉴赏水平呢？最好的办法就是认真去读若干代表性作品。读者可以选择自己感兴趣的代表性作品进行精读，读完之后最好再写一个阅读报告，把自己的心得体会写出来，以便加深阅读印象。实践证明，阅读代表性作品是学好深度报道的一个非常有效的方法。

下面是一部分深度报道的推荐阅读篇目，这些推荐篇目最初来自汕头大学长江新闻与传播学院的黎勇老师，他给笔者提供了一个基础篇目，在此基础上，笔者根据深度报道的发展有所调整。

（一）特稿（通讯、报告文学）

表1-2 特稿（通讯、报告文学）

篇名	作者	来源	发表时间
《县委书记的榜样——焦裕禄》	穆青、冯健、周原	新华社	1966年2月7日
《渤海二号钻井船翻沉事故说明了什么?》	陈骥、牛凤和	《工人日报》	1980年7月22日
"三色"报道（《红色的警告》《黑色的咏叹》《绿色的悲哀》）	雷收麦、李伟中、叶研、贾永	《中国青年报》	1987年6月24日、6月27日、7月4日
《命运备忘录——38名工商管理硕士（MBA）的境遇剖析》	张建伟、蒋峥、陆小娅、郭蓝燕、高峻、宁光强	《中国青年报》	1987年12月2日
《关广梅现象》	庞廷福、杨洁、谢镇江	《经济日报》	1987年6月13日
《东方风来满眼春——邓小平同志在深圳纪实》	陈锡添	《深圳特区报》	1992年3月26日
《北京最后的粪桶》	王伟群	《中国青年报》	1995年1月6日
《回家》	林天宏	《中国青年报》	2008年5月28日
《1986，生死漂流》	陈楚汉、杜修琪	"ELLEMEN睿士"微信公众号	2016年8月29日
《永不抵达的列车》	赵涵漠	《中国青年报》	2011年7月27日
《北京零点后》	王天挺	《人物》	2013年第2期

（二）调查性报道

表 1-3　调查性报道

篇名	作者	来源	发表时间
《新冠病毒何以至此》	财新报道组	《财新周刊》	2020 年第 4 期
《武汉现场》	三联报道组	《三联生活周刊》	2020 年第 7 期
《起底王立军》	石扉客、季天琴、周至美等	《南都周刊》	2012 年第 48 期
《穿透安邦魔术》	郭婷冰	《财新周刊》	2017 年第 17 期
《"不寒而栗"的爱情》	柴会群	《南方周末》	2019 年 12 月 12 日

（三）电视类深度报道

表 1-4　电视类深度报道

节目名	来源	播出时间
《巨额粮款化为水》	中央电视台《焦点访谈》	1996 年 12 月 7 日
《透视运城渗灌工程》	中央电视台《新闻调查》	1998 年 10 月 16 日
《南京冠生园大量使用霉变及退回馅料生产月饼》	中央电视台《新闻 30 分》	2001 年 9 月 3 日
《美国"9·11"事件新闻现场直播》	凤凰卫视资讯台	2001 年 9 月 11 日

（四）新媒体深度报道

表 1-5　新媒体深度报道

篇名	作者	来源	发表时间
《雪崩：特纳尔溪事故》	约翰·布兰奇等	《纽约时报》网站	2012 年 12 月 20 日
《三峡九章》	澎湃新闻记者	澎湃新闻	2015 年 7 月 21 日
《惊惶庞麦郎》	鲸书	《人物》	2015 年 1 月 8 日

四、如何阅读代表性作品

首先要强调的一点是，以上推荐的深度报道或"类深度报道"都是各家媒体公开发表过的作品，但是不代表这些报道是完美的作品，相反，这些报道中的一些篇目是有瑕疵或者问题的，有的甚至引发了新闻官司，因此都是用来进行"批判性阅读"的。我们在阅读的时候，要带着批判的眼光去读，吸收其中有营养的成分，摒弃其中存在的问题。同时，阅读经典深度报道不是无原则地随便读，阅读也有方法，一般建议着重从以下八个方面去读：

第一，选题特色。业界人士常说，选题如果成功，稿件已经成功了一大半。那么，我们所读的这篇报道的选题是动态的还是静态的？选题的角度有何特色？比如《永不抵达的列车》的选题角度就很独特，这篇报道是事件发生几天后才刊发的，选题从两个大学生的角度出发反映温州动车事故这个大事件，角度很有特色。

第二，信源分析。作者采访了哪些人？怎么采访的？以及重要的线索来源是否有遗漏？数一数作者为了完成这篇深度报道，需要采访多少信源？

第三，逻辑结构。文章的篇章布局、逻辑结构如何？作者是按照时间线索还是以人物为线索去写的？抑或是按照报道的不同问题来展开的？作者如何把各种材料放到合适的位置上？如何驾驭这些采访到的素材？

第四，开头与结尾的写法。深度报道的开头与结尾非常重要，这些关键地方的写法是否具有特色？具有怎样的特色？

第五，段落划分。深度报道一般篇幅都很长，所以要进行适当的段落划分，特别是在新媒体时代，建议一个自然段不能太长也不能过短，要长短结合。这看起来是一个很小的技术问题，但是非常影响读者的阅读感受。

第六，标题制作。标题是最先让读者看到的内容，包括主标题和各个小标题。调查性报道和特稿在制作标题方面有所不同。一篇 5 000 字的文章要有多少个小标题？小标题如何取？是概括性的取法还是选择其中的一个新闻点或者有特色的"金句"来取？具体的制作方式是怎样的？

第七，语言特色。文章中的叙述性语言、引述性语言分别是如何使用的？尤其要注意引语的使用方法，直接引语、间接引语如何用？用多少？是连续用还是交叉用？这是在阅读中需要特别注意的。

第八，总体感受。这指的是报道的刊发背景、社会意义、采编得失、新闻背后的新闻等。有条件的话，也可以对主创人员进行访谈，站在今天的角度谈谈对于过去作品的采写反思，还可以了解新闻背后的小故事，即新闻背后的新闻。

2016 年 2 月 19 日，习近平总书记在党的新闻舆论工作座谈会上明确指出，"真实性是新闻的生命"。他强调，要根据事实来描述事实，既准确报道个别事实，又从宏观上把握和反映事实或事物的全貌。在对事实的追求和再现方面，深度报道无疑承担着艰巨的历史重任，这也是我们学习和研究深度报道的重大意义所在。

━━━━━━━━━━━━ 复习思考题 ━━━━━━━━━━━━

　　按照本章对深度报道的界定，判断以下三条报道是否属于深度报道。

　　1.《"凯奇莱案"卷宗丢失等问题调查结果公布》，央视网，https：//tv.cctv.com/2019/02/23/VIDEZgewmin6e2VUlGr1SrFy190223.shtml，2019 年 2 月 23 日。

　　2. 汤铭明、陈丽芳、左可军：《千里驰援（抗疫一线的故事）》，《人民日报》，2020 年 3 月 2 日第 20 版。

　　3. 秦朔：《从拜金文化到工程师文化》，"秦朔朋友圈"微信公众号，https：//mp.weixin.qq.com/s/SbS8t3IS8V2DnqOdl8_3gQ，2024 年 4 月 22 日。

第二章

深度报道在美国的历史发展

接下来的两章讲的是深度报道的历史，从纵向角度介绍深度报道的发展过程。本章讲的是美国的深度报道发展史，美国的深度报道在西方国家很有代表性；下一章讲中国的深度报道发展史，和美国的深度报道相比，中国的深度报道既有普遍性，也有自己鲜明的特色。

学习和研讨这一章的内容时，我们要带着批判的眼光去看待深度报道在美国的发展史，要知道，这一阶段的新闻和媒体是在资本主义制度基础上产生和演化的，带有深深的资本主义社会烙印。马克思主义经典作家虽然把新闻出版自由看作人类文明的成果，认为无论资产阶级还是无产阶级都可以利用，但同时又以阶级分析的眼光，认为谈论出版自由首先要"弄清楚是什么样的出版自由？为了什么？为了哪一个阶级？"列宁也曾经指出，资产阶级的新闻自由是富人所拥有的收买报纸、收买作家和控制舆论的自由，而只有无产阶级的新闻自由才是真正为劳动人民所拥有的自由。

以上观点揭示了新闻自由的阶级实质，这也是马克思主义新闻观中的重要内容。美国这一历史时期所发展出来的深度报道也具有这样的历史特点。

第一节　美国深度报道发展的六个阶段

美国深度报道的发展史离不开美国媒体的发展史。不同学者对美国媒体的发展做了不同的阶段划分，比如美国著名新闻学研究者、专栏作家李普曼曾把美国的媒体发展概括为四个阶段：第一阶段，报纸由政府垄断控制，属于报纸的初创阶段；第二阶段，报纸从政府脱离，投入政党怀抱，以"言论纸"为主；第三阶段，"便士报"的诞生，这是商业报纸的阶段，以迎合读者需求为目的，新闻从此诞生；第四阶段，职业化和专业化操作阶段，深度报道也正是在此阶段诞生。本书对美国媒体发展史的划分更加细致一些，将这一发展过程分为六个阶段。

一、殖民地时期

第一个阶段是殖民地时期，就是 1776 年美国独立建国以前的时期，这一时期的美国媒体处于初创阶段，当时的报纸是印刷商人随手所做的衍生品，"他们为了赚钱而销售文具、印刷婚礼告示，还会跑邮局，甚至在印刷店里销售巧克力、茶、灯花、甘蔗酒、海狸绒毛、专利药品和乐器；他们几乎发明了报纸"①。这样的报纸以编辑为主，远离政治，特别是本地政治，主要刊登各类"船讯"。这一时期还没有产生专职的记者和采写人员，也不存在作为"新闻"的专门文体，当然也不会有现代意义上的深度报道。

二、美国独立初期

第二个阶段是美国独立初期，大概在 1776—1830 年之间。这一时期美国的报纸发展相对迅速，但报纸主要还不是"新闻纸"（Newspaper），而是"观点纸"（Viewspaper），以发表言论特别是政党之间相互辩论和攻击的言论为主。从报纸的经济来源和生存方式上看，这一时期的报纸基本上是政党的附庸，报纸的财源是政党、党内派系或有志竞选公职的人。此外，各家报社（当时主要的身份是印刷商）还力争承包政府的印刷品业务，中间有"油水"可赚。总之，这个阶段的报纸不具备独立生存的能力，主要是依附于政党，依靠政党的财政扶持生存。

当时的报纸很薄，典型的日报有四个版，其中头版和四版是广告，二版是评论性专栏、政治社论和简短消息，三版的主要内容是船期、货物信息和海上消息。报纸刊发的内容以言论为主，没有新闻，更没有深度报道。因为政党之间相互攻击，这一时期美国报业的风气很不好，互相漫骂和指责是常有的事。报纸上发表的社论立场鲜明、煽动性强、火药味足。主编在报纸上相互攻击，有时甚至会恶化成打架或决斗。曾经有作家把 19 世纪 30 年代的报界用"腐化""粗俗""毫无教养"等词汇来形容，那时的报界充斥着狭隘的地方观念，对私生活极不尊重，贪求个人利益，拥有左右民意却无正当性的巨大权利，属于"报纸专政"的时代。②

这一时期的报纸规模很小，通常由一个人同时兼任编辑、记者、业务经理和印刷商等多个不同角色。19 世纪 30 年代以前，美国的一份报纸一般售价 6 美分，一年的订阅价高达 8～10 美元，而当时非务农的劳工一天的工资不过 85 美分。相对高昂的售价导致报纸的发行量很低，最有名的都市报发行量也仅仅在 1 000～2 000 份之间，读者多为商界和政界精英，内容局限在商业和政治领域。③

当时美国的人口很少，这也是报纸发行量普遍很低的另一个原因。据统计，1830 年，美国有 650 份周刊、65 份日报，日报的平均发行量是 1 200 份。至 1840 年，周刊达 1 141

---

① ［美］迈克尔·舒德森著，徐桂权译：《新闻社会学》，北京：华夏出版社 2010 年版，第 86 页。
② ［美］迈克尔·舒德森著，陈昌凤、常江译：《发掘新闻：美国报业的社会史》，北京：北京大学出版社 2009 年版，第 9 页。
③ ［美］迈克尔·舒德森著，陈昌凤、常江译：《发掘新闻：美国报业的社会史》，北京：北京大学出版社 2009 年版，第 11 页。

份，日报 138 份，日报平均发行量为 2 200 份。同一时期，全美人口只是从 1 290 万增加至 1 710 万。①

三、"便士报"时期

第三个阶段是美国报业发展史上比较重要的阶段，在 1830—1900 年前后。这一阶段，美国报纸进入"便士报"时期，商业报刊开始发展壮大，特别是《纽约太阳报》等一系列"便士报"开始商业化运营，靠迎合普通读者趣味的报道来扩大发行量，同时把吸收和扩大广告量作为营收的主要来源。在这个过程中，新闻作为一种独特的文体就产生了，并在新闻的基础上，孵化出了深度报道。

这个阶段其实还可以细分为两个"亚阶段"，一个是 1830—1860 年前后，这三十年是"便士报"开始出现的时期，也是新闻开始出现的时期；另一个是 1860—1900 年前后，美国商业报纸在这个阶段发展到了比较繁荣的时期，达到了一个阶段性的高峰，这个时期已经有了深度报道的初始状态，深度报道开始产生，但是还没有形成气候。

1830 年以后，原来许多以"广告报"命名的报纸逐渐改名为"先锋报""明星报""太阳报"等，目的是吸引普通读者的注意。同时，为了让更多的人能够买得起报纸，每份报纸的售价降到了 1 便士（美分），这就是著名的"便士报"这一称呼的由来。一般认为，美国历史上第一份便士报是《纽约太阳报》，该报于 1833 年 9 月 3 日创刊，1834 年发行量为 5 000 份，两年后达到 1.5 万份。② 此时的报纸以大发行量吸引广告商，广告和销售所带来的以市场为基础的收入取代了依赖社会关系和政党关系的财源，这就是"二次销售"模式。"二次销售"模式建立之后，报社的盈利不再主要依靠订报费和政党补助。

从内容的角度来看，在这个阶段，报纸上开始出现了叫作"新闻"的东西。19 世纪 30 年代"便士报"崛起之后，新闻战胜社论，事实战胜观点。客观性成为新闻工作者的守则，报纸主要刊登的内容用事实代替了言论，这一转变取决于当时受众的需求。

"专职记者"也在此时诞生。为了增强各家报纸的竞争力，报人不再待在编辑部里等待新闻，而是主动出去寻找新闻，因此诞生了"专职记者"，花钱雇记者成了当时报社的主流运营模式。③ 为提高报纸新闻的时效性，报馆派记者坐小船到来自大洋彼岸的大船上

---

① ［美］迈克尔·舒德森著，陈昌凤、常江译：《发掘新闻：美国报业的社会史》，北京：北京大学出版社 2009 年版，第 9 页。

② ［美］迈克尔·舒德森著，陈昌凤、常江译：《发掘新闻：美国报业的社会史》，北京：北京大学出版社 2009 年版，第 13 页。

③ ［美］迈克尔·舒德森著，陈昌凤、常江译：《发掘新闻：美国报业的社会史》，北京：北京大学出版社 2009 年版，第 18 页。

采访，记者可以在大船没靠岸之前就上船采访，获取来自欧洲的最新新闻。地方新闻的重要性也得以增强，新闻成为报纸的重心，社论开始落寞。

在这个阶段，"媒介社会"开始浮现。对1820—1860年新闻采集活动的一项研究表明，各家日报所刊登的发生在一周以内的新闻事件，从45%增加到76%。需要一个月才能见诸报端的新闻从28%下降到8%。同时，报纸自己采集的新闻稿件数量从32%增加到55%，报社不再主要是"编辑"稿件，而是"采写"稿件。① 这一事实表明，在报社内部，"编辑"岗位的诞生早于"记者"岗位。媒介发展的历史也证明，世界上有不少"只有编辑没有记者"的报社，比如20世纪八九十年代在中国各地兴起的"文摘报"，但是没有"只有记者没有编辑"的报社。

发展到这个阶段的报纸，在历史上第一次不仅反映商业和政治活动，还刻画普通的社会生活。19世纪30年代开始，报纸不再只反映一小群商业精英的生活，而是描摹大都会的迅速崛起以及多姿多彩的贸易、运输、制造业等中产阶层活动。新闻报道的对象得到了极大的扩展。

为普通读者办报，要吸收抱有不同政治观点的人都成为自己的读者，因此，在党派倾向上，这一时期的报刊负责人宣称自己的报纸不受任何党派控制。如《巴尔的摩太阳报》宣称，"本报不给宗教争议或带有党派立场的政治讨论提供篇幅。我们的目标是以全民之福祉为主，不考虑党派立场，也不畏惧其压力"②。

同时，广告业发生了变化，政党报刊时期的广告多为船期、商务消息、律师的法律宣告；"便士报"所刊登的广告开始迎合广大民众，专利药物广告、求才广告成为主打，广告变成纯粹的经济信息交换，不牵涉道德内容，而是"一切向钱看"，只要付出广告费，人人平等，谁都可以花钱"雇佣"公共报刊。同时，广告时效性也得到了提高，广告商从按年预定版位改为每日送广告稿。

"便士报"之所以在这个阶段兴起，还有更加宏大的社会背景。19世纪30年代，美国开始进入平等主义时代或"杰克逊民主"③时代，人才就业大幅度开放，无论出身贫富贵贱，所有民众都可以享受到平等的机会。1815年开始的政治和社会改革，在19世纪三四十年代达到了顶峰。彼时的美国不再是一个自由主义、重商主义的共和国，不再死死抱住贵族价值观、家庭观、等级观不放，而演变为一个平等主义的市场民主国家。三教九流

---

① ［英］汤姆·斯丹迪奇著，林华译：《社交媒体简史：从莎草纸到互联网》，北京：中信出版社2019年版，第218页。

② ［美］迈克尔·舒德森著，陈昌凤、常江译：《发掘新闻：美国报业的社会史》，北京：北京大学出版社2009年版，第16页。

③ 安德鲁·杰克逊（Andrew Jackson，1767—1845年），美国第七任总统。担任总统期间，他在政治、经济等领域进行了一系列改革。南北战争以后，一些历史学家将他当政时期的政治、经济改革称为"杰克逊民主"（Jacksonian Democracy）。

都可以在纽约证券交易所交易，大街小巷都可以看到有人兜售便宜火柴和廉价报纸。

按照美国著名新闻学者迈克尔·舒德森的说法，在19世纪30年代以前，一般人家要想生火、阅读，必须求借于富裕的邻家，之后物价便宜了，各家各户都骄傲地拥有了整盒的火柴，也买得起自己喜爱的日报了。总之，美国从一个等级制的社会演变成为一个市场化的民主国家。①

科技发展也对新闻事业的发展起到了极大的促进作用。首先，印刷术的发展使印刷工具发生了革命性演变：先是手动木板，再是手动铁板，然后是机器滚筒印刷，《泰晤士报》1814年开始用蒸汽驱动的滚筒印刷，《费城公共基石报》1847年启动了双筒印刷机，最后是刻板印刷的发明问世。其次，造纸术的发展也步入快车道，从碎布造纸机发展到木浆造纸机，又发展为后来的长网制纸机。最后，信息传输技术获得了巨大进步。铁路方面，1830年美国只有50千米铁路，1840年的铁路里程就达到了5 000千米，1861年美国内战爆发时铁路里程已达50 000千米；电报方面，19世纪40年代电报发明，全美第一条电缆线是从华盛顿接到巴尔的摩的实验性电缆，《巴尔的摩太阳报》率先采用电报发稿。1846年，美墨战争爆发，这是美国新闻界使用电报的直接原因。当时只有"便士报"而不是所有报纸都使用电报服务，源于"便士报"对新闻时效性的热烈追求。

总之，在这个历史时期，经济上，报纸售价大幅降低，报童开始沿街叫卖，广告成为报社的主要财源；政治上，报纸纷纷标榜"无党无派"，不再是政党的附庸；内容上，聚焦于报纸所发明的"新闻"题材；读者群方面，报纸平等面向都市中产阶层发行。

不过，具体到深度报道来说，这个阶段还不具备深度报道大规模发展的条件。因为当时报纸的版数很少，没有专门的版面支撑深度报道。此外，报纸的专职记者很少，以撰写消息为主，缺少深度报道的专门生产者。同时，当时报纸的读者依然不多，对深度报道的需求没有被挖掘出来。最后，新闻的传输手段有限，特别是电报，不支持对长篇稿件的传输。尽管如此，在这个新闻的初创阶段，虽然不具备专业化、职业化操作深度报道的条件，但是深度报道的种子已经种下。深度报道成建制、大规模地产生，是在不久之后的事情。

四、调查性报道兴起时期

第四个阶段是调查性报道兴起的阶段。在西方新闻界，调查性报道和解释性报道是深度报道的两种主要形式，西方关于深度报道起源问题也形成了基本的共识。在1900年之

---

① ［美］迈克尔·舒德森著，陈昌凤、常江译：《发掘新闻：美国报业的社会史》，北京：北京大学出版社2009年版，第36页。

后的 20 年左右的时间里，调查性报道在美国迅速发展，深度报道开始进入了第一个发展的高光时期。

调查性报道滥觞于 19 世纪末 20 世纪初的"扒粪运动"，"扒粪"新闻是当时的美国总统罗斯福对美国媒体刊发的监督新闻的一个称呼。虽然这个称呼是一种嘲讽，但是后来新闻界把该说法借用过来，认为这确实体现了美国新闻界特别是调查报道界的揭黑作风。

1902 年开始，《麦克卢尔》杂志发表了三组重要报道，标志着美国新闻界揭露丑行报道的开始。1903 年 1 月刊发的《明尼阿波利斯的耻辱》是其中的一篇。此外，出生于美国宾夕法尼亚州的调查记者、作家艾达·塔贝尔为《麦克卢尔》杂志创作的系列报道《美孚石油公司史》，深度揭露了石油业的商业垄断与不正当竞争。

美国人在 1850 年前后开始有目的地去开采和提炼石油，之后石油业的提炼和出口便成为美国当时的一个主要工业行业。在这个过程中，洛克菲勒家族迅速抓住时机，通过一系列操作控制了原油的开采、运输和提炼，形成了垄断。当时的美国主要秉持的是自由竞争的观念，认为政府不该干预市场的运作。但是当石油业出现了这样的大型垄断之后，无可避免的问题就是：政府该不该管？监管的界限在哪？

塔贝尔长期跟踪洛克菲勒家族以及美孚石油公司的运作，并在《麦克卢尔》杂志上发表了系列报道，引发了美国政府对美孚石油公司的干预，西奥多·罗斯福总统任期内强制性地拆散了美孚石油公司，这与塔贝尔的系列报道有着紧密关系。由此可以看出，当时的深度报道已经在社会上发挥了巨大的监督作用，可以有效地影响政府的运作。

这是深度报道在 20 世纪初期的发展概貌，在这个过程中，除了报纸以外，杂志在深度报道的发展中也扮演了比较重要的角色。

深度报道在 19、20 世纪之交的迅速发展也有着深刻的社会背景，特别是当时发生的两次社会危机带给人们猝不及防的打击，致使新闻界开始反思纯客观报道（以消息为代表）的缺陷，探索新的报道方式，希望能够让读者通过新闻报道更好地理解社会的复杂运行。这两次社会危机分别是 19 世纪 60 年代发生的美国内战和 20 世纪初期发生的第一次世界大战，战争改变了人们的思想和观念，也刺激和改变了新闻业的运行方式。

五、解释性报道兴起时期

第五个阶段是 20 世纪三四十年代以后，主要表现是解释性报道开始兴起。1929 年经济危机及之后发生的第二次世界大战，让当时的很多民众感到迷茫，对于周边发生的很多事情看不清道不明，对未来社会和生活的发展前景更加充满困惑，解释性报道的出现满足了读者的探索需求。

20 世纪 20 年代之后，特别是《时代》周刊创刊以后，美国的深度报道有了长足的推进。1923 年，美国最具影响力的新闻杂志《时代》创刊，创办人亨利·卢斯在消息深加工和新闻背景介绍上狠下功夫，将新闻分为快新闻与慢新闻两种，这种分类类似于今天对动态消息和深度报道所做的区分。卢斯称《时代》周刊是"新闻事件的注释家"，意思就是挖掘"新闻背后的新闻"，其对解释性报道的产生起到了直接推动作用。①

《时代》周刊还特别注意对中国问题的报道。1924 年 9 月，《时代》周刊封面人物选择的就是北洋军阀之一的吴佩孚，对吴佩孚进行了非常详细的报道，即使以今天的标准来看，这也是一篇典型的深度报道。"二战"爆发后，《时代》周刊刊发了大量和战争、国际问题相关的报道，特别是提出了"美国世纪"的概念，极大地提高了美国在国际上的话语权。

六、深度报道成熟时期

第六个阶段是 20 世纪五六十年代以来，也就是"二战"之后，各种类型的深度报道开始向纵深发展，随着媒体的成熟以及商业运营的成功，还有普利策新闻奖等新闻专业奖项的激励和鼓舞，美国媒体出现了大量而且是常规性的深度报道。

这个阶段，伴随着广播、电视等"新媒体"的出现，特别是电视在美国的普及，报纸独霸媒体的时代结束了。"一战"后的 20 年代，广播走进了美国千家万户，"二战"后的五六十年代，电视走进了普通家庭，广播和电视在动态新闻的抓取和传播方面的效率远远高于报纸。为了提高自己的竞争力，报纸就要发挥深度报道的主力军作用。20 世纪 70 年代，深度报道发展到了一个相对的高度。《纽约时报》《华盛顿邮报》这些严肃大报都把深度报道作为自己的主要报道品类，精心经营。

一年一度的普利策新闻奖的颁发，也极大地促进了美国报纸的深度报道的发展。该奖项就像一个指挥棒，不仅在美国国内，甚至在世界范围内都具有很强的引导功能。普利策新闻奖设立了很多奖项，其中大部分都是设给深度报道的。今天，深度报道已经成为美国传统媒体对抗新媒体的有力武器。《纽约时报》《华盛顿邮报》《华尔街日报》等媒体依然是美国深度报道的主要生产者，在普利策新闻奖的角逐中，这些媒体也常年是"获奖大户"。

1960 年，美国内布拉斯加大学新闻学院的尼尔·高普鲁（Neale Copple）出版了《深度报道》一书，该书明确提出深度报道是"以今日的事态和对昨日的背景，从而说出明日的意义来"。该书从理论上和学术上稳定了深度报道在美国新闻界的地位。②

---

① 董媛媛：《再探深度报道的起源与发展趋向》，《新闻大学》2008 年第 1 期。
② 董媛媛：《再探深度报道的起源与发展趋向》，《新闻大学》2008 年第 1 期。

以上是六个阶段的划分，如果更粗线条地划分，深度报道在美国媒体发展主要分成两个阶段：20 世纪之前，深度报道是初创阶段；20 世纪之后，深度报道随着媒体、社会的发展进入了一个批量化生产的阶段。在这个过程中，媒体所处的时代背景是深度报道产生和发展的重要力量，媒体组织及媒介市场的变化也扮演着重要角色，其中，一些特殊人物和奖项对于深度报道的发展也起到了巨大的推动作用。

下面主要讲两个媒体人物以及他们所办的杂志和所设立的奖项对深度报道的推动和影响——卢斯与《时代》周刊、普利策与普利策新闻奖。

第二节　卢斯与《时代》周刊对深度报道的推动

亨利·卢斯（Henry Luce）未必人人都知道，但是《时代》周刊大家肯定都听说过。一般来说，杂志的规模远小于报纸，因为体量小，所以和发行人、总编等个人有更大的关联性，杂志的内容更多地受到创办人个性和价值观的影响，《时代》周刊就有带有创办人卢斯鲜明的个人色彩。

一、卢斯身上有深刻的中国烙印

亨利·卢斯，1898 年 4 月出生，1964 年退休，1967 年 2 月去世。1923 年之后，他一直和《时代》周刊荣辱与共，主导着这本刊物的基本采编理念。作为这本杂志的创办人，他在去世之后的 1967 年 3 月 10 日成为《时代》周刊的封面人物（如图 2 - 1 所示），这是他第一次也是最后一次成为《时代》周刊的封面人物，报道的标题是 "HENRY LUCE：End of a Pilgrimage"，可译成"亨利·卢斯：一次朝拜的结束"，这个标题也是对他一生的总结。

1967 年还是纸质媒体的黄金时代，这一年，卢斯所创办的《时代》《生活》《财富》《体育画报》四大周刊，每期拥有 1 433 万的发行量，可见时代出版公司在当时的美国乃至全世界所产生的巨大影响力。

鲜为人知的是，《时代》周刊有着比较浓重的"中国情结"，这与卢斯的成长过程是密不可分的。19 世纪末，美国"学生志愿国外传教运动"掀起高潮，传教士们的理想和情怀是"要在这一代把福音传遍天下""为基督征服世界"。到"一战"结束时，已经有

8 000 多名大学生传教士被派到国外传教。[①]

卢斯出生在中国，是因为他的父母亲都是传教士。卢斯的父亲路思义（Henry Winter Luce）出身美国长老会，与基督教女青年会的妻子结婚后，不畏险阻前往中国。1897 年，卢斯的父母由美国先到日本，再到上海，然后坐船抵达登州。1898 年 4 月 3 日，卢斯出生，之后他又有了两个妹妹和一个弟弟，他一出生就和中国有着千丝万缕的联系。虽然生活在中国，但是他接受的还是西方教育。虽然周围都是中国人，但是卢斯一家跟中国人的来往并不是特别密切，他们过的是美国节日、读的是英国报纸、买的是西方商品。

直到 1906 年，卢斯才跟着父亲回过一次美国，在美国待了 18 个月，对美国有了一个感性

图 2-1　1967 年 3 月 10 日，卢斯成为《时代》周刊的封面人物

的认识。1912 年 8 月，14 岁的卢斯准备回美国接受教育。为了在美国比较顺利地接受教育，他还专门从上海坐船到英国的一所专业学校去矫正口吃，成功矫正之后再回美国求学，后来在美国完成了所有学业。

二、卢斯与《时代》周刊的创立与发展

1922 年大学毕业后，卢斯和同学布里顿·哈登一起创办了《时代》周刊。当时媒体的新闻报道基本以简讯为主，时效快、传播快的短消息是媒体的主打产品，而初创的《时代》周刊则另立目标，"要能够给美国留下一段可以阅读的历史"，卢斯和哈登希望《时代》周刊"把新闻写得能够留下来供后人查阅"。《时代》周刊打破了当时通行的冷静和单调的新闻语言，它的语言生动活泼，开创了一种隽永的英语叙述风格，是那个时代新闻业的一股创新力量。

卢斯和哈登创造了很多"复合形容词"来形容新闻中的人物，比如"下巴松弛的""牙齿暴出的""双腿外曲的"等词汇。在《时代》周刊的报道中，语言表达常常使用夸张的比喻，比如"大如棒球的眼睛""气色红润如一轮满月"。还有大量生动的语言，如

---

① ［美］艾伦·布林克利著，朱向阳、丁昌建译：《出版人：亨利·卢斯和他的美国世纪》，北京：中信出版社 2016 年版，第 4 页。

"猛烈打击"而不是"打击","盯着看"而不是"看","得意地笑了"而不是"笑了",甚至是一些不知所云的语言,如"有人希望它热,有人希望它冷"。①

这样的描述跟原来简短的甚至是干瘪的新闻语言表达形成了很大的差别,其灵感源自古希腊史诗《伊利亚特》中"历经磨难的奥德赛""深暗如酒的大海"等描述。古希腊史诗有较强的文学色彩,和新闻原本"倒金字塔式"的简洁写法不同,成为推动深度报道发展的一股力量。

《时代》周刊的报道较多地从职业、出生地、人格类型等角度取标题,比如"教师斯科普斯""女家庭教师罗斯""编辑门肯""英格兰的鲍德温""煽动家希特勒"等,将人物比较有新闻性或者比较有特点的一个侧面在标题里凸显出来。② 事实上,像这样的表达方式在今天的英美媒体上已经司空见惯,但是在20世纪20年代,这还是一种比较新颖的表达方法,加入了一定的主观色彩,是对当时流行的报纸新闻的创新。

此外,《时代》周刊还创新了"讣告"的写法,比如"死亡,人皆不免,于上周降临"。这样有个性、有文学性的表达成为《时代》周刊的一个标志。在卢斯和哈登所创造的这种语言风格的促进下,独树一帜的"时代体"就此产生了。"操盘手"哈登训练所有新手把他创造的新词都背下来,比如"tycoon"(大亨)、"pundit"(专家)、"socialite"(社会名流)、"kudos"(荣誉),这些词汇如今都成为英语的一部分,甚至各大学、机构纷纷也模仿"时代体"进行书写。卢斯的母亲1926年9月离开中国时给卢斯写了一封信,用的就是"时代体":"正如《时代》周刊会说的那样,美国隐隐临近了。"③

三、《时代》周刊促进深度报道的发展

"时代体"深深地影响了之后美国的深度报道写作,特别是在特稿和非虚构写作领域。

卢斯有坚定的立场,是一位保守主义者,同时又对中国比较有感情。在他任总编辑期间,《时代》周刊做了很多关于中国的报道,他也很关心中国的发展,因此在美国社会受到了很多的批评。同时,《时代》周刊也成为学者研究历史的一个重要素材,知名作家李辉所著的《封面中国:美国〈时代〉周刊讲述的中国故事》一书就是根据《时代》周刊对中国的报道来研究中国的历史。

① [美]艾伦·布林克利著,朱向阳、丁昌建译:《出版人:亨利·卢斯和他的美国世纪》,北京:中信出版社2016年版,第153页。

② [美]艾伦·布林克利著,朱向阳、丁昌建译:《出版人:亨利·卢斯和他的美国世纪》,北京:中信出版社2016年版,第153页。

③ [美]艾伦·布林克利著,朱向阳、丁昌建译:《出版人:亨利·卢斯和他的美国世纪》,北京:中信出版社2016年版,第157页。

总之，卢斯是一个"固执己见"的人。他的杂志有着鲜明独特又始终如一的声音，他麾下的很多编辑、记者因为和他的价值观不一致而选择离开。但是不论如何，卢斯抓住了美国当时迅速壮大的中产阶级对于深度报道的需求。

1961 年，卢斯登上《明镜》周刊封面。在那个时代，没有人能像卢斯那样，给世界其他地区的人们提供更为深刻的美国形象及美国人眼中的世界形象。在美国，每三个家庭中便有一家会在每周买一本卢斯创办的刊物；12 岁以上的美国人，94% 知道《时代》周刊；卢斯的出版物和可口可乐、梦露、美元外交相伴，为人们提供补给。没有任何一个不担任任何政治职位的美国人能对美国社会产生如此巨大的影响。[①]

卢斯早已去世，《时代》周刊也失去了往日的影响力，今天的我们要批判地看待卢斯和他的《时代》周刊。比如，卢斯的个人态度和信念是否在左右着杂志的内容？此外，卢斯治下的杂志曾经公开支持共和党候选人威尔基和艾森豪威尔，这对于一向标榜客观中立的媒体来说是否属于"越界"行为？同时，《时代》周刊还公开干预关于美国国际政策的辩论，这是不是"当代版的美帝国主义"的表现？

在国际上，美国是一个"后起之秀"，其国力的强大主要是在"一战"和"二战"之后，特别是"二战"之后，卢斯创办的《时代》周刊正好赶上了美国崛起这样一个历史时期。1941 年，卢斯率先使用了"The American Century"（美国世纪）这一概念。[②] 他生逢其时地创造、抓住和强化了这一概念，增强了美国在全世界的话语权。大国要有与之相配的媒体，要能够讲出大国的故事，无论是《纽约时报》还是《时代》周刊，其实都承担了这样的功能，它的发展过程与美国崛起相吻合。

2023 年，《时代》周刊步入了创刊 100 周年的年份。2023 年 3 月 4 日出版的这一期《时代》周刊专门推出了一个纪念性特刊，名字叫作《一个世纪的影响力》，特刊封面由 144 个往期封面图像组成，这些图像选自过往的 5 000 多期《时代》周刊的封面，《时代》周刊的现任创意总监讲述了这些封面背后的故事。

第三节 普利策和普利策新闻奖对深度报道的推动

普利策新闻奖是一个学院派的新闻奖项，每年的 4 月由美国哥伦比亚大学公布，该新

---

① 李辉：《封面中国：美国〈时代〉周刊讲述的中国故事》，北京：东方出版社 2007 年版，第 2 页。

② ［美］艾伦·布林克利著，朱向阳、丁昌建译：《出版人：亨利·卢斯和他的美国世纪》，北京：中信出版社 2016 年版，第 326 页。

闻奖项的设置与美国新闻实践之间关系非常紧密，对美国深度报道的推动作用也非常明显。

一、普利策及其办报经历

普利策新闻奖得名于美国报业巨头约瑟夫·普利策（Joseph Pulitzer）。普利策，1847年出生于匈牙利。17岁的时候，普利策还是一个瘦高个，他想去参军，但是由于他视力比较差、身体比较弱，奥地利军团和法国的外籍军团都没有接收他。

1864年，美国正在打内战，负责为北方联邦军招募欧洲志愿人员的一名美国代理人，对士兵的身体条件没有那么挑剔，于是招募了普利策。1867年，普利策以林肯骑兵部队一员的身份加入美国国籍。他到美国不久之后，内战就结束了。

之后，普利策长期生活和工作于美国中部的密苏里州。1878年，在买下并合并了圣路易斯的《电讯报》和《邮报》后，普利策成立了美国最大报纸之一的《邮迅报》，开始了办报生涯。普利策公开发表了自己的办报声明："《邮讯报》不为党派服务，而为人民服务。不是共和党的喉舌，而是真理的喉舌。不遵循任何主张，只遵循自己的结论。不支持行政当局而是批评它。反对一切骗局，不管发生在何处，也不管它是何种性质的。提倡原则和思想，不提倡偏见和党派性。"① 显然，这是符合以"便士报"为代表的商业报纸一贯办报立场的。

2016年，以《波士顿环球报》的新闻采访故事为蓝本的电影《聚焦》获得了奥斯卡最佳影片奖，影片的主人公罗比说："独立才是报纸赖以生存的依据。"普利策在19世纪70年代就已经把这样的办报声明公开亮出，同时在办报过程当中严格要求记者"除非把一件事情弄个水落石出，否则绝不放过它。连续！连续！连续！连续到真正弄清问题"②。普利策的这份报纸在当时之所以办得如此成功，是和这样一个明确的办报理念分不开的。

后来，普利策有了较多的资金积累，开始向纽约报界进军。1883年，他买进了《纽约世界报》。在报纸经营过程中，他进一步发挥了报业才能。一方面保持了该报原有的传统，另一方面为了在激烈的报纸竞争当中站住脚跟，《纽约世界报》也大肆追逐噱头，大量发表煽情主义的新闻报道。

1889年，普利策策划了一个大型报道，他派女记者内利·布莱（Nellie Bly）"72天环游地球"（用时比文学家儒勒·凡尔纳在小说《80天环游地球》描绘的时间更短），在此

① ［美］迈克尔·埃默里等著，展江译：《美国新闻史：大众传播媒介解释史》（第九版），北京：中国人民大学出版社2009年版，第173页。
② ［美］迈克尔·埃默里等著，展江译：《美国新闻史：大众传播媒介解释史》（第九版），北京：中国人民大学出版社2009年版，第173页。

过程中，布莱发回了大量的新闻报道，让当时很难有机会环游世界的普通百姓有了认识世界的机会，这个系列报道吸引了大量读者的追捧。在环游世界的过程中，《纽约世界报》还做了很多竞猜以及其他活动，这就是一个典型的策划新闻，还有一些周边产品的开发。除了环游世界，布莱还做过卧底记者，她假扮成精神病人到精神病院调查病人所遭受的不公正待遇。这样的一些报道为《纽约世界报》带来了很大的发行量。

以上两份报纸的成功经营，给普利策带来了大量的利润，成为一位知名的"报业大亨"。但是普利策的身体每况愈下，到了1890年已完全失明，而且神经衰弱，因此他宣布退休。虽然退休了，但是他对报纸的影响力还在继续，直到1911年他去世。

晚年的普利策对自己前述的办报理念做了深刻的自我反省，认为过多的煽情性的社会新闻会对社会产生不良影响，也会影响媒体在读者心目中的口碑。普利策去世后捐款创办哥伦比亚大学新闻学院、设立普利策新闻奖等做法，都可以看作他对早期过激的新闻采编理念和实践的纠正。

二、普利策新闻奖的创办与发展

普利策新闻奖是1917年根据普利策的遗愿设立的，在20世纪七八十年代已经发展成美国新闻界的一项最高荣誉奖，今天依然还在深刻影响着美国媒体的新闻生产，同时，它也是影响全球新闻界的一个重要奖项，有"新闻界的诺贝尔奖"之称。一个世纪以来，普利策奖一直是美国新闻业的标杆，与美国社会一同经历了战争硝烟、政治丑闻和各种错综复杂的社会问题。从最初的新闻奖起步，普利策奖现在还设立了包括文学、艺术类等多种奖项，影响力历久不衰。

在这些奖项里面，公共服务奖是每年普利策新闻奖最有重量的奖项，其他还有调查性报道、解释性报道、特稿等多个奖项，无论哪个奖项，获奖作品都不是单一的一条消息，通常来说都是一组系列报道。因此，要想获得普利策奖，媒体和记者也要掌握一些采写和编发技巧，比如从每年的三四月开始就某一选题发表第一篇报道，然后连续发表多篇跟踪报道，到接近年底的时候再发表一篇总结性的反馈报道，所有这些报道组合在一起追逐奖项，获奖的概率更高。这在新闻报道里面叫"有始有终"，说明新闻报道起到了积极的社会效果，而不是"打一枪换一个地方"，构不成社会影响力。

下面我们举例来看，一篇普利策新闻奖的获奖作品具体是怎么呈现出来的。

2016年4月18日，第100届普利策奖结果公布，美联社对东南亚"血汗海鲜"的报道获得年度大奖，也就是"公共服务奖"。美联社的四位女记者耗时18个月，用11篇图文并茂的报道全面地揭露了东南亚渔业中普遍存在的强迫劳动、滥用奴工的系统性问题，并追踪到"血汗海鲜"最终流向欧美民众的餐桌。这个系列报道发布之后，2 000名东南亚奴工解除奴役，重获自由。

获奖作品的主体稿件包括四个部分，每个部分的内容都非常有特色。第一部分写了一个个案，即一个渔民的具体故事。这位渔民本来是缅甸的一个年轻小伙子，家境贫困。1990年，他的父亲出海捕鱼时溺亡，15岁的他成为家里的经济支柱。后来一个中介介绍他去泰国打工，称有很丰厚的报酬，几个月就可以得到300美元。结果这个年轻人先被带到了泰国，然后被带到了印度尼西亚的一个小岛上，这个小岛位置偏远，已经靠近澳大利亚了。在那里，他被当成奴隶使用，稍加反抗就会遭到殴打。直到2015年，当地政府对奴役的渔工采取了一次解救行动，才让他脱离苦海。回到缅甸时，当年的小伙已经40多岁，他在被奴役和隐藏的生活中度过了自己的年轻时光，这是一个很惨痛的悲剧。

第二部分讲的是"血腥班吉纳"，写的是小岛上渔奴的群像。这就使报道的价值得到了升华，因为个案的社会价值总是有限的，而群像说明这不是一个偶然的个案，而是一个带有普遍性的群体事件，说明有很多人从东南亚各地被运到并被禁锢在这样的岛上，从侧面反映出这是一个突出的社会问题。报道中有一句点睛之笔，"对于缅甸渔奴来说，班吉纳就是世界的尽头"，因为很多人来了以后就回不去了，或是被扔到大海里喂鱼，或是常年被困在这里逃不出去。

第三部分写的是东南亚各国政府开始行动，救援渔奴。这是从另外一个角度来写渔奴问题——对他们的救援。来自各种组织和媒体的压力，逼迫相关政府要采取一定的行动来挽回自己的国际形象，尤其是泰国。这部分也说明了渔业对于泰国的重要性：泰国每年有70亿美元的海鲜出口，这是悲剧发生的经济社会背景，之所以有这么多的渔奴存在，正是因为有这样的产业链条存在。

报道的第四部分也是最后一部分，讲的是关闭"血汗海鲜"市场对美国民众的影响，看似遥不可及的、发生在东南亚地区的事情，最后竟影响到了美国老百姓的餐桌。这是所有新闻报道也是深度报道在操作中的一个重要问题，就是要有"本土"视角。关于国际问题的报道最终也要落回到美国本土，美联社的报道自然也要讨论此事对于美国本土的影响，如果该事件与本国没什么关系，那么这个选题的报道价值就是有限的。这篇报道最后回到了美国的法律问题，报道呼吁从法律渠道堵住"血汗海鲜"流入美国的漏洞，让这些渔奴打捞的海鲜无法进入美国的超市货架上。随后，当时的奥巴马政府在媒体报道的呼吁之下签订了新的法案，斩断了东南亚"血汗海鲜"和美国消费者之间的联系。

上述整个报道是一个系列报道的形式，从发现问题到分析问题再到最后的解决问题，形成了一串完整的链条。要想最后获得普利策新闻奖，报道形成这样一串链条是一个必要条件。美国的主要媒体早就谙熟了这样的规则，往往从每年的三四月份开始就专门酝酿和策划这样一些重大选题，调集精兵强将，用差不多八九个月的时间去操作完成一组系列深度报道，以冲击来年的普利策新闻奖。

在这样的循环往复之中，普利策新闻奖成为美国媒体和新闻从业者的一个重要指挥棒，发挥了重要的舆论导向作用。在这个指挥棒的指挥下，无数媒体精英投身于深度报道的洪流之中，源源不断地生产出各个领域涵盖各种题材的深度报道。

第四节　普利策新闻奖获奖作品及特点

普利策新闻奖是美国的一个学院派奖项，研究该奖项主要是想"为我所用"，因为我国有关部门也高度重视舆论监督报道，在中国新闻奖中还设置了一个专门奖项，用来奖励做得好的舆论监督报道。普利策新闻奖获奖作品可以说是美国的舆论监督报道，笔者曾经写过一篇论文，将普利策新闻奖中 7 个奖项归为深度报道类奖项，选取 2007—2016 年 10 年间该类奖项的报道进行全样本分析。[①] 从选题来看，普利策新闻奖获奖作品对美国政治、经济、社会、文化等各方面都具有比较明显的批判意识，揭露了各个领域存在的问题以及不公平现象。

研究发现，深度报道选题受到"双重规制"：一是围绕普利策新闻奖所形成的新闻诠释社群及其规制力量；二是记者所在新闻机构内部的新闻常规。在此基础上，形成了 4 项选题常规，并发现这些获奖作品选题 10 年间的一些倾向和变化：一是由热点选题的跟随到静态选题的深挖，二是由负面选题的聚焦到中性选题的替代，三是由对政府的监督到对全社会的监测，四是由单一形式的文字报道到可视化选题的开拓。这些常规操作一定程度上也可以为中国的深度报道记者所借鉴。

普利策新闻奖是普利策用自己的遗产设置的奖项，在美国哥伦比亚大学新闻学院进行评选和公布。每年普利策新闻奖的评选不仅在美国，在全球互联网上都是一个热点。从每年的年初开始，经过 4 个月左右的选拔、评审过程，一般于同年 4 月或 5 月公布各个奖项的获奖名单。下面我们通过分析 2019 年、2020 年的获奖作品，来总结、归纳普利策新闻奖获奖作品的一般特点。

[①] 窦锋昌：《普利策奖深度报道奖项的"选题常规"——基于 10 年间 7 项普利策奖获奖报道的全样本分析》，《新闻大学》2016 年第 5 期。

一、2019 年、2020 年普利策新闻奖获奖作品

（一）2020 年普利策新闻奖获奖作品

2020 年的奖项因为受新冠疫情的影响，获奖名单的公布比以往来得"稍晚一些"。早在 4 月 7 日，普利策奖委员会已经宣布，由于普利策奖委员会中的不少资深记者都身处一线，为公众报道新冠疫情的动向，在这项更为紧要的任务面前，原定于 4 月 20 日召开的发布会推迟至 5 月 4 日，以便委员会"更全面地评估最终入围名单"，原定于哥伦比亚大学举行的发布会也转移至线上。美国东部时间 5 月 4 日 15 时，北京时间 5 日凌晨，第 104 届普利策奖获奖名单正式公布。[①]

这一届普利策新闻奖在原来 14 个奖项的基础上新增"音频报道奖"（Audio Reporting），因此，2020 年度的普利策新闻奖包含 15 个奖项。

1. 公共服务奖

获奖作品是《无法无天：阿拉斯加三分之一的村庄没有当地警察》等系列报道，共计 17 篇；获奖媒体是《安克雷奇每日新闻》和在线新闻机构 ProPublica（为了公共利益）。

该系列报道揭示了阿拉斯加三分之一的村庄没有警察保护的问题，报道认为当局应承担数十年疏忽的责任。报道刊发后，资金开始流入当地，立法也发生了变革。该报道对阿拉斯加的治安状况带来了很大的改进，是一则以媒体日程带动政府日程的典型报道。

2. 突发新闻报道奖

获奖作品是《贝文赦免被定罪的杀手，此人兄弟为他主持了竞选筹款活动》等系列报道，共计 10 篇；获奖媒体是《路易斯维尔信使报》。

该报对肯塔基州州长（马特·贝文）的数百个最后一刻的赦免进行了迅速报道，说明该过程如何充满不透明、种族差异和违反法律规范等问题。

3. 调查性报道奖

获奖作品是《他们被骗了：不计后果的贷款如何摧毁了一代出租车司机》，获奖媒体是《纽约时报》。

这篇报道对纽约市的出租车行业进行了深度调查，揭露了贷款机构是如何让弱势司机背负大额掠夺性贷款并从中获利的，为此，至少 9 人自杀，近 1 000 名出租车牌照所有者申请破产。这一系列报道促使市政府对这一问题展开全面调查和整治。

---

① 中国人民大学新闻学院：《2020 年普利策新闻奖今晨公布 | 早起福利》，RUC 新闻坊，https：//baijiahao. baidu. com/s？id=1665845324464312004，2020 年 5 月 5 日。

4. 解释性报道奖

获奖作品是《2℃：超越极限》，获奖媒体是《华盛顿邮报》。

这是一组开创性的系列报道，《华盛顿邮报》的记者们收集了大量的资料与数据，以科学的方式清晰地呈现出极端温度为地球带来的可怕影响。解释性报道和调查性报道都是深度报道中比较典型的门类。解释性报道在专业问题中可以发挥其长处，把专业的、复杂的问题转化为通俗的、浅显的、让普通读者都能看懂的故事，提高它的传播性。

5. 本地报道奖

获奖作品是《马里兰州议员要求对马里兰大学医疗系统董事会进行改革，提及对皮尤市长等人的交易存在"严重担忧"》等报道，共计 10 篇；获奖媒体是《巴尔的摩太阳报》。

该报对巴尔的摩市市长与她协同管辖的公共医疗体系之间高利润、未公开的财政关系进行了一系列有力的阐释性报道。普利策奖的分类有时候并不清晰，前面按类型分，到此又按照地域来划分。此前提到，在选题的判断中，地域是一个很重要的因素，美国的新闻报道也不例外。美国的媒体大部分都是本地媒体，只有《纽约时报》等几家媒体是全国性媒体。这一组报道既是本地报道，也是调查性报道。

6. 全国报道奖

（1）获奖作品是《分析错误与监管失效：波音公司和联邦航空局是如何给不可靠的737 MAX 颁发合格证书的》等，共计 10 篇；获奖媒体是《西雅图时报》。

这组报道用开创性的叙述揭示了导致波音 737 MAX 发生两场致命空难的设计缺陷，以及其中政府监管的失职。波音 737 MAX 在过去几年里连续坠机，包括中国国际航空、中国南方航空在内的多家航空公司都有波音 737 MAX 出现问题。

（2）获奖作品是《与舰作战：战舰上因舰队自身而起的死亡与英勇》等，共计 10 篇；获奖媒体是在线新闻机构 ProPublica。

这组报道深入调查了在太平洋上遭遇了一系列毁灭性海难后的美国第七舰队。这则报道是由一家在线新闻机构报道的，这家机构从 2010 年才开始获普利策新闻奖，此后十年间多次获奖，说明美国的新闻界出现了新的势力。

7. 国际报道奖

获奖媒体是《纽约时报》。

该报道调查的是俄罗斯政权运作的机理。

8. 特稿写作奖

获奖作品是《关塔那摩湾的至暗秘密》，获奖媒体是《纽约客》。

报道讲述了一名男子在关塔那摩湾的拘留所被绑架、折磨和剥夺自由长达十多年的故事，融合了现场报道和情感充沛的笔触，体现了细致入微的报道视角。

以上八个奖项的获奖作品基本属于深度报道，接下来的获奖作品不属于深度报道，因此只进行简单介绍。

9. 突发新闻摄影奖

获奖机构是路透社。

10. 专题摄影奖

获奖作品是一组关于印度在争议地区的照片，获奖媒体是美联社。

这组摄影作品反映了印度在争议地区实施军事封锁，导致当地通信中断，当地百姓震撼人心的生活画面。

11. 评论奖

获奖作品是《美国建国时所记载的民主构想不是真正的民主，正是因为非裔美国人的争取才使之成为现实》，获奖媒体是《纽约时报》。

这是该报"1619 项目"中一篇内容全面、深刻、带有个人色彩的文章。"1619 项目"得名于 1619 年首批非洲黑奴在当时的英属殖民地弗吉尼亚上岸，该项目试图将黑奴问题置于美国历史的中心，引发公众对国家建立和革命的讨论，重新定义美国对奴隶制历史的理解。

12. 社论写作奖

获奖作品是《无定罪身亡：得克萨斯州亟需公开监狱监控录像》，获奖媒体是《帕勒斯坦先驱报》。

这一系列社论揭露了美国得克萨斯州一个县监狱内预审犯人时发生的令人震惊的死亡事件，反映了这一现象在该州逐渐上升的趋势，并挑战了试图掩盖这些悲剧的当地治安管理和司法制度。

13. 社论漫画奖

获奖作品是一系列《纽约客》封面及插图，获奖媒体是《纽约客》。

获奖作品以极具迷惑性的甜美风格水彩画和看似温和的人物漫画，深刻讽刺了时任美国总统特朗普的个性和所采取的政策。

14. 文艺批评奖

获奖作品是《批评家笔记：洛杉矶郡艺术博物馆充满风险的改造计划好像出现了一些麻烦》等，共计 10 篇；获奖媒体是《洛杉矶时报》。

获奖作品通过一系列专业而又有魄力的文章，对洛杉矶郡艺术博物馆的拟定改革方案及其对博物馆使命的影响进行了批评。

15. 音频报道奖

获奖作品是播客《这就是美国生活》（*This American Life*）第 688 集《出局的人群》，获奖媒体是《洛杉矶时报》和 Vice News（Vice 新闻）。

获奖作品详尽而具有启发性地阐释了当时的特朗普政府"留在墨西哥"（Remain in Mexico）政策对个体的影响。

（二）2019 年普利策新闻奖获奖作品

如果只分析一年的获奖作品，我们可能还不太能把握普利策新闻奖的特点。接下来，再来简单看一下 2019 年普利策新闻奖的获奖作品。2019 年 4 月 15 日，2019 年普利策新闻奖获奖名单公布，八个深度报道奖项如下：

1. 公共服务奖

获奖作品是《2·14 美国佛州高中枪击案》，获奖媒体是《南佛罗里达太阳哨兵报》。

2018 年 2 月 14 日，佛罗里达州的玛乔丽·斯通曼·道格拉斯高中发生枪击案，造成 17 人死亡。《南佛罗里达太阳哨兵报》一直对事件进行跟踪报道，揭露了这所学校长期掩盖学生犯罪的事实，以及学校和当地执法官员在枪击案发生前后的工作漏洞。

2. 突发新闻报道奖

获奖作品是《10·27 美国犹太教堂枪击案》，获奖媒体是《匹兹堡邮报》。

该报对匹兹堡生命之树犹太教堂的大屠杀进行第一时间的现场报道，重现了当地居民的痛苦情绪。

3. 调查性报道奖

获奖作品是《南加州大学校医被控性侵学生近 30 年》，获奖媒体是《洛杉矶时报》。

该报对南加州大学妇科医生被指控进行了深入报道，这名医生在长达四分之一世纪的时间里侵犯了数百名年轻女性。

4. 解释性报道奖

获奖作品是《特朗普逃税丑闻》，获奖媒体是《纽约时报》。

该报道对时任美国总统特朗普的财务状况进行了长达 18 个月的详尽调查，该调查揭示了一个偷税漏税的商业帝国。

5. 本地报道奖

获奖作品是《倾斜的天平：路易斯安那州分裂陪审团的 10 个故事》，获奖媒体是路易斯安那州的日报《倡导者》。

该报道是对于一项歧视性定罪的调查，在一份判决中，路易斯安那州的法院在陪审团没有达成共识的时候，直接将被告送入了监狱。

6. 全国报道奖

获奖作品是《特朗普的封口费》系列报道，获奖媒体是《华尔街日报》。

该报道揭露了特朗普在竞选期间对两名女性的秘密行贿事件。

7. 国际报道奖

（1）获奖作品是《也门的战争》，获奖媒体是美联社。

该机构长达一年的系列报道详细介绍了也门战争的相关情况。

（2）获奖作品是《燃烧的缅甸》，获奖媒体是路透社。

该报道揭露了缅甸西部罗兴亚人的相关问题。

8. 特稿写作奖

获奖作品是《困于黑帮之地》。获奖媒体是在线新闻机构 ProPulica。

该报道是对纽约长岛上的萨尔瓦多移民的一系列叙述，他们的宁静生活被国际犯罪团伙 MS-13 打破了。

以上的八个奖项基本属于深度报道奖，其余奖项不再介绍。

二、普利策新闻奖获奖作品的一般特点

通过对 2019 年、2020 年普利策新闻奖获奖作品的回顾，能够看出以下几个特点。

（一）严肃新闻机构依旧是获奖大户，显示该奖项具有浓厚的历史传承性

在 2019 年和 2020 年的获奖作品中，《纽约时报》斩获 3 项大奖，《纽约客》和《洛杉矶时报》分别获得 2 个奖项。

普利策新闻奖的评选中，每年都有一些获奖"专业户"的身影出现。这说明，在全世界的严肃新闻机构普遍遭遇互联网冲击的情况之下、在这个全球性的挑战面前，美国的这些老牌媒体依然可以做出具有强烈公共性、监督性、批判性的报道。《纽约时报》《华盛顿邮报》《纽约客》《洛杉矶时报》等媒体也受到了互联网的冲击，但是它们适时地调整自己的盈利方针、经营模式，依然是美国的新闻版图中重要的一员。

严肃新闻机构的核心竞争力何在？中国的媒体和美国的媒体近年来给予了不同回答。美国的媒体大都采用了"付费阅读"模式，也就是从原来所依仗的"二次销售"重新回归到"一次销售"，这个模式成立的前提条件就是要把自己的内容做好，要有接连不断的、值得读者花钱去看的新闻报道，"付费阅读"才能够建立起来；中国的媒体当下很少采取这样的做法，采取"付费阅读"方式的只有为数不多的几家。对于中国媒体来说，美国媒体的做法有些值得借鉴，但是大部分只能"远观"，因为中国的媒体和美国的媒体定位差异性比较大，两国的媒体有不同的媒体属性，因此只能批判借鉴美国媒体的做法。

（二）地方小型媒体获奖机会增多，显示该奖项视野的扩大

除了老牌、资深的媒体，每年很多地方小型媒体在普利策新闻奖的榜单上占有一席之

地，几乎一半以上的奖项颁给了地方性媒体，像《安克雷奇每日新闻》这样的地方小型媒体在普利策新闻奖上每年都能有所斩获。普利策新闻奖作为全国性的奖项，不会只颁给大牌媒体，也要扶持、鼓励地方性媒体在各自的领域内做出自己的好作品，这样才是一种齐头并进的良好媒体生态，因为大部分美国人获取信息的渠道还是其当地的媒体。因此，一方面地方媒体要自己做得好，另一方面评委会也要考虑平衡问题。

（三）获奖作品的选题依旧集中在"监督"和"瞭望"上

从选题的类别上看，获得普利策新闻奖的作品之中，监督类选题居多，中性选题次之。一般来说，深度报道的监督色彩都比较浓重，只有在解释性报道、特稿中，监督色彩相对来说没有那么明显。美国媒体的定位基本就是一个"监督者"，是其所谓的社会中的"第四权力"，在这一点上，美国媒体和中国的媒体定位有明显的不同。

（四）在线新闻机构获奖频次增加，显示该奖项的包容性

2010年以来，ProPublica已经6次获得普利策新闻奖。这表示在新闻生产社会化的浪潮下，一大批新型新闻机构出现，打破了以前建制性媒体对普利策新闻奖的垄断，这代表了媒体的一种强大新生力量。

（五）全媒体新闻报道不断增加，显示该奖项的与时俱进

2020年，普利策新闻奖第一次设立了音频报道奖。普利策新闻奖以前只颁给纯文字报道，过去几年里它也看到了纯文字报道不断向全媒体报道的演变，不断与时俱进，最新的变化就是设立了音频报道奖。相信在未来，包含视频报道等形式的全媒体报道也有可能出现在普利策新闻奖中，这是一种大势所趋。就算是严肃的调查报道，配上更加丰富的音频、视频、图表，其说服力、感染力也会增强，这是以前报纸中难以呈现的内容样式。在这样的媒体融合大背景下，以后的普利策新闻奖也会不断推陈出新，在奖项的设立方面不断适应媒体的发展变化。

最后，需要特别强调的是，普利策新闻奖只是美国的一个国内奖项，虽然其获奖作品报道的是发生在美国以及其他一些国家和地区存在的突出问题，并且报道刊发以后，也有利于促进这些问题的解决，但是该奖毕竟是西方传媒体制下的一个奖项，我们需要在马克思主义新闻观的指导下批判地看待这个奖项以及每年的获奖作品。资本主义的新闻传媒事业与社会主义的新闻传媒事业有着本质区别，正如列宁在强调报刊的党性原则时同时指出的，具有无产阶级党性立场的报刊是自由的报刊，因为它用"社会主义的思想和对劳动人民的同情"，"把一批又一批新生力量吸引到自己的队伍中来"，这与资产阶级的报刊完全不一样。资产阶级报刊"为饱食终日的贵妇人服务，为百无聊赖、胖得发愁的'几万上等

人'服务"。① 基于这样的对美国报刊和新闻报道活动的分析，我们更加需要以批判的眼光看待普利策新闻奖及其获奖作品。

———————— 复习思考题 ————————

1. 你读过《时代》周刊的报道吗？找一期《时代》周刊并认真阅读，感受和思考该周刊的报道风格。

2. 你读过普利策新闻奖的获奖作品吗？找三篇获奖作品并认真阅读，感受和思考这些报道的采写风格。

3. 一般来说，新闻发布会是记者获取新闻素材的重要途径，但是如何处理新闻发布会上获取的素材，不同的媒体和记者处理的方式却有很大不同。思考一下，一位常规的"跑线记者"和一位深度报道的记者，在处理此类素材时会有什么不同？

—————————————

① 郑保卫、张喆喆：《习近平新闻舆论观的思想精髓、理论来源与实践价值》，《新闻与写作》2019 年第 10 期。

第三章

中国深度报道的历史与现状

因为美国在世界新闻史上占有重要地位，所以第二章以美国为例简单回顾了深度报道在西方的发展史，接下来的这一章回到中国本土，讲述中国深度报道的发展历程以及它在中国历史上所发挥的功能。从清朝末年媒体开始出现深度报道到现在，中国的深度报道发展同样可以划分为六个时期。

与第二章讲述美国深度报道历史发展过程时一样，这里再强调，我们依旧要以马克思主义新闻观来看待深度报道在中国的历史发展，特别是新中国成立之前的深度报道发展。回顾马克思主义新闻观的发展史，在马克思和恩格斯的时代，他们提出的新闻观是一种全新的无产阶级的新闻观，是在批判资产阶级新闻观的基础上形成的。因此，马克思和恩格斯在创立无产阶级新闻观的过程中也吸收和借鉴了一些资产阶级关于新闻传播基本规律的理论观点，阐述了一些关于新闻传播基本问题的看法。这也是我们学习深度报道要从历史开始的重要原因。

第一节　清末时期报纸开始出现深度报道

中国近代报刊始于清朝中后期，一般认为，第一份中文近代报刊是 1815 年创办的《察世俗每月统记传》，和美国早期的报纸一样，这个时候的报纸上没有深度报道，早期的教会报纸和政论报纸不具备产生深度报道的条件。之后随着传媒活动的逐步展开，各种各样的新闻报道才逐渐丰富起来，深度报道这种新闻文体是报纸发展到一定历史阶段的产物，只有商业报纸发展到比较成熟的时候才会产生深度报道，时间上，大致已经到了清朝末年。

一、中国深度报道的最早起源有争议

不过，具体从什么时间、什么媒体开始有了深度报道，学界还存在不少争议。比如，虽然早期中国报刊也会刊载社会调查之类的稿件，似乎有了深度报道的影子，据著名新闻史学家方汉奇先生的研究，这类社会调查稿件"是从戊戌维新时期开始的"，戊戌时期出版的《经世报》（杭州）、《农学报》（上海）上，就刊有关于各地物价、土产和税收等方面情况的调查材料。但这时只是初级阶段的调查稿件，还不具备现代深度报道的特征。[1]

---

① 董媛媛：《再探深度报道的起源与发展趋向》，《新闻大学》2008 年第 1 期。

也就是说，记者采用一定的调查手段写出的稿件，还不一定就是调查性报道。

另外，也曾经有学者提出，中国的深度报道发端于 1874 年王韬在香港创办的《循环日报》，认为"这份报纸是以'立言'为目的，即利用报纸纵论中外形势，指陈时弊，褒贬得失并提出建议，可以说已初步运用了深度报道解释和揭露的功能"[①]。这种报道是不是深度报道呢？从形式和功能上说，它体现出了一定的深度报道特征，比如，报道的篇幅比较长、对所报道的问题有比较深入的分析等。但总体来看，《循环日报》仍然是以刊发政论性文章为主的报纸，报道主要是社论、言论、意见等体裁，特别是以政论为主的"指陈时弊"类的文章。王韬时时以社论抨击清廷的官僚作风，宣传改革思想，试图影响中国的内政外交政策。这样的办报思想，自然让报界同仁心生敬佩，然而"王韬的报纸……经常刊登社论，且多出自王韬本人手笔"[②]。这些内容主要不是事实性的，而是评论性的，因此也不能纳入深度报道的范畴。

总体而言，早期的中国报纸和早期的美国报纸一样，不存在今天意义上的深度报道。一般来说，深度报道是商业报纸的伴随物，美国的深度报道诞生在 19 世纪 30 年代之后的"便士报"时代，19 世纪 30 年代之前的政党报纸上还没有深度报道。中国深度报道的发展史与美国的类似。

二、《申报》的诞生及其对"杨乃武与小白菜"案的报道

现在学界有比较多的学者认为，中国的深度报道可以追溯到《申报》的创办。《申报》是中国早期的商业报纸，1872 年 4 月 30 日，该报由英国商人美查在上海创办。为迎合中国的需求，美查聘请中国人蒋芷湘、钱昕伯、何桂笙等任编辑和主笔，它采取和实施的是和《循环日报》完全不同的办报方针。为满足读者和广告商的需求，《申报》采用了商业化办报的路线，经营上，积极扩大发行量和广告量，采编上，消息类新闻尤其是社会新闻成为《申报》主要刊发的体裁。在这种采编思想的指导之下，《申报》渐渐出现了具有深度报道特色的新闻报道。

1873 年 6 月，在创刊一年多之际，《申报》连续报道了"京剧名伶杨月楼遭受迫害"案，站在同情杨月楼的立场上，对封建制度下残酷的刑讯制度进行批判性报道。不过，《申报》最著名的新闻报道则是稍后出现的"杨乃武与小白菜"一案。该案是晚清四大奇案之一，轰动了京、沪、杭三地，并得到清朝统治者的亲自审理。这个故事也一直流传下来，被拍成了影视剧。在影视剧中，"杨乃武与小白菜"案件的大致情节如下：

[①] 韩永青、李芹燕：《中国深度报道百年发展轨迹探析》，《新闻界》2006 年第 4 期。
[②] 董媛媛：《再探深度报道的起源与发展趋向》，《新闻大学》2008 年第 1 期。

　　清末，余杭士子杨乃武应乡试中举，摆宴庆贺。房客葛品连的妻子毕秀姑颇有姿色，人称"小白菜"。毕秀姑曾在杨家帮佣，与杨乃武早有情愫，碍于礼义名分，难成眷属，只得各自婚娶。余杭知县刘锡彤曾为滥收钱粮敛赃贪墨，被杨乃武联络士子上书举发，断了财路，心怀怨隙。他的儿子刘子和用迷药奸污了毕秀姑，又把她丈夫葛品连毒死。刘锡彤为保住儿子的性命和发泄私愤，便移花接木，把杨乃武骗至县衙，严刑逼供，以"谋夫夺妇"定拟，问成死罪。

　　杨乃武和其胞姐杨淑英、妻子詹氏不服，屡屡上诉。历时两年，前后几十堂，皆因刘锡彤上下疏通贿赂，以致官官相护，依旧判定死罪，并详文刑部。詹氏也因上告失败而获罪被拘，幸同科举人汪士屏联合士绅上书刑部辩冤，刑部侍郎夏同善驳回详文，并请得谕旨命浙江三大宪会审。杨淑英为救弟弟，怀抱侄儿去省城探监，求秀姑据实翻供，秀姑深觉愧疚，当即应允。谁知浙江巡抚杨昌浚为保住自己的面子和众多参审官员的顶子，依仗当事拥兵边疆的左宗棠之势，会同藩台、臬台蓄意抗命，不准毕秀姑翻供，复以"通奸谋命"定拟，上奏。

　　杨昌浚此举激起浙江士绅公愤，杨淑英在他们支持下，至狱中让杨乃武写冤状，冒死赴京，滚钉板告状。光绪帝生父醇亲王痛恨杨昌浚蔑视朝廷，又怕各省督抚仿效，决意替杨乃武翻案，以示警饬。正当杨乃武看透黑暗吏治，与秀姑欲以鲜血、头颅祭告天下"大清百姓盼望青天"之际，得到了醇亲王"大清有青天"的回答。出狱之日，杨乃武目击毕秀姑奉懿旨，被押解尼庵削发为尼。杨乃武自己虽保住了命，却已一身伤残，几为废人，连举人功名也不准恢复，不禁黯然自问："我这冤案是昭雪了吗？大清真有青天吗？"

　　以上是百度百科关于案情的介绍，影视剧中的情节有一些合理想象的成分，但是基本事实存在，主要来源于《申报》的报道。《申报》对"杨乃武与小白菜"案的初次报道，刊载于1874年4月18日，全篇仅有135字，该报道甚至连杨乃武的人名都没有核实清楚，只是简单地告知读者发生了一件案子，此案的两个案犯均被判处死罪，将会在省中（杭州）复审。但是随着事件本身轰动意义的突显和所引发的社会关注程度的提升，《申报》逐渐改变了初始的报道态度，全程予以跟踪报道，从初审到复审，从开棺验尸再到宣布最后的判决，《申报》皆跟踪报道。

　　8个月之后，1874年12月10日，《申报》一版头条刊发对此案的第二次报道：

　　本馆近两日连录余杭詹氏都察院奏请敕刑部复审呈稿一纸。此案干系重大。核其大略："该县民葛品连于十月初九日被妻葛毕氏加毒毙命，葛品连母疑而告县，呈内唯毕氏是指。知县验勘讯情，拟以举人杨乃武与葛毕氏通奸，与伊夫构嫌，因办毒药使该氏毒死其夫。"

《申报》的报道还指出，杨淑英上都察院的状纸与都察院所公布的版本有所不同，例如少了"屈打成招"的词语。该报道不但叙事详尽、准确细致，而且态度鲜明，在一定程度上揭露了封建社会的黑暗，并敢于向封建官僚陈述一些民间的意见。全篇文字的主旨可以概括为：这件案子把杨乃武判成死罪是冤枉的。

《申报》紧随之后的案件复审，继续追踪报道。1875 年 7 月 16 日刊出"审案传闻"，披露官官相护；1876 年 4 月 4 日，对于证人的死，《申报》著文质疑；尤其是署名"呆呆子"的文章，为"小白菜"——葛毕氏鸣不平，"以前社会舆论只是为杨乃武鸣不平，这样有理有节的文章刊在报端，足以使当时社会上对此案不大清楚的人更加了解案情"。①

经过《申报》锲而不舍的努力，三年多的时间里，发表了相关新闻、评论不下 60 篇，在社会上形成了强大的舆论攻势，老百姓对此案耳熟能详，并在街头巷尾口耳相传、议论纷纷，成为当时的一个社会"热点话题"。从社会功能上来说，这些报道对当时的严刑逼供、残暴虐民的复审官员，是一次很重的监督与鞭挞。

《申报》对此起案件进行的连续追踪报道，"新闻传播，论说评议，尤其对宫廷的激烈的揭露和抨击，和浙江地方绅士谏诉，最后引起朝廷最高统治者慈禧太后的关注，终于使冤案得到平反"。基于此，学者宋军认为："创刊未久的报纸，初次发挥的舆论监督能起如此作用，是主笔们起始未曾预料到的。"② 当时的报纸总体上来说还是一个新生事物，报纸究竟能够在社会上起到什么作用还未知，但通过《申报》的这次大跨度、多方位、长时间的持续报道，社会大众看到了新闻媒体所起的作用。

用今天的眼光来看，《申报》采取的是一种连续报道的形式，它不是一篇从头到尾的完整报道，而是用 60 余篇报道形成的一系列合力报道，组成了一个连续报道，挖掘案件背后的政府运作、地方势力、东宫与西宫的派系斗争等，这种类型的报道也是深度报道的一种常见形式。上一章我们谈到的普利策新闻奖获奖作品，大多数情况下采取的也是这种连续报道的形式。

总之，《申报》对"杨乃武与小白菜"一案的连续报道已经具备了深度报道的主要特征，可以被视为中国最早的一组深度报道，至少也是之一。同时也要看到，由于媒体的成熟度以及当时的社会背景和政治制度等原因，在这个阶段的报纸上还不太可能有常态化的深度报道。

---

① 董媛媛：《再探深度报道的起源与发展趋向》，《新闻大学》2008 年第 1 期。
② 宋军：《申报的兴衰》，上海：上海社会科学出版社 1996 年版，第 25 页。

三、中国早期报纸的深度报道比较弱

我们可以做一个横向比较。上一章讲过，在清朝末年，深度报道在美国已经开始大量产出。那个时候，以"二次售卖"为主要盈利模式的商业报刊在美国已经进入了发展的快车道。

1894年，中日甲午战争爆发，许多西方报纸派遣记者前往战区采访，写出了很多深度报道，其中至少有20多个封面报道，还有百余篇的专题报道。资料显示，甲午战争期间，日本共派出随军记者114名，还有15名画师和摄影记者，其中有多人在战争中丧生。战争爆发一个月后，17名西方记者获得了随日军采访的许可。① 伊藤博文曾经说过，利用媒体攻势取得国民舆论的支持，就等于拿下了战争一半的胜利。在这场舆论战中，日本可以说全面获胜。北洋水师绝对的硬实力不弱，但最后惨败和新闻报道等软实力的差距也有一定关系。

总之，清末的媒体以及深度报道发展得还很不完善，虽然当时已有《申报》这样的商业报纸，但也是外国人办的，清政府当时并不允许中国人办媒体，因此清末中国的媒体以及深度报道相较于欧美、日本来说发展得很不完善，存在很多缺陷，从而也影响了中国在国际上的话语权。

第二节　辛亥革命和民国时期深度报道的发展壮大

随着甲午战争的失败，清朝统治者认识到如果还要维持自己的统治地位，就必须开放报禁、启迪民智，因此在报刊的创办方面开始实施比较开放的政策，报纸的发展进入了快车道。伴随着报纸的发展壮大，中国的深度报道也得以迅速发展到第二个阶段，主要指辛亥革命前后以及民国时期。

一、深度报道进入快速发展时期

有学者提出，深度报道在中国也许并不陌生，过去我们写的既有广度又有深度的报道

---

① 万国报馆编著：《甲午：120年前的西方媒体观察》，北京：生活·读书·新知三联书店2014年版，第2页。

也可列入深度报道范畴。"早在辛亥革命时期，为适应纷繁复杂的革命斗争形势，纪实、解释、述评性的新闻乘时涌现，不少作品夹叙夹议，条分缕析，翔实生动，颇受欢迎，如《广州血战记》《调查河口情形记》等。"①

从辛亥革命时期追寻深度报道的发展史，不拘泥于权威的定论，其意义相当重大，这说明深度报道的观念已经悄然渗透于新闻操作本身，而不仅仅是称谓上的认定。1902 年创刊的《大公报》，秉承"不党、不私、不卖、不盲"的"四不"办报方针，广泛运用深度报道手段揭露政府的黑暗。1902—1925 年为《大公报》的"创始时期"，1926—1949 年为《大公报》的"新记"时期，它真正发展到在全国有影响力也是在"新记"时期。1935 年，《大公报》特派的旅行记者范长江历时 10 个月，陆续发表揭露西北地区弊政的旅行通讯，后汇集成《中国的西北角》一书，此书与后来的《塞上行》是当时深度报道的典范之作，这些报道到今天依然耳熟能详。

1929 年之后，中国出现了一大批名记者和名报道。于右任先后创办了《神州日报》《民呼日报》《民吁日报》和《民立报》，宣传左翼思想，对社会主义思想传播到中国起了重大作用，但是这些报纸因为大胆刊登披露社会黑暗面的报道，触怒当局而被查办、停刊；20 世纪 20 年代，瞿秋白和周恩来的通讯作品调查了俄国和欧洲社会方方面面的情况，并在中国报纸上连载，向世人展现世事，此类解释性功能极强的报道也是一种深度报道。

二、涌现出一批名记者和名作品

接下来，我们具体介绍几位知名记者以及他们的作品。

黄远生是民国期间的一位著名记者，是早期留日学生，会多种外语和方言。1912 年他创办和主编了《少年中国周刊》，这是他记者生涯的开始。之后他还主编过梁启超创办的《庸言》月刊，担任过上海《申报》《时报》《东方日报》的特约记者和北京《亚细亚报》的撰述人，同时还经常为《东方杂志》《论衡》等报刊撰稿。虽然他从事新闻工作只有短短的四五年时间，但在这几年里，他写下了大量的新闻通讯和时评政论，其工作量之大、创造力之盛令人惊讶。

1915 年 12 月 25 日，黄远生在美国旧金山唐人街的广州楼内用餐时，中华革命党（国民党改组后的名称）美洲总支部负责人林森指派刘北海从背后枪杀了他，时年不满 31 岁。《远生遗著》里收录了他在这几年中所写的 200 多篇文章，其中几乎全部直接或间接与时事有关，而且立场明确，影响极大。

在中国新闻史中，一般都把黄远生当作通讯体裁的创始人。黄远生有一篇代表作品，

---

① 董媛媛：《再探深度报道的起源与发展趋向》，《新闻大学》2008 年第 1 期。

叫作《外交部之厨子》，于 1912 年 7 月 10 日发表在《时报》上。这篇讽刺幽默的人物通讯以一个"神通广大"的余厨子为切入点，以小见大，寥寥数语在嬉笑怒骂之间，将中华民国外交部腐化堕落的黑暗情形淋漓尽致地表现出来。这篇通讯下设的小标题包括"外交部之厨子""奇怪之北京社会""厨子与前清西太后及恭庆二王及李鸿章之关系""狗窝子之外务部陆子欣君之大功绩"，每个小标题主要叙说一件事，通过几个事件就把这个厨子"神通广大"的一面刻画了出来，深刻反映了当时中华民国外交部的腐化堕落。这篇报道在语言方面夹叙夹议，有较强的文言文痕迹，是黄远生最负盛名的通讯代表作。

黄远生之外，当时著名的记者还有瞿秋白，他写的《饿乡纪程》是去苏俄考察之后写出的纪实性作品，完整记录了他在苏俄的所见所闻。瞿秋白还有另外一篇知名作品，叫作《赤都心史》，写的是他在苏俄莫斯科看到的一系列具体社会情形。此外，这一时期著名的深度报道作品还有陆定一的《五卅节的上海》、邹韬奋的《上海血战抗日记》、戈公振的《从东北到庶联》、萧乾的《鲁西流民图》、范长江的《中国的西北角》、夏衍的《包身工》等。

图 3-1　范长江著作《中国的西北角》

今天的读者对范长江应该是最熟悉的，我们现在用以表彰中国最优秀记者的奖项就是范长江新闻奖。他的名作之一《中国的西北角》（如图 3-1 所示），最早于 1936 年 6 月发表在天津《大公报》上。其中有一篇写的是"金张掖"的破产。张掖是河西走廊上的一个重要城市，在历史上一直都是富裕之地，但是到了 1936 年前后，却成了一个濒临破产的城市。

张掖破产的状况是天灾还是人祸？经过实地调研，范长江发现是主要是"人懒"之过。在他所写的报道里面专门提到了"烟亩罚款"的问题——当地很多人种鸦片，鸦片本是不该种的，但是当地政府对种植鸦片的现象采取的是"睁一只眼、闭一只眼"的态度，以便对种植户进行罚款，罚款成为当地一个重要的财政来源。在具体实施过程中，无论贫地还是好地，都按照人数来统一摊派罚款，再加上其他各种苛捐杂税，给张掖的老百姓带来很大的税收负担，长此以往，财政破产也就不可避免。

2012 年，知名导演冯小刚拍了一部电影，叫作《一九四二》，这部电影和《大公报》

记者张高峰所写的深度报道《豫灾实录》有紧密关系，该报道写的是 1942 年河南所发生的灾情，当时的国民党政府没有拿出及时有力的救援措施，造成了大量的流民以及伴随而生的大量人员的死亡、失踪。1943年 2 月 1 日，《大公报》刊发了当时年仅 24 岁的张高峰撰写的《豫灾实录》（如图 3 - 2所示）。这篇报道是记者经过实地调查写出来的，原稿的题目是《饥饿的河南》。据张高峰后来回忆，他本人更喜欢原标题，因为观点明确，不喜欢编辑部改后的标题，因为过于客观了，显得平淡无力。《大公报》时任总编辑王芸生的解释是，这是为了通过当时的新闻检查，题目不可过于刺激。①

这篇通讯描述了他自陕西到河南一路上的所见所闻，揭露河南 110 个县遭受"水、旱、蝗、汤（恩伯）"四灾的悲惨情景。报道刊发后的第二天，也就是 2 月 2 日，《大公报》又刊出时任总编辑王芸生写的《看重庆，念中原》的社评，对国民党的做法提出了批评。报道连同社评一起在社会上引

图 3 - 2 《大公报》刊发《豫灾实录》的版面，右下角为本篇报道

起了很大反响，也引发了一连串连锁反应，老百姓评论国民党政府是"前方吃紧，后方紧吃"，重庆各个衙门歌舞升平的时候，河南已经灾民四起。

国民党政府被这组报道和评论的"组合拳"触怒了，对《大公报》做出停刊三日的处罚，停刊的三天是 2 月的 3、4、5 日三天，正好是那一年春节放假的时间，没有太影响到《大公报》的实际运作，这种勒令报纸停刊的做法在历史上实属罕见。不过，让人未曾想到的是，该事件反而促进了该报的发行，停刊前，《大公报》日发大约 6 万份，停刊再复刊之后，日发猛增至 10 万份左右。②

再之后，国民党大员汤恩伯以"共产党首领"的罪名将张高峰"关押"（限制活动范围，在其管辖范围内可以采访）数月，这在当时的河南被称为"张高峰事件"。直到后来

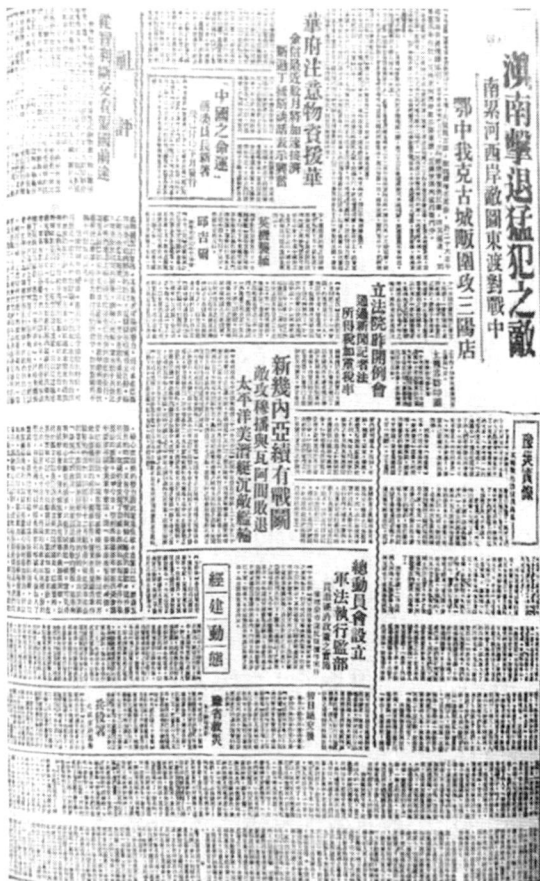

---

① 张高峰著，张刃整理：《高峰自述：抗战生涯》，太原：北岳文艺出版社 2015 年版，第 126 页。
② 张高峰著，张刃整理：《高峰自述：抗战生涯》，太原：北岳文艺出版社 2015 年版，第 128 - 129 页。

日军大举进攻中原，汤部溃不成军，张高峰才以"查无实据"重获自由，经陕西回到重庆。至此，"张高峰事件"画上了一个句号。事后，张高峰化名张大雷写成《我是怎样被捕的》一文，发表于《新华日报》。

经此一役，张高峰从一个普通记者成了《大公报》的知名记者。再之后，内战爆发，张高峰又被派去东北等地采访，成了《大公报》的一名主力记者。

三、深度报道成为当时报纸上的常规产品

《大公报》在当时发出《豫灾实录》这样的深度报道是不出奇的，因为在当时的《大公报》上，"通讯"已经成为一个常规新闻产品。在《大公报》上，通常包含社评、专电、通讯、星期论文、副刊等主要版面，新闻类的内容主要体现在"专电"和"通讯"两种体裁上。

"专电"接近于现在所说的"消息"，属于动态新闻，指的是报社派驻各地记者通过无线电报的形式向编辑部发回的当日新闻，一般短小精悍。另外，专电类的稿件一般不署记者名。采用电报的方式发稿，在民国时期，需要政府主管部门的特别批准，由发报人（记者）持中华民国交通部电信总局印发的"收报人付费新闻电报凭照"到电报局发报。[①]为了快速发报，记者甚至要自己译成电码，然后直接交给邮局发出。

通讯一般时效性不强，文字比较长，发电报不划算，通常通过邮局邮寄，因此，通讯又称"通信"。比如《豫灾实录》1943 年 1 月 17 日从河南叶县寄出，2 月 1 日才在重庆《大公报》上刊出，中间隔了两个星期。[②] 通讯的时效明显不如电报，但是胜在内容比较翔实，接近于今天的深度报道。当然，通讯的写法虽然接近现在的深度报道，但还是有所不同，比如它通常以第一人称书写，而且常常夹叙夹议，整体而言，具有比较突出的主观色彩。但是通讯与深度报道也有相同之处，扎实的采访、认真细致的写作和今天的深度报道是一样的，我们也不能按照当下的标准要求当时的记者进行同样的操作，要认识到历史局限性。

总体来看，辛亥革命和民国时期是中国报纸发展较为迅速和充分的一个阶段，既有党派报纸，也有民间立场的报纸，还有大量杂志，各种报刊都有自己的定位，深度报道（通讯）在此期间也得到了长足的发展。只不过，限于版面和通信条件，当时的深度报道不能充分展开。同时，以今天的眼光来看，这一时期的很多深度报道还不够规范。

---

① 张刃：《闲话大公报》，北京：人民出版社 2016 年版，第 147 页。
② 张高峰著，张刃整理：《高峰自述：抗战生涯》，太原：北岳文艺出版社 2015 年版，第 123 页。

第三节　新中国成立后到改革开放前的深度报道

伴随着 1949 年中华人民共和国的成立，中国的新闻体制发生了根本性的变化，中国共产党的新闻管理政策在各级各家媒体中都得到了充分的体现。比如《大公报》在民国时期是一个很重要的商业媒体，基本不依附于政党存在，新中国成立之后，《大公报》进行了体制上的转换和改组，从一份"体制外"的报纸变为一个"体制内"的媒体。媒体性质的改变，也导致了新闻文体的改变，此时的深度报道呈现出了完全不同的面貌。

按照严格的标准，这个时期的深度报道相对来说比较缺乏，但是如果采用一种广义视角，把典型人物通讯也纳入深度报道的范畴的话，这一阶段的成就是不可忽视的，甚至可以说是取得了很大的成就。这一时期出现的很多人物通讯，到今天依然有其旺盛的生命力，很多写法在现在的报纸采编工作中依然大有用武之地。

从 1949 年新中国成立到 1978 年党的十一届三中全会召开之前，差不多是三十年，又可以分成三个阶段：1949—1956 年，属于社会主义改造时期；1956—1966 年，是社会主义建设时期；1966—1976 年，是"文革"十年。三个阶段的深度报道有着比较多的共性，也存在一些差异。

一、社会主义改造时期诞生的名篇佳作

第一个阶段里，媒体上刊登了不少的名篇佳作。比如新中国成立前后一段的时期里，柏生的《"全体起立，向人民的领袖致敬"——新政协筹备会休会前二十分钟的速写》、李庄的《"中国人从此站立起来了"——中国人民政协第一届会议特写》、林韦的《记中央人民政府成立盛典》，这几篇都是以描写新闻现场见长的特写式通讯，记录了新中国成立时期的若干重要事件。田流的《一个集体农庄的成长》，写的是黑龙江省佳木斯市附近一个集体农庄如何发展起来的；陆灏的《他从乡下来——建设鞍山的人们之一》，写出了鞍山建设者在农民和工人两种身份上的转变；还有张潮、马超卿的《一个代表的产生》，描写了第一届全国人民代表的产生过程。这几篇通讯写的是新中国成立初期不同战线不同行业的典型人物。

新中国成立后不久，1950 年 10 月至 1953 年 7 月之间，爆发了抗美援朝战争。在这三年间，也诞生了一批优秀的新闻作品。

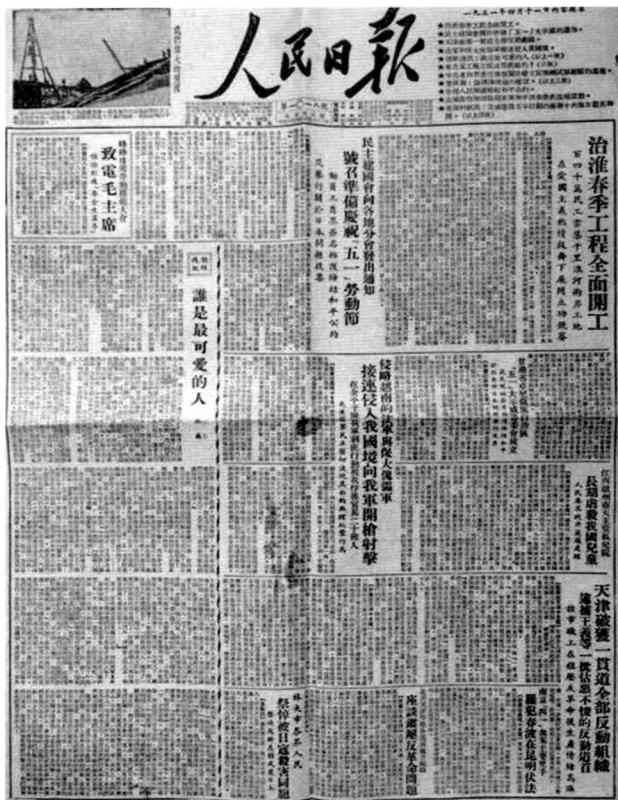

图 3-3　1951 年 4 月 11 日《人民日报》头版刊发《谁是最可爱的人》

《谁是最可爱的人》是魏巍从朝鲜战场采访归来后所写的一篇报告文学，在体裁上也属于新闻通讯，最先于 1951 年 4 月 11 日在《人民日报》刊登（如图 3-3 所示），后来入选中学语文课本，影响了数代中国人，借助于这篇报道产生的巨大影响力，志愿军之后被人们亲切地称为"最可爱的人"。这篇通讯来之不易，魏巍在写作中数易其稿，最后才成篇。还在朝鲜时，魏巍就写了一篇《自豪吧，祖国》的通讯稿件，其中有 20 多个他认为很生动的例子，带回来给同志看了看，感觉不好，就没有拿出去发表。因为例子堆得太多了，好像是记流水账，哪一个也说得不清楚、不充分。之后，他写《谁是最可爱的人》时，就只选择了其中的几个例子，写完后又删掉了两个，最后只选取了松鼓峰战斗、马玉祥火中抢救朝鲜儿童和志愿军战士以苦为乐三件事来写。[①]

魏巍还有另外一篇抗美援朝题材的名篇，名字叫作《依依惜别的深情》，写的是志愿军打完了仗离开朝鲜战场时，与朝鲜老百姓的军民鱼水深情。

关于抗美援朝新闻题材写作的名记者，还有李庄，他 1918 年出生于河北徐水，1938 年到山西民族革命大学学习，1939 年作为《民族革命》通讯社记者报道了抗日救亡运动，1940 年 4 月参加革命工作，在抗日军政大学学习，同年 8 月加入中国共产党，在解放区报纸做过编辑、记者，后来担任过《人民日报》的总编辑。他写过一篇有名的作品叫作《复仇的火焰》，描写志愿军战士的年轻小伙子们在行军途中路经一户朝鲜人家，有一个仅存的小孩子，孩子的父母、兄弟、姐妹全都被美军杀死了，报道宗旨是为朝鲜百姓所遭受的苦难寻求正义和公道，用来说明抗美援朝的正义性，鼓舞士气。这篇文章于 1950 年 12 月 20 日发表在《人民日报》上。

---

① 刘梓良总编，郑保卫主编：《中国百年新闻经典·通讯卷》，北京：人民出版社 2016 年版，第 136 页。

二、社会主义建设时期出现的人物通讯

第二个阶段中，媒体上出现了时传祥、王进喜、雷锋、焦裕禄等一大批典型人物，而典型人物的塑造也是这一时期深度报道最大的成绩所在。

《人民日报》关于雷锋的最著名的一篇报道，标题叫作《毛主席的好战士——雷锋》，作者是甄为民、佟希文、雷润明，于1963年2月7日发表。《毛主席的好战士——雷锋》这篇报道是典型人物报道的经典之作，对新闻感兴趣的读者都应该好好读一读这篇作品。它分为如下四个小标题，第一个小标题是"牢记阶级敌人杀亲之仇"，写的是地主阶级让雷锋家破人亡的故事；第二个小标题是"发无产阶级之愤"，写的是雷锋参军入伍之后的良好表现；第三个小标题是"活着就是为了使别人过得更美好"，写的是雷锋做的各种好人好事，共产党员雷锋在他的一言一行中都闪耀着灿烂的共产主义光辉；第四个小标题是"严格要求自己，努力锻炼自己"，写的是雷锋不断努力让自己取得更大的进步和成长。

这篇报道产生了巨大的社会影响力，同年3月5日，《人民日报》等各家媒体集中报道了毛泽东主席"向雷锋同志学习"的题词，之后每年3月5日都被定为"学雷锋日"，直到今天还在延续。

新中国成立之后百废待兴，当时国家铆足了劲儿要发展工业，而要发展工业就离不开石油。石油是一种重要的工业原材料，但是当时国际舆论普遍认为中国是一个贫油国，大庆油田的发现打破了这种说法。为了开发大庆油田，身为石油工人的王进喜从位于西北的甘肃玉门油田转战到东北，在大庆油田的开发过程里成长为模范带头人物，至今依然是中国石油界的一个标杆性人物。1966年，是《人民日报》等报纸对"铁人"王进喜报道最为密集的年度，伴随着一篇又一篇关于"铁人"的报道，"铁人精神"随之传遍了大江南北，成为一个时代不可磨灭的精神载体。

2009年7月，笔者当时作为媒体从业者到大庆采访"铁人"精神，为《广州日报》策划的"庆祝新中国成立60周年系列报道"采写新闻稿件。"铁人"王进喜的塑像高高耸立在大庆油田办公楼前的广场上。如今，"铁人"的故事依然在全国各地传唱，"铁人"精神依然是社会主义现代化建设进程中的一笔宝贵的精神财富。

1966年2月7日，新华社播发穆青、冯健、周原三人合作采写的长篇通讯《县委书记的榜样——焦裕禄》，动人的事迹随着中央人民广播电台的电波、随着一份份报纸传遍大江南北，一个为人民鞠躬尽瘁的共产党员形象，鲜活地矗立于天地之间，铭刻在人民心中。报道震撼了千千万万颗心灵，直至今日，兰考县都是共产党员进行革命教育的一个重要基地。

这篇稿件的诞生源自1965年12月穆青和新华社记者冯健的一次中原之行。穆青一行访问了几十位基层干部和群众，走到哪，群众都满含热泪叙说着焦书记的故事。他们受到

了极大的触动，然后进行了扎实的采访。在写作过程中，三位作者对这篇通讯又进行了反复的推敲修改，先后七易其稿。稿子基本完成后，穆青又让周原把稿子带回兰考，在县委常委扩大会上朗读征求意见，除订正了几个人名、地名外，大家都表示事实准确。① 焦裕禄于 1964 年 5 月去世，但稿件直到 1966 年 2 月才发表，这种大量采访、反复修改的做法都深深体现了深度报道的采写特点。

1966—1976 年是"文革"十年，这是一段非常特殊的时期，整个新闻媒体业界都不可避免地受到了政治环境的巨大影响。这一阶段留下来的好作品不是太多，此处不再专门讲述。直到 1978 年党的十一届三中全会召开，深度报道在中国进入了全新的发展时期。

三、人物通讯的优良采写作风需要继承发扬

总之，在新中国成立到改革开放之前近 30 年的时间里，中国媒体生产了很多经典深度报道，主要表现为以人物通讯为题材的深度报道。在这段特殊的历史时期里，虽然存在各种各样的问题，但是，塑造典型人物这种题材和写法在新闻宣传报道中并没有完全过时，直至今日，依然在主流媒体里广泛使用，只不过需要予以"扬弃"，保留下那些好的采写传统和特色，比如扎实的采访、反复的修改，而过于凸显主旋律以至于"假大空"的做法则需要摒弃。总之，我们需要批判地去看待这一时期的深度报道。

第四节　20 世纪 80 年代：深度报道的觉醒与启蒙

1978 年 12 月召开的党的十一届三中全会是一次非常重要的会议，给各行各业各个领域带来了翻天覆地的变化，新闻工作也随之焕发出新的生机，深度报道大量出现，尤其是 20 世纪 80 年代以后，深度报道进入了一个觉醒与启蒙的时代。这里所讲的"80 年代"并不是一个精确的时间概念，而是指从 1978 年召开的十一届三中全会开始，一直到 1989 年前后，这段时间中国进入了改革开放的新的历史时期，政治、经济、社会、文化各方面都经历着快速的发展变化，在各个领域呈现出崭新的面貌。新闻领域，特别是在深度报道领域，也取得了巨大的进步，涌现出了一批优秀的深度报道作品。1987 年前后，媒体的深度报道更是达到了一个相对的高峰。

---

① 张严平：《穆青传》，北京：新华出版社 2005 年版，第 205 – 206 页。

一、《中国青年报》的"三色"报道

在 1987 年出现的深度报道中，最令人记忆深刻的可能是《中国青年报》的一组关于大兴安岭火灾的灾难报道。雷收麦、李伟中、叶研、贾永四位记者亲身奔赴火场，连续发表了三篇深度报道，构成了"颜色三部曲"系列报道，分别是《红色的警告》《黑色的咏叹》《绿色的悲哀》。

当年 5 月份开始的大兴安岭特大火灾持续了近一个月，那时关于火灾的报道主要是各种动态报道。在笔者的记忆中，当时的广播和报纸报道了很多关于大兴安岭火灾的新闻。《中国青年报》的三篇深度报道，采用的则是调查报道的方式，从另外一个角度描写了这次大兴安岭火灾，报道的采写水平以及报道产生的实际后果都远远超过了其他报道，成为我国深度报道历史上的经典作品之一。

"颜色三部曲"的第一篇报道《红色的警告》刊发于 1987 年 6 月 24 日《中国青年报》头版，（如图 3 - 4 所示），报道一开头就对森林大火的起源和原因进行了一系列的发问："一把火，一把令 5 万同胞流离失所，193 人葬身火海的火；一把烧过 100 万公顷土地，焚毁 85 万立方米存材的火；一把令 5 万余军民围剿 25 个昼夜的火，究竟是从哪里、为什么而又怎样燃烧起来的？"

图 3 - 4 《中国青年报》刊发《红色的警告》的版面

在接下来的报道里，记者分别就这些问题给出了解答。报道先讲了大兴安岭的特殊管理体制，记者调查发现，大兴安岭地区存在着"一仆三主"的独特现象，大兴安岭是林业部的直属森工企业，地方行政归属黑龙江省，而版图又属内蒙古自治区，三个省部级单位都对林区有管辖权，反而导致了管理上不够畅通，一些本来很简单的事情，就是因为"一仆三主"现象的存在，给这些问题的处理带来了一系列麻烦，甚至使之陷入了长期不能解决的困境。报道还讲到了防火工作先天不足的问题，在这方面，同样存在"三足鼎立"的现象。记者指出，"防火指挥部归属地方政府，森警属于武装森林警察部队，空降灭火队则属东北航空护林局。三家各有各的经济利益，很难形成一个协调的战斗整体"①。除了体制方面的原因，当地官员干部也存在官僚作风问题，一部分官员在火灾发生前和扑火救灾中表现出玩忽职守、麻木不仁的一面。当地还有一些干部，在大火来临的时候，动用防火扑火的设施保护自己的房子，却加重了周边其他地区的火灾损失。

这些内容在报道中被一一披露出来，形成了《红色的警告》这篇深度报道。在当时大多数灾难性报道还停留在"负面文章正面做"的阶段，《中国青年报》的报道冲破了传统的对负面新闻的处理方式，大胆采用调查报道的方式来探究灾难发生的深层原因，就算在今天来看，这样的报道依然让人觉得非常有冲击力，体现了党报在重大问题上的监督责任。

在《红色的警告》之后，记者们还进行了进一步的深入调查，写出了后面两篇报道——《黑色的咏叹》和《绿色的悲哀》，刻画了灾难中的诸多真实场景，探究灾难发生后的人与人、人与自然之间的多种关系，最终形成了《中国青年报》"颜色三部曲"这组完整的系列报道。

二、《经济日报》的"关广梅现象"系列报道

在1987年的深度报道浪潮中，《经济日报》关于"关广梅现象"的系列报道同样载入了新闻史册。1987年6月，《经济日报》刊出长篇报道《关广梅现象》和《本溪市委、市政府的一封吁请信》，报道以"本溪出了个关广梅"开头，讲述了改革先锋人物关广梅的故事和围绕她所产生的巨大争议。

关广梅一直都在辽宁省本溪市的商业系统工作，从副食商店的营业员、业务员一直做到了分管业务工作的副经理。1984年，她采取了一种新的经营方式，即通过承包的方式获得了本溪当地一些商店的经营权，改变了这些商店过往经营不利的状况，实现了利润的连年增长。之后，关广梅不断地扩大经营规模，最后形成了1 000多人的连锁经营模式。

在20世纪80年代的社会氛围下，"这种经营方式是不是符合社会主义？"引发了许多讨论和争议。因为按照传统政治经济学理论的界定，如果一家私人企业雇佣工人超过了8个人，就有了资本主义的性质，而关广梅承包经营商业企业的规模已经达到了1 000多人，这还是社会主义的经营行为吗？而且，在具体的经营过程中，为了将所承包的网点做好，

---

① 雷收麦、李伟中、叶研等：《红色的警告》，《中国青年报》，1987年6月24日第1版。

关广梅还让一部分她认为不合格的人下岗，更是对当时"铁饭碗"工作体制的重大冲击。经营性质的界定是一方面的问题，另一方面，从经营的实效上来看，关广梅承包的商业网点却实现了很好的盈利。

上述两方面的冲突是巨大的，而《关广梅现象》就是围绕着关广梅在改革过程中所取得的成绩以及遇到的阻力所展开的，报道的主题归结为一点，就是租赁企业"到底姓资还是姓社"。当时，社会主义市场经济体制还没有确立，《经济日报》的时任总编辑是范敬宜，他顶着很大的思想压力左右权衡，最后选择在《经济日报》上刊发出这一组系列报道，在当时关于经济体制改革的报道中，特别是关于"姓资姓社"的争议上，具有很大的突破性。

从采访上看，《关广梅现象》的采访记者为了核实各方面对"关广梅现象"的不同意见，还请求当地市委、市政府举办了一场大型对话会，由记者进行现场记录。最后本溪市的领导、商业局局长、持反对意见的其他商店经理、关广梅租赁商店的员工代表济济一堂，各抒己见，关广梅本人也做了诚恳真挚的发言。正因为如此，这篇报道有扎实的采访，列举了大量的事实和数据，把正反两方面的意见都充分地表达了出来，使报道能够站得住脚。

从写法上看，这篇报道全篇没有一句评论性的语句，记者主要是记录各方意见，最多是穿插一些画龙点睛的总结性话语。这样一种写法跟之前有清晰立场、充满感情色彩的通讯的写法形成了比较明显的差别，或者说是摆脱了传统通讯的写法。学界有研究认为，这篇报道是我国比较早的一篇"中性"报道，它表达的不是非黑即白的立场和观点，而是展现给读者大量的事实和观点，让读者做出自己的判断。这样的写法和改革开放之前30年的报道写法有比较大的差异，而和20世纪90年代之后出现的深度报道写法有异曲同工之处。

后来，《经济日报》经过40余天的大讨论，不断地发表评论和后续报道，一时出现了该报"洛阳纸贵"的状况，《关广梅现象》传遍了大江南北，同时也成为中国报刊历史上一组典型的深度报道。

经过新闻媒体的广泛报道，关广梅有了很大的知名度，1987年10月，她被选为中国共产党第十三次全国代表大会代表，这标志着主流意识形态认可了关广梅的做法。发展经济是当时的第一要务，如果长期受制于"姓资姓社"的争论，市场生产力就没有办法得到解放，这对整个社会经济的发展是不利的。

很显然，《经济日报》最初发表《关广梅现象》这组报道的时候，还是冒着比较大的风险的。由此也可以看到，新闻工作需要在某些特定的时候有一些"冒险"行为，如果只求四平八稳，思想不能解放，很难产生优秀新闻报道。在这个过程中需要有人做出权衡，不只是记者，还有媒体的主要负责人，要对各方面的情况进行平衡和把握。就此而言，我们要向范敬宜等新闻前辈学习，不仅要学习他们扎扎实实的采访作风，更要学习他们的担当和创新精神。

三、央媒开创了深度报道的一个热点时刻

除了《中国青年报》的"颜色三部曲"、《经济日报》关于"关广梅现象"的报道之外，20 世纪 80 年代还出现了很多类似的报道，比如《人民日报》刊发的《鲁布革冲击》也是一篇很好的具有批判精神的报道。其他作品还有关于陈景润在数学领域攻坚克难的《哥德巴赫猜想》，关于灾难事故报道的《渤海二号钻井船翻沉事故说明了什么？》，关于人才流动问题的《一个工程师出走的反思》，这些报道在当时都引发了很大反响。一系列诸如此类的报道为 20 世纪 80 年代的深度报道奠定了发展基调，使之成为深度报道的一个高光时代和热点时刻。

总的来看，十一届三中全会之后，媒体上出现了很多优秀的新闻作品，成就非凡，尤其是 80 年代中后期，以《人民日报》《中国青年报》《经济日报》为代表的媒体推出了一批优秀作品，开启了中国媒体深度报道的新篇章。这些深度报道深刻反映了改革开放浪潮下的新面貌和新问题，在主题上直面当时经济、社会甚至是政治改革中的突出议题，在叙事上大部分报道采用的是夹叙夹议、以述评为主的写法，体现出一定程度的文人论政色彩。在报道的倾向性上，则以正面报道为主，同时出现了一定数量的中性报道，甚至还有一定数量的舆论监督报道，这些都是深度报道领域的巨大突破。

从刊发媒体来说，这一时期发表深度报道的主要是中央报纸，《中国青年报》《经济日报》《光明日报》《人民日报》这些报纸都属于中央媒体，那时地方报纸还比较弱势，都市类媒体还没有诞生，报纸、杂志的总体数量也比较少。因此，在这一时期的深度报道中唱主角的是中央媒体。

从发展过程看，这一阶段的深度报道诞生于改革开放的宏观背景下，是新闻媒体对社会现实的强烈呼应，这一阶段的深度报道兴起于 80 年代初，到了 80 年代中期迅速发展，至 1987 年达到顶峰，在 1988 年之后开始走向短暂的衰落。1987 年兴起了深度报道的热潮，新闻行业管理部门也看到了这样的成果，随后在 1988 年"全国好新闻"的评选中开始增设"深度报道奖"，在此之前只有消息和通讯方面的奖项，没有设立专门的深度报道奖。增设专门的深度报道奖是一个标志，代表了新闻业界和管理部门对深度报道及其影响力的肯定。

第五节　20世纪90年代至21世纪10年代：深度报道的一个高峰

1992年初，邓小平在南方发表谈话，同年10月，党的十四大召开，社会主义市场经济体制开始确立，随后又进行了一系列新闻体制改革，这些都为媒体和深度报道的发展创造了良好条件。1992年3月，《深圳特区报》刊发的长篇通讯《东方风来满眼春——邓小平同志在深圳纪实》，报道了邓小平同志在南方谈话中的若干片段，成为历史转折关头的一篇非常重要的新闻报道。

随着整个社会和新闻体制的改变，深度报道进入第五个发展阶段——20世纪90年代至21世纪10年代。这期间，中国的媒体快速发展壮大，深度报道也迅速发展到了一个高峰。1996年1月，中国第一个报业集团——广州日报报业集团成立，代表新闻媒体跟之前有了明显不同，它不再只是一个舆论阵地，同时也提供带有市场属性的文化产品。这就是我们现在所熟知的关于媒体的"二元论"，媒体既有意识形态的功能，也具有文化产品的功能。随着众多的市场化媒体诞生，特别是都市类媒体大面积出现，媒体发展呈现出欣欣向荣的景象，在这样的情况下，深度报道作为新闻的一个重要品类，也随之进入了一个快速发展的阶段。

从1992年开始一直到2010年前后，总计大约20年的时间，是我国深度报道发展的高峰时期。当下中国许多优秀的媒体都是在这个阶段发展起来的，没有这20年的发展，就不会有今天的新闻媒体以及媒体从业者。笔者亲历了这20年中的大部分时间，对这一段历史更是感同身受。

一、广电类媒体在深度报道领域率先发力

在这一时期，因为关于媒体发展和深度报道生产的内容比较多，我们将分成不同的媒体形态来进行论述。首先是广播电视媒体的深度报道，其在深度报道上的"发力"跟纸媒的"发力"基本同步，甚至略微"超前"，广电类深度报道的崛起是这一时期深度报道的一个突出现象。

从20世纪80年代开始，中国的经济、社会发生了很大变化，其中一个变化就是电视进入了寻常家庭。与之相反，改革开放之前，普通家庭拥有电视机的数量很少，电视节目也非常少，但是经过十余年的经济发展，到了1992年前后，电视已经走进了千家万户，

电视台对内容生产也高度重视，使这一时期的广电类深度报道焕发出勃勃生机。

广电类深度报道崛起主要表现在节目的推出和增加上，这一时期诞生了多个经典的带有深度报道性质的电视节目。首先是中央电视台的《东方时空》，在《东方时空》出现之前，中国的电视新闻类节目非常缺乏，当时新闻类节目也就是《新闻联播》等少数几档。从1993年开始，中央电视台进行了大刀阔斧的改革，推出了一档名为《东方时空》的组合式新闻栏目。

《东方时空》采用的话语方式和《新闻联播》完全不同，它更多地采取了个人化的叙事，以更加接近于职业化新闻操作的手段来运作节目。《东方时空》节目上线后产生了巨大的影响力，这个节目也培养出白岩松、水均益、敬一丹等多位著名主持人，这一批主持人那时还非常年轻，他们借助《东方时空》的平台迅速成长，为之后广电深度报道的发展打下了很好的节目基础和人才基础。

央视另一档有代表性的新闻栏目是《焦点访谈》，由中央电视台新闻评论部于1994年创办。在创办初期，它是一档以深度报道为主、以舆论监督见长的栏目，播出时间是在每晚《新闻联播》和《天气预报》之后的黄金时段，播出后迅速成为中央电视台收视率最高的栏目之一。

图3-5 《巨额粮款化为水》节目截图，《焦点访谈》1996年12月7日播出

《焦点访谈》的报道绝大部分以舆论监督为特色，与前面提到的《新闻联播》形成了巨大的反差，《新闻联播》播发的都是主流的正面新闻，《焦点访谈》则聚焦于批评性监督报道。《焦点访谈》当时所做的《"罚"要依法》《巨额粮款化为水》《难圆绿色梦》《和平使沙漠变绿洲》《"粮食满仓"的真相》《吉烟现象》《铲苗种烟违法伤农》《河道里建起商品楼》《洗不掉的恶行》《追踪矿难瞒报真相》《想要通知书　先拿十万来》等一大批节目在社会上引起了广泛反响。

比如，《焦点访谈》1996年12月7日播出的《巨额粮款化为水》这期节目（如图3-5所示），后来获得了中国新闻奖的一等奖。节目报道了黑龙江省五大连池市的农民出售粮食三个月后，竟然没有一个人拿到售粮款。记者进行深入采访后发现，该市违反国家规定，将本应该"专款专用"的巨额粮款挪用于建设矿泉水厂，严重影响了农业正常生产和农民的积极性，造成了一系列不良后果。

在《焦点访谈》的影响和示范下，全国各地的地方电视台都推出了类似的新闻访谈节目。比如河南电视台推出一档节目叫作《中原焦点》，它的节目定位和《焦点访谈》类似，但它的覆盖范围主要是河南省内。《焦点访谈》产生了积极的示范效应，不少地方台跟进做监督报道，能够有助于及时发现、解决经济社会发展中的一些潜藏问题。虽然中间也产生了一些偏颇的报道，但是这些报道总体上还是起到了正面督促作用，促进了政治、经济、社会各个领域的健康运行。

中央电视台还有一档专门的深度新闻节目，叫作《新闻调查》，在社会各界都有着广泛的影响力。这档节目每期长 45 分钟，每周一期，相较于《焦点访谈》，它的时长更长，能够反映更多的内容，做一些更加有深度的选题，其定位比较接近美国 CBS 电视台的《60 分钟时事杂志》（60 Minutes）。

最后，除了中央电视台的深度类节目以外，中央人民广播电台的《新闻纵横》也是有深度报道属性的一档节目。该节目诞生于 1994 年，节目"聚焦昨日热点新闻，提示今日重要事件"，一定程度上也发挥了舆论监督的功能，在当时是影响很大的一档电台节目。在 20 世纪 80 年代以后，广播的地位慢慢地被电视媒体取代了，但是对一些偏远地区的人来讲，它依然还是一个重要的媒体。汽车时代到来之后，广播的收听率反而大幅提高。

在内容和选题上，广电类深度报道长期主打舆论监督，这是非常难能可贵的。在 20世纪 80 年代，虽然已经有了舆论监督报道，但是数量非常少。到了这个时期，广电类深度报道已经以舆论监督报道为主，监督的对象多为地县级地方政府，使这个时期的深度报道显现出一种自上而下的"威权性"监督特点，特别是《新闻调查》和《焦点访谈》，除了常规报道以外，还经常会对曾经报道过的事件进行持续的跟踪报道，做到"有始有终"，切实帮助各地老百姓解决了一部分"头疼"问题。

在采访的形式上，这个时期的深度报道具有一个鲜明特点，就是大多数报道采取的是暗访的方式，虽然暗访在新闻伦理上是有争议的，但是在当时特殊的条件下，在不违反个人隐私且受访单位不愿意配合采访的情况下，对一些非法行为适当采用暗访也是可以理解的。当然，着眼于未来更加规范的采访，笔者也希望新闻报道中能够尽量少采取暗访这一形式。

从节目形式来看，在广电类深度报道中，主持人是很重要的一个角色。在上述节目中，主持人的个性得以凸显，与之前其他电视节目的主持人形成了完全不同的风格。除此之外，这些节目的现场感和感染力很强，这是广电媒体的特长，在当时还没有网络的年代，它的画面感和现场感是一种独特的竞争力。

二、周报的深度报道引领一时潮流

20 世纪 90 年代至 21 世纪 10 年代，周报是中国深度报道的一支重要力量，涌现出了《南方周末》《新周报》《时代周报》等多家时政类周报和《21 世纪经济报道》《经济观察报》等财经类报纸。①

《南方周末》是这个时期周报类深度报道的最重要代表，如今的《南方周末》是一份时政类的严肃大报，但鲜为人知的是，这份报纸在 1984 年刚创刊的时候，它的定位是一份轻松娱乐的报纸，刊载的文章以香港明星的娱乐八卦新闻为主，该报在 1993 年前后开始转型，从一份娱乐报纸转向一份时政类严肃报纸。在 20 世纪 90 年代中期完成转型后，《南方周末》迅速成为中国发行量最大的新闻周报，高峰期每期的发行量在 120 万份以上，获得了全国性的影响力。2010 年之后因为移动互联网的出现，发行量有所下降。

今天的《南方周末》主打的宣传口号是"在这里，读懂中国"，说明它已经在国内外具有了广泛的品牌影响力，成为中国人观察全国以及外国人观察中国的一个重要窗口。虽然在移动互联网时代，它的地位有所下滑，但当我们提到中国的媒体、提到中国的深度报道的时候，《南方周末》依然是名列前茅的一家媒体。

进入移动互联网时代以后，《南方周末》遇到了不少发展中的困难，但是《南方周末》一直在努力地谋求转型发展，希望在互联网时代把该报的品牌传承下去。特别是近年来，《南方周末》开始实施"付费阅读"工程，在这方面做了很多工作，也取得了不错的成效，成为中国为数不多的在付费阅读方面取得突破的媒体之一。

谈到《南方周末》，读者很容易想到它每年在第一期报纸的头版上刊登的"新年献词"，每年的献词会集中表达它在采编理念上的追求和价值观。比如 1999 年刊发的"新年献词"，题目叫作《总有一种力量让我们泪流满面》，这是《南方周末》在它发展得如日中天时期的一篇元旦献词，非常打动人心，如今经常还会有媒体记者转载这篇献词，表达一种鼓舞与激励。

《南方周末》最常规的新闻产品是深度报道。20 世纪 90 年代中后期，基本上每期《南方周末》上都会有一篇重大的社会类深度报道，这些报道既具有比较强的故事性，也具有很强的社会性，往往会引起巨大的反响。

比如，2001 年 2 月 22 日出版的第 889 期《南方周末》刊载了《三位诺贝尔奖科学家指斥中国核酸营养品》的长篇报道。一石激起千层浪，须知当时以"珍奥核酸"为代表的一批核酸类保健品正在全国各地的媒体上做着广告，销售量非常大。但是《南方周末》

---

① 《21 世纪经济报道》创办初期属于周报，但后来增加了出版周期，因此这里也把它归为周报一类。

的这篇报道则揭露了这批保健品的"老底"和"黑幕"。报道的缘起是方舟子 2001 年在新语丝网站发表了《新的商业骗局和新的"基因皇后"》一文，指出所谓的"核酸营养"是一个商业骗局。他说："两个月前回国时，我发现我早在一年前就揭露过的'脑白金'正在热销中，同时又新冒出了一种'灵丹妙药'：核酸营养品。当时有一位记者问我对这种核酸营养品的看法，我不假思索就回答：那比'脑白金'还要荒唐。"

此后《南方周末》以头版报道的方式掀起了"核酸之争"的高潮，报道刊发后，相关报纸被"神秘收购"，成了一个新闻之后的新闻。报道出来后，国家工商行政管理总局（现国家市场监督管理总局）要求集中检查核酸类保健食品广告违法问题，卫生部（现国家卫生健康委员会）也通报"珍奥核酸"夸大宣传，要求对保健食品夸大宣传的违法行为加大监督力度，依法严厉打击。

需要提及的是，《南方周末》关于核酸类保健品的这篇报道的作者是当时知名的法治类记者杨海鹏。可惜的是，2022 年 6 月 30 日，杨海鹏因突发心肌梗死逝世，年仅 55 岁。

舆论监督报道不容易做，《南方周末》的这一类报道做得很有中国特色。有学者对当时该报所做的舆论监督报道进行了统计分析。在 2003—2007 年随机抽取的 209 份样本中，新闻舆论监督报道有 124 篇，占比 59.3%，其中又有 119 篇属于跨地域监督，占所有舆论监督报道的 96%，体现出鲜明的"跨地域监督"的特点。[1]

不过，我们也要看到，虽然舆论监督报道是《南方周末》这一时期的最大特色，但是也不能把《南方周末》的报道等同于舆论监督报道。《南方周末》当时一期 32 版，一版做一到两条深度报道，不可能每版都是监督报道，它同时还刊发了大量的时局类、特稿类、环保类、文体类、副刊类报道，这些报道普遍采用中性报道的笔法，并没有特别鲜明的监督色彩。

在不断的发展中，《南方周末》选取的报道题材更加广泛，监督报道的比例进一步下降，监督色彩也逐渐没有那么浓厚了。进入 21 世纪之后，它的报道呈现出多元化、中性化的发展趋势。比如它的副刊报道，包括戏剧类报道、电影类报道、文学类报道等，虽然没有特别强的监督色彩，但是依然具有独特的竞争力。

总体来看，周报的深度报道以时政类和调查类选题为主，带有明显的"异地监督"色彩，操作这些报道的记者初露职业记者的风范。纵向比较来看，这一时期的记者和 20 世纪 80 年代的记者，在自我定位、报道理念和采写追求上有了很大的不同，这些记者对自身有"职业记者"的清晰定位，以旁观者和记录者的角色写深度报道，强调客观、理性和建设性的态度和理念，不像 80 年代的记者那样以"文人论政"的方式去采写自己的新闻作品。

---

① 王毓莉：《中国大陆〈南方周末〉跨地区新闻舆论监督报道之研究》，《新闻学研究》2009 年 7 月第 100 期。

从结果来看，这一时期的深度报道在社会上产生了广泛的影响力，也在一定程度上推动了多个领域的社会变革。《南方周末》在高峰期每期有120万的销售量，不少大学生每逢周四（《南方周末》的出版日）就会去报摊上买一份报纸阅读，显示了纸媒在前互联网时代所具有的巨大号召力。

三、深度报道成为新闻期刊的主打产品

杂志和周报的深度报道有很大的相似之处，这一时期产生了一大批以深度报道为主要内容的杂志，包括《财经》《财新周刊》《南风窗》《南都周刊》《三联生活周刊》《瞭望东方周刊》等，这些杂志除了《南风窗》创刊于1985年以外，大都诞生于20世纪90年代。

图3-6　2001年8月号的《财经》刊登封面报道《银广夏陷阱》

1998年，《财经》杂志由中国证券市场研究设计中心创办，聘任胡舒立担任主编，创刊时叫作《证券市场周刊 Money》，报道大部分聚焦于财经领域，因为它的主办方和证券市场有比较密切的关系。《财经》从创刊以来就不断地发表深度财经报道，早期的代表性报道有《基金黑幕》《银广夏陷阱》（如图3-6所示）等，稍后有《SARS何来》《谁的鲁能》等，这些报道都尖锐地揭露了中国证券市场和相关社会领域中存在的不规范甚至是违法现象，力度和尺度非常大。报道发表之后，证券监管机构也陆续出台了有针对性的监管措施，使股市的运作渐渐规范起来。

2009年，胡舒立辞去了《财经》的主编职务，转头带领团队创办了财新传媒，并与海南改革发展研究院合作经营《新世纪》周刊，2015年该周刊更名为《财新周刊》。《财新周刊》依然延续了胡舒立主政《财经》时期的办刊风格，主要发力于深度报道，做出了一大批有影响力的调查报道。以高质量的报道为基础，《财新周刊》力推付费阅读，成功建立起国内为数不多的数字媒体"付费墙"，取得了良好效果。2022年11月17日，第十三届财新峰会"共享发展新机遇"于中国北京、中国深圳、新加坡、泰国曼谷开幕。财新传媒社长胡舒立在开幕致辞中透露，财新传媒的线上付费订阅，至2022年10月底，已经有90余万付费读者，在2022年年中就已成为英美之外全球最大的付费订阅媒体。

胡舒立认为，线上付费订阅是国际主流新闻媒体普遍采用的模式。这使我们有可能在全球主流媒体的新闻传播中保持前沿地位，也为向全球"讲好中国故事"、实现双向沟通搭建了公信力平台。《财新周刊》的数字付费阅读之所以能够相对成功，和该媒体对优质内容的不懈追求分不开。读者经常能够在《财新周刊》或财新 App 上看到在其他媒体平台看不到的内容，有非常明显的内容稀缺性存在，或者"人无我有"，或者"人有我深"。

《南风窗》创刊于 1985 年，但是真正形成广泛的社会影响力也是在 20 世纪 90 年代以后，特别是在秦朔担任总编辑时期，他把《南风窗》打造成了一个全国性的品牌。《南风窗》的采编定位与《南方周末》《财经》有所不同，它以思想启迪和启蒙为主，推出的报道大多是述评式的，不以事实的挖掘为着力点。到今天，它的风格和 90 年代相比已经有了不小的改变，但是它的基本特点还是保留了下来，和其他周报周刊相比，存在一定的差异和个性。

《三联生活周刊》也是一个重要的深度报道的平台。它不以硬性的时政新闻为报道重点，更侧重于文化、思想、生活等软性题材，但是在重大新闻事件发生时，它也会投入重兵进行报道。

总之，这些杂志的深度报道各有特色，它是大众媒体时代的分众媒体，杂志不像《南方周末》这种面向大众的报纸，它们一般在某个相对狭窄的领域深耕细作，形成了财经类杂志、文化类杂志，还有《南风窗》这种思想类杂志等，它们的受众是相对特定的小众群体，而且报道的时效性一般也不是很强，因此影响力也相对较小。

四、都市报的深度报道异军突起

在 20 世纪 90 年代，除了前面提到的广播电视、周报和杂志等媒体之外，还出现了一个新的媒体种类——都市报，都市报在 20 世纪 90 年代的中后期开始在各个中心城市涌现，并迅速发展成中国重要的一类媒体。

这些都市报基本上都是在党报或者党报（集团）的孵化之下诞生的，当时党报主要是服务于党和政府的中心工作，不太能顾及普通老百姓的日常阅读需求，考虑到不断壮大的新兴城市市民的阅读需求，在各地党委和政府的扶持之下，各地的党报（集团）纷纷办起了都市报，发展势头迅猛，在全国各地特别是地市级以上城市中成为一股重要的媒体力量。

都市报一方面关注生活服务类的内容，比如和老百姓日常生活关系紧密的教育新闻、医疗新闻、房产新闻、汽车新闻、旅游新闻等；另一方面，部分都市报也强化了舆论监督报道和深度报道。都市报进入市场之后，整个媒体的局面焕然一新。就深度报道而言，在都市报诞生之前，这类报道主要由周报和杂志来做，因为出版周期比较长，周报和杂志都把深度报道作为自己的核心竞争力，而都市报是以报道日常新闻、每天发生的动态新闻为主。但是随着都市报发展程度的加深，以及报业之间的竞争加剧，都市报逐渐发现依靠日常新闻不足以构成自己的核心竞争力，于是开始尝试开辟新的竞争领域，深度报道就作为一种提高竞争力的方式加入了报业竞争之中，成为一种非常重要的新闻产品。

《南方都市报》是都市报中比较有代表性，而且在深度报道领域做出了突出成就的媒体。《南方都市报》在很长一段时间专门开辟了一个专门的深度报道版面，版面的名字就叫"深度"，以这个版面为平台，该报组织和培养了一批专门做深度报道的记者，把深度报道作为一种常规新闻产品进行经营。除此之外，还有南方报系孵化出来的《新京报》，它继承了《南方都市报》的做法，组织了一批记者做"核心报道"，"核心报道"是版面的名字，虽然不叫深度报道，但是和深度报道的定位是一样的。这类都市报还包括上海的《新闻晨报》、成都的《成都商报》、西安的《华商报》、北京的《京华时报》和《北京青年报》等一大批报纸。在国内很多突发新闻的采访现场（重大突发新闻往往由深度记者负责采访），这些媒体的记者经常碰面，甚至形成了一个职业共同体。在上述因素的合力作用之下，都市报在深度报道上取得了不俗的成绩。

下面从几个具体案例来看看这一时期都市报的深度报道。第一个例子是《南方都市报》2003年4月25日发表的深度报道《被收容者孙志刚之死》（如图3-7所示），这是《南方都市报》在"深度"这个版面上刊登的第一篇报道，《南方都市报》不做则已，第一篇报道就一鸣惊人，此篇报道已经成为我国深度报道史上一个绕不开的案例。

图3-7 《南方都市报》2003年4月25日刊发的《被收容者孙志刚之死》版面

从报道的版面来看，《南方都市报》是一份都市报，以刊登日常的动态新闻为主，大部分都是"短平快"新闻产品。一个版面上通常会有十几条稿件，两三条篇幅比较大的新闻再搭配若干条"小豆腐块"新闻是一个新闻版面的标准配置。但是《南方都市报》的"深度"版用了两个整版刊登一篇报道，这样一种版面编排方式打破了日报常规的版面处理，对深度报道的重要性给予了突出处理，在视觉上令人耳目一新。《南方都市报》这样的处理方式引领了都市报的深度报道的刊发实践，之后采用两个连续的版面做一条深度报道成为该报的一种常规做法，有的时候遇上重大选题，甚至会用三个连续的版面做一篇报道，给读者形成非常大的视觉冲击力。

《南方都市报》是第一家报道孙志刚案件的媒体，报道刊发之后，在社会上产生了巨大影响，后来全国很多家媒体都对这个事件进行了持续的跟踪报道，特别是《中国新闻周刊》，对孙志刚在收容站的几天时间里发生的事情、有关人员的处理结果等进行了非常详尽的报道，让读者了解到了更多的内情。随着孙志刚事件的影响不断扩大，收容遣送制度后来被废止了，现在全国都不再设立收容站，改成了救助站，收容遣送制度被救助制度所取代，这是《被收容者孙志刚之死》这篇报道带来的另外一个影响。

换句话说，媒体对孙志刚事件的连续报道引起了中央有关方面的高度重视，而且出台了有针对性的整改政策，这也是中央一直高度重视舆论监督报道的重要原因。2022年，中国新闻奖的评选进行了一次重大调整，其中的一个调整就是强化舆论监督报道，推出了一个专门奖项用来奖励每年出色的舆论监督报道。

2003年之后，《南方都市报》的深度报道发展走向了快车道，有了专门的版面和职业化的采编队伍，基本上每周在"深度"版面刊发一两篇重磅报道。这样的做法，让《南方都市报》在那个时间段里成为国内深度报道的一个重要阵地。

都市报的深度报道在选题上以时政、社会类的调查报道为主，社会影响力很大，除了之前提到的几篇报道，《南方都市报》2007年还做了传播面很广的一篇深度报道，就是关于陕西华南虎照片造假的报道，该报记者率先质疑华南虎照片的真假，改变了整件事情的走向。这一时期都市报的深度报道在社会上产生了巨大的影响力，一定程度上影响了政府的议事日程。

说到都市报的深度报道，《新京报》是不得不提及的另外一个重要媒体。该报是光明日报报业集团和南方报业传媒集团联合主办的综合类大型城市日报，于2003年11月11日正式创刊，是中国第一次由两个党报报业集团合作办报，也是中国第一家得到国家有关部门正式批准的跨地区经营的报纸，同时是一家高度密集覆盖北京市场的强势新主流纸质媒体。《新京报》创办初期的采编骨干主要来自《南方都市报》，延续了《南方都市报》的采编理念和做法，产出了一批有影响力的深度报道。

都市报深度报道最大的特点就是日报出版，时效性增强，打破了周报和杂志之前一周甚至是两周出版一次的节奏。以《南方周末》为例，该报每周四出版，如果一个突发事件发生在周五或者周六，《南方周末》关于此事的深度报道要到下个周四才能发出，时效性就受到了显著影响，但是日报可以随时刊发深度报道，在时效性上有自己的优势，因此都市报做深度报道后给周报和杂志带来的压力非常大。

这一时期，都市报操作深度报道的另外一个特点是，有专门的操作队伍，不是日常跑条线的记者偶尔操作深度报道，而是报社里组成 15 至 20 人的团队专门做深度报道，他们的选题范围是覆盖全国的，不限于都市报所在的城市或者省份。深度报道还有专门的版面，有了专门的版面做支撑，深度记者的采写工作得到了各方面的保障。

五、党报的深度报道不可忽视

在 20 世纪 80 年代的那波深度报道的发展潮流中，党报是绝对的主角，《人民日报》《光明日报》《经济日报》《中国青年报》这一批中央级党报是当时深度报道的主要媒体。到了 20 世纪 90 年代，周报、杂志、都市报等市场化媒体纷纷崛起，党报的深度报道显得相对落寞，但是党报也根据外部环境和自身条件做出了很多的尝试。特别是，在这一轮的媒体发展中，地方党报起色比较大。

这一时期，很多地方党报创办了深度报道的栏目和版面。比如《广州日报》的"新闻蓝页"，《南方日报》的"焦点新闻"，《羊城晚报》的"深度报道"，《解放日报》的"特稿""焦点"等。中央级党报同时也在发力，比如《中国青年报》的"冰点周刊"。这些不同层级的党报共同打造了深度报道的一个新阵地。虽然它们总体的影响力可能不如都市报和周报、杂志那么深远，但是在力所能及的范围内也做出了大量有特色的深度报道。

对于《广州日报》的深度版面"新闻蓝页"，笔者是当时的主要创办人之一，从 2004 年开始组建队伍做深度报道，一直做到 2011 年，这正是被很多研究者称作深度报道的"黄金时代"的时间段。后来这个版面陆续改名为"今日蓝页""今日人物"等，一度专注于各种新闻人物的采访，这也是深度报道的一种常见类型。版面的名称虽然几经改变，定位也在适时调整，但是主打深度报道的初心一直没变。

《27 岁广州人重写明史传奇》是"新闻蓝页"2006 年 9 月 16 日发表的一篇人物专访，记者采访了《明朝那些事儿》的作者当年明月，当年他还是当地海关的一名公务员，刚刚开始凭借在博客上写明朝的故事在网络上崭露头角。当时，《广州日报》的记者联系上他，他自己到报社，记者就在报社的一个会议室里完成了对他的第一次采访。

一名当时只有 27 岁的年轻人"胆敢"重写接近 300 年的明朝兴亡史，且最终长达百万字的作品令许多史学专家都瞠目结舌。更有传奇味道的是，这名年轻人不是学历史的，他在大学所学的专业是法律。当年明月当时白天在单位上班，晚上在家里写《明朝那些事儿》。这样的故事充满了张力，是深度报道的好题材。《广州日报》的这篇报道发表之后，当年明月的知名度更高了，之后他的《明朝那些事儿》系列成为绵延至今的畅销书，这和当年这篇人物类深度报道应该有一定的关系。

广州日报社当时的深度报道团队只有10多位固定记者，每周要固定出四期深度报道的专版，工作压力非常大，这个团队在力所能及的范围内完成了一系列调查报道和人物报道。同时，这个团队还承担着国内外大型突发新闻的报道重任。当年笔者所在的部门叫"机动记者部"，也就是现在所说的深度报道部，主要承担深度报道和突发报道的采访工作，这两类报道是紧密联系在一起的，重大突发事件是深度报道的一类重要选题。在重大的突发事件的报道方面，当年《广州日报》的表现是很突出的。

汶川地震发生的2008年，还是传统媒体比较发达的时候。5月12日，一个周一的下午，当时笔者所在的机动记者部正在开每周一次的报题会。开会过程中，一位同事通过短信捕捉到了"汶川发生特大地震灾害"这一新闻线索。当时，微博刚刚出现，用的人还不多，微信还没有出现，手机短信还是一种比较重要的沟通方式。这样的重大突发事件发生之后，《广州日报》是一定要派记者去现场采访的。恰好，娱乐文化部的一位记者正在成都开会，有采写的条件，于是这位记者当天先从成都发回了几篇关于地震的短讯。另外，报社还有一位四川籍的记者在老家休假，他马上从家出发赶往成都采访，这名记者发出的第一篇稿子写的就是路途中看到的地震带来的死伤情况。不过，这两位记者都不是专门做时政新闻的，而且力量单薄，所以广州日报社依然要从广州本部派记者去震区一线，当天下午广州日报社派了两位文字记者和一位摄影记者出发去四川采访。

第二天，也就是5月13日中午，广州日报社召开选题会（除了每周的报题会，报社每天还要开两次选题会，中午一次，下午一次）。在这次会议上，广州日报社领导认为，这么重大的突发事件只有前面的两批记者不够，还需要大力增派人手，于是决定让笔者去现场统筹指挥。5月13日下午，笔者和另外两名文字记者、一名摄影记者一起从广州出发前往四川。由于成都机场已经爆满，广州出发的飞机很难降落，于是我们一行先抵达了重庆，在重庆住了一晚，于5月14日一早坐动车从重庆前往成都。

从5月14日早上抵达成都，笔者一直待到了5月25日。在这10多天的时间里，广州日报社先后派出50多名记者赶赴四川进行报道，其中有报社直接派出的，也有部分记者是跟随各个线口的救援队伍到达灾区的，比如广东消防、特警、医疗、教育等系统都派出了救援队伍到四川，跑这些线口的记者就随这些救援队伍抵达了成都。笔者到成都之后，和先期已经抵达的记者汇合，形成广州日报社统一的报道力量，从四川撤回广州的时候，各位记者的积极性依然高涨，不想离开地震灾区，大家都想在前线多采访几天，为抗震救灾多贡献一份力量。

不过，因为汶川地震灾情严重，牵涉面非常广，关于灾情的报道一直在延续，陆续有记者前往四川采访，只是没有一开始那么集中了。之后，灾区进入援建阶段，按照中央的统一部署，广州市对口援建汶川县政府所在地的威州镇，援建工作也需要媒体的大力报道，这个任务也主要落到了机动部记者身上，笔者和机动部的记者多次前往威州采访援建工作。威州镇离成都很近，高速公路只有不到 200 公里，原本只需要两三个小时，但是因为当时这段路在地震中被震塌了，前往威州采访需要从九寨沟绕路，路途既遥远又艰险。

广州的援建队伍在震后三年的时间里一直奋战在威州镇，广州日报社在此期间也不断派记者前往采访。援建之外，地震一周年、三周年、五周年、十周年的大型纪念日，广州日报社也派出记者去汶川做纪念性报道。

总的来说，媒体报道在整个汶川地震的救援中发挥了重要作用，这方面的情况可以跟1976 年发生的唐山大地震做一个简单比较。唐山大地震时，中国整个社会还处在高度计划和管控的状态下，媒体也不发达，没有那么多的媒体和记者，所以地震发生之后的新闻报道很少，国外的救援力量也基本上没有参与到唐山的救援中来。相比之下，通过各家媒体广泛而深入的报道，汶川地震在全世界形成了很大影响，很多国家派出了救援力量到中国来实施救援，减少了地震造成的伤亡和损失，媒体在其中的作用不可忽视。

《广州日报》是"黄金 20 年"里中国报业改革、新闻改革的一面旗帜，在那 20 年里，它无论是在采编上还是经营上都取得了巨大成就，成为中国报业改革和新闻改革的"领头羊"。

《广州日报》不是唯一的例子。《解放日报》的深度报道也做得有声有色。直到现在，虽然深度报道整体性压缩了，但是《解放日报》的"特稿"版面依旧在常规化地生产深度报道，一周会出一两篇深度报道。2018 年 3 月 31 日，《解放日报》"特稿"版刊发的《千天计划》是一篇专业性比较强的解释性报道。"千天计划"是一个队列研究的医疗计划，长期以来，我国的前瞻性队列研究落后于西方——因其耗时极长，动辄 10 年甚至 50年，只能"前人栽树、后人乘凉"；同时也与大众对科学研究的认知度、社会责任感息息相关。如果我们不读这篇报道，可能根本不会了解什么叫作"千天计划"，什么叫作"前瞻性队列研究"，这篇深度报道通过案例详细地解释了计划的内容。

在央媒层面，《中国青年报》的"冰点周刊"是我国深度报道里非常有知名度的版面，现在依然还在坚持做深度报道。说到"冰点周刊"，就不能不提它在 2011 年"7·23"温州动车事故中所做的一篇报道。温州动车事故最后造成了 40 人死亡，170 多人受伤，是当年非常大的一个新闻事件。我们现在提及温州动车事故，第一时间想到的报道，可能就是"冰点周刊"刊发的《永不抵达的列车》这篇报道。

这篇报道写了中国传媒大学的两位大学生，一位叫朱平，她当时坐上这趟列车回老家，另一位叫陆海天，他要去温州电视台实习。报道以时间顺序为主线，交叉写了这两个大学生的故事，现实与回忆如镜头般组合。报道采用了大量平实的叙述和生动的描写，将两个青年大学生的形象徐徐展开，也使得读者对这次事故更加扼腕叹息，报道的结尾也给读者留下了非常深刻的印象。

　　新华社发布的消息称，截至 25 日 23 时许，这起动车追尾事故已经造成 39 人死亡。死者包括 D301 次列车的司机潘一恒。在事故发生时，这位安全行驶已达 18 年的司机采取了紧急制动措施，在严重变形的司机室里，他的胸口被闸把穿透。死者还包括刚刚 20 岁的朱平和陆海天。

　　23 日晚上，22 时左右，朱平家的电话铃声曾经响起。朱妈妈连忙从厨房跑去接电话，来电显示是朱平的手机。"你到了？"母亲兴奋地问。

　　电话里没有听到女儿的回答，听筒里只传来一点极其轻微的声响。这个以为马上就能见到女儿的母亲以为，那只是手机信号出了问题。

　　似乎不会再有别的可能了——那是在那辆永不能抵达的列车上，重伤的朱平用尽力气留给等待她的母亲的最后一点讯息。①

以上四个自然段是《永不抵达的列车》的结尾部分，从这简单的几段话里，我们可以体会到"冰点周刊"特稿的一些主要写作特点。

六、小结：一个历史的高度，至少前无古人

纵观 1990—2010 年这 20 年，中国的深度报道达到了一个新的历史高度，至少可以说是前无古人。相比起之前的历史阶段，这个阶段的深度报道取得了显著的成就。这个时期的深度报道直面社会发展中的重大问题，政治、经济、社会、文化等各个领域的问题在深度报道中都有体现。同时调查性报道和解释性报道兴起，特别是调查性报道，与之前的深度报道形成了非常大的区别，以前基本是散文化的、报告文学化的深度报道，而这个时期客观中立的调查性报道成为深度报道的主流。

这一时期深度报道的故事化写作成为一种新范式，虽然深度报道的题材很硬，但是通过故事化的写作手法使报道能够引人入胜，让读者在阅读时将自己的感情默默注入，对深度报道产生更加深刻的理解，这一点上和 20 世纪 80 年代的深度报道是有继承性的。

专业化操作是这一时期深度报道的另一个特点，深度报道有专门的版面、专门的人员和组织机构，说明媒体在深度报道上的投入很大，不是"打一枪换一个地方"，不是让业

① 赵涵漠：《永不抵达的列车》，《中国青年报》，2011 年 7 月 27 日第 12 版。

余团队去操作，而是呈现出专业化的态势。当然，选题上异地监督的特征依然比较明显。

第六节　移动互联网时代的深度报道

2010 年之前，中国传统媒体的发展态势都是向上的，依附于其上的深度报道也是如此。但是 2010 年以后，整个情况发生了重大变化，这个变化有可能是一个"500 年未有之大变局"，宏观来看，上一个变局始自 1500 年前后，之后的 500 年基本上是一个属于印刷机和印刷术的时代。印刷术的产生曾经对全球的发展带来巨大变化，对信息传播和知识生产带来巨大变化，但是到了如今的移动互联网时代，印刷技术遭遇了根本性的挑战。现在，人类正在从印刷时代快速转入互联网时代，特别是移动互联网时代。移动互联网和当年的印刷术一样，正在改变人类的生活方式，媒体首当其冲，受到了巨大影响，深度报道是受影响的一部分。总之，来到 21 世纪的第二个 10 年之后，伴随着移动互联网的发展，深度报道进入了一个新的发展阶段。

深度报道作为一种"重资产"的新闻生产类别，在整个媒体发生巨大变化的情况下不可避免地会受到重大影响，不是深度报道不被需要了，而是它的生存方式改变了，它的运行规则改变了。这个变化发生的时间还很短，至今只有 10 年左右，很多情况还在演变当中。但是，深度报道在这 10 年里的发展轨迹已经比较清晰，呈现出"挫折"与"重生"的两重变奏。

一、深度报道一度遭遇挫折

深度报道一度遭遇挫折的例子，我们可以举出很多，最典型的表现是深度报道的版面压缩以及人员流失。2015 年 5 月，《京华时报》深度报道部被裁撤，在这之前，《华商报》《北京青年报》《中国青年报》的类似部门也都被裁撤了。《南方都市报》的例子也很有代表性，在"黄金 20 年"，《南方都市报》是中国深度报道的一面"旗帜"，是一个"重镇"，但是在 2010—2015 年之间，《南方都市报》的深度报道版面以及人员都经历了明显的压缩和裁撤。这种现象在全国范围内都在上演。

此外，深度报道的业务量和稿件显著下滑，有分量的报道减少了。这些媒体的深度报道为什么"人少版少了"，原因就是"活少了"，甚至是"没活干了"，因此没有必要再养这样一支专业化的团队了。因为深度报道的运作成本很高，既有固定的人工成本，又有随机的采访成本，业务量减少之后，当然就面临裁员的压力。

举个例子，2015年5月，河南省平顶山市下属鲁山县的一个养老院发生火灾，造成38人遇难、6人受伤。当下，中国正在步入老龄化社会，很多人将来要去养老院养老，大家都很关心养老院的管理怎么样。因此，这是一起很大的事件，也是很重要的一条新闻，这样的新闻如果发生在"黄金20年"，大批的记者肯定要去河南鲁山现场采访，去调查养老院着火的各种深层次原因。但可惜的是，这件新闻发生之后，除了当地的记者，很少有外地的突发和深度记者去采访。

鲁山的这起采访不是偶然事件，而是近年来的一个普遍现象，说明深度记者的业务量在下降，发稿量在下降。

二、深度报道遭遇挫折的原因

为什么2010—2015年前后这几年深度报道遇到了明显的挫折呢？深层次分析的话，大致有下面三方面的原因：

第一，与报业发展一荣俱荣，一损俱损。深度报道是媒体报道的一个组成部分，也是整个媒体的一个组成部分，在媒体行业发生剧烈变化的情况下，深度报道作为其中的一分子，不可避免地会受到影响，而且是最容易受到影响的那一部分。如前文所述，深度新闻生产是一种重资产的生产方式，做深度报道和做日常报道的一个最大的不同就是采访成本很高。在北上广深这样的一线城市，一个深度报道记者的年薪至少要20万元，一次跨地域的外出采访，至少要几千元。在这种情况下，媒体经营下滑首先影响的就是深度报道记者，本地记者因为采访成本相对比较低，受影响程度还没有那么深。

第二，各种干预更加精准，更加快速。2010年之前，移动互联网还没有成气候，基本上还处于PC互联网阶段，信息的传递速度没有现在这么快。某一个地方发生了一件突发新闻事件，事发单位需要先把这个新闻事件反映到相关部门，相关部门评估后再采取相应的干预措施，这里面一般有三到五天的时间差。在这个过程中，突发新闻记者和深度报道记者的第一波报道就已经见报了。但是现在不一样了，一件新闻发生之后，记者获知线索的同时，当地相关机构同时也掌握了，在大家都同时知道信息的情况下，各种干预就更加迅速和准确了，记者报道的空间相应地就被压缩了。

第三，记者的专业素质相对较弱，后劲不足。通常来讲，深度报道记者所做的选题往往变化多端，他们不像专门的跑线记者那样每天只盯着一个线口，跑公安线的记者只跑公安部门，跑民政线的记者只跑民政部门，这些记者负责的领域是比较稳定的。但是深度报道记者却不同，今天可能做一个爆炸新闻，明天可能做一个污水排放新闻，后天可能做一个人物专访，这样一来，深度报道记者就不能在某一个领域有很深的积累，天天忙于应付，难以形成自己的核心积累，时间一长，会让很多深度报道记者感觉自己的专业能力不够，显得非常疲劳和被动。

此外，20 世纪 80 年代是出大记者和名记者的时代，从 20 世纪 90 年代到 21 世纪的第一个 10 年，也出现了一批知名记者。但是，随着新媒体技术的发展，记者的工作越来越强调团队协作，一枝独秀的名记者越来越难出现，这就使得很多深度报道记者工作几年之后会出现激励不足、发展乏力的问题。

三、深度报道显露"重生"迹象

以上反映的是深度报道遭遇挫折的一面，但观察过去几年深度报道的发展，特别是2016 年以后的情况，我们又发现，社会和受众对深度报道的需求巨大，深度报道"重生"的迹象非常明显，特别是 2020 年开始发生和流行的新冠疫情，大家能记得住的关于疫情的报道大都是深度报道。这么复杂的一个突发事件，读者怎样才能看得清楚？怎样辨别信息的真伪？很大程度上靠的是专业媒体所做的一系列深度报道。因此，在当下的移动互联网背景下，深度报道的重要性重新得以凸显。深度报道改变的只是自己的组织方式、生产方式和呈现方式，在它适应了新的传播条件之后，完全可以"重生"。

（一）大型平台媒体对深度报道的重视和扶持

近年来，腾讯、今日头条、网易、搜狐等互联网巨头都看到了深度报道的价值，虽然它们是以做信息聚合为主的平台，但是它们在做信息聚合的过程中发现，原创的深度报道必不可少。互联网巨头掌握了大量的资金以及平台，而且认为纯粹靠短平快的新闻信息，很难拉开与对手之间的差距，因此这些巨头增加原创新闻的动机非常强烈。腾讯这几年做了好几个深度报道的平台，当然这些平台起起落落，由于各种各样的原因，可能做几年就关掉了，但是不久之后会换一种形式继续做。

2018 年年底，今日头条与复旦大学新闻学院合办了一个深度报道工作坊，也获得了很好的效果，特别是年轻的大学生对深度报道采写表示出了很积极的态度。宏观来看，中国有这么大的体量，又正在经历"百年未有之大变局"，深度报道的题材是源源不断的，其阅读需求也是巨大的。

（二）各类自媒体的深度报道或"类深度报道"在涌现

近年来，不少原来做过记者的创作者开设了自媒体账号，开始从事深度报道或"类深度报道"，他们脱离了原来的媒体平台，在微信公众号或者是其他的自媒体平台上，表现出了很强的生产能力。当然，也有很多评论者认为自媒体的报道不是严格的和规范的深度报道，甚至还有很多瑕疵，充满了一面之词和情绪性的渲染。

笔者认为，现阶段的自媒体报道确实存在这样那样的问题（比如前女记者马金瑜所写的《另一个"拉姆"》引发的事实争议以及微信公众号"呦呦鹿鸣"2019年1月11日发布《甘柴劣火》引发的"洗稿"争议），但是一味追究它是不是严格的深度报道并没有多大意义。不管这样的报道有多少瑕疵，但它的确在一定程度上起到了深度报道的客观效果，在此意义上，笔者称之为"类深度报道"。至于它存在的问题，可以让时间去检验和修正，随着更多的深度报道出来，这些自媒体的写法也会改变，因为这些创作者基本上都有媒体的从业经历，他们知道机构媒体的规则，只不过各种条件的限制使得他们还不能够完全按照规范化的路数去操作。

（三）专业网友的网络挖掘给深度报道提供新闻线索和协助

网络环境下，理论上每个人都存在写深度报道的可能性，但是因为能力和兴趣的问题等各种原因，并不是每个人都会真正去写报道，他们更多的是"偶尔为之"。但是，这种"偶尔为之"的网民行动事实上为深度报道提供了大量的素材，这对深度报道有非常大的价值，因为素材多了，专业媒体的深度报道记者就获得了丰富的线索，这些网络素材为专业深度报道记者的工作提供了大量的便利，他们做深度报道的难度就下降了。

这是非常重要的，以前记者做报道可能没有线索，又或者是找不到合适的人采访，但是现在情况发生了很大变化，各种"网络挖掘机"起到了提供线索和辅助采访的作用，这就是目前非常普遍的"协作式新闻生产"。比如很多人熟悉的"花总丢了金箍棒"这位网友，曾经揭秘了五星级酒店里边的肮脏现象，他还曝光了多名问题官员所戴的名贵手表，为党和政府打击违法犯罪行为提供了线索。这些网友在某一方面的专业知识在网络环境下被放大，这种力量是无穷的。

（四）部分市场化媒体继续做深度报道，效果良好

过去几年，并不是所有的媒体都削弱了深度报道的力量，一部分市场化媒体还在坚持，比如《三联生活周刊》《财新周刊》《财经》《南方周末》《南风窗》等，《北京青年报》的深度报道部虽然一度被裁撤，但它在"北青深一度"微信公众号得到了延续。这一部分市场化媒体在坚持，而且取得了不错的效果，特别是在2020年的新冠疫情报道里面表现非常突出。如果没有这一批市场化媒体的深度报道，我们整个关于新冠疫情的新闻报道可能会是另外一种景象，会下降一个层次。总之，这部分传统媒体经过融合发展之后，依旧是一支不可忽视的重要力量。

（五）各级党媒不断做出有特色的深度报道

在 1990—2010 年的"黄金 20 年"里，党报尤其是地方党报在深度报道领域有着突出的表现，但是中央媒体以及它们的深度报道在那 20 年里面相对比较弱势。不过，在过去的 10 年里面，我们可以看到，中央媒体的表现非常突出，特别是以《人民日报》、新华社、央视为代表的中央媒体在过去这几年里面做了大量的工作，它们在媒体融合发展方面做得比地方媒体要好，在完成主流正面宣传的同时，也做了不少优秀的深度报道。比如央视 2019 年 1 月所做的秦岭别墅违建问题的调查报道是非常深入的。此外，《中国青年报》的"冰点周刊"也依然在深度报道领域不断地推出名篇佳作。

（六）媒体不断认识到深度报道在融合发展中的作用

近年来，每到岁末年初，不少媒体会刊发改版宣言。在这些宣言中，这些媒体通常都会强调要向深度报道转移生产力。在这个新闻信息高速流转的时代，要比拼即时新闻，传统媒体相较于网络媒体并没有优势，所以它们开始强调要向深度报道转移生产力。在这个过程中，有些媒体还要做内容付费，要把"付费墙"建起来而且有大量用户订阅，就一定要依靠以深度报道为代表的优质报道。

四、当下深度报道生产中的"全员深度化"

当然，现在的深度报道跟"黄金 20 年"时期的深度报道是有差别的，这个差别主要体现在"全员深度化"这一点上。以前的深度报道是媒体中的一部分人做，所谓"专业的人做专业的事"，表现在成立专门的部门、开设专门的版面等方面。现在的"全员深度化"是指只要时间允许，每一篇稿件都应当挖掘其中的深度。动态的即时新闻可以在 App、微博、微信公众号等新媒体端口上刊发，随时有新闻随时发，但是第二天见报时，不能把头一天新媒体端口上的内容原封不动地放在报纸上，否则报纸的必读性就没有了，影响力也就下降了。因此，同样一条新闻，一般需要先发一条 140 字以内的微博稿，再发一条四五百字的微信公众号稿，最后发一篇两三千字的报纸稿，以解读性的、深度性的稿件呈现在第二天的报纸上，这是一个比较好的发稿节奏。这样一来，就需要全员深度化，每个条线的记者都要力争把每一篇稿件的潜在价值挖掘出来。

此外，专业的深度报道也存在很多可能的突围路径，包括更加重视专业化的操作，做好社会、经济、科教文卫等专业领域的解释性报道，开拓人物特稿以及非虚构写作等方向，这些都是很有潜力的发展方向。总之，在目前急剧变化的媒体环境中，不能笼统地说深度报道没落了，要分不同的时间段以及不同的媒体来具体分析。其实，深度报道和整个媒体一样，需要的是转型发展，在这样一个"事实太少、观点太多"的时代，深度报道仍然大有用武之地，其地位甚至变得更加重要了。

五、技术改变深度报道的生产方式

在当今的互联网时代，整个新闻业在经历信息技术带来的颠覆性洗礼，新闻理念、新闻采集和商业模式都在重塑，深度报道作为新闻业的一个组成部分，也正在被新的技术所重塑。

最简单的例子是视频在深度报道中的应用，传统的深度报道以文字为主要形式，最多搭配几张照片，但在现在的深度报道中，视频的比重不断加大，特别是刊发在 App 以及网站等新媒体平台上的深度报道，一两分钟或两三分钟的视频甚至已经成为一种标配。如此一来，在深度报道的生产中，视频的拍摄和剪辑就变得非常重要，简单的可以由文字记者完成，但是复杂一些的或者要有比较好的效果的话，就需要专门的视频记者去进行拍摄和后期制作。

除了视频的普及，还有大数据在深度报道中的应用。具体来说，包括数据挖掘和数据的可视化呈现，这两部分在深度报道中也有了越来越广泛的应用。这是现在的深度报道和传统深度报道一个很大的不同之处，以前或者没有这些数据，或者有数据但不知道如何挖掘，现在依托互联网技术，数据挖掘和数据可视化呈现都变得非常容易实现。在后面的章节中，我们会讲到一些具体的通过数据挖掘完成采访的案例。

再比如 VR、AR 技术在新闻报道中也有了更多应用。以 VR 为例，"VR + 新闻"如今成为不少媒体实现转型升级的一个重要突破口，VR 的内容传播具有沉浸（Immersion）、交互（Interaction）和想象（Imagination）等特点，是传统文字新闻所无法实现的，因此，越来越多的媒体开始尝试用这种新兴的内容生产方式。

2019 年，人民日报社与中国联通合作，以"5G + VR"的方式报道了国庆 70 周年的阅兵盛况。2020 年 5 月，全国两会的召开因新冠疫情推迟了，记者人数被一减再减，不少受众担心记者人手不足会阻碍或延缓两会信息的传播。但人民日报社通过 VR 技术搭建了"两会云客厅"，让代表委员与后方专家、群众以及采访的记者能够突破时空限制，很快进入同一个"会议室"进行"面对面"交流讨论。在受到外界广泛好评后，"两会云客厅"多次推出专场，如"浙江时刻""陕西时刻""脱贫攻坚""工业互联网"等。[①]

技术改变深度报道的生产方式还有很多其他表现形式，下面介绍一下最近几年谈论得比较多的"事实核查"问题。这既是一个老问题，同时又是一个新问题。

---

① 贺涵甫、窦锋昌：《虚拟现实技术（VR）在主旋律报道中的应用探析》，《新闻战线》2021 年 7 月（下）。

　　根据《牛津新闻业》中的词义解释，"Fact-Checking"（事实核查）一词包含了两层含义：其一，媒体机构在发表新闻作品前为确保其中信息的真实性和准确性进行检验与核查的过程；其二，由博客、媒体或第三方独立机构在新闻发表过后对其真实性进行调查核实并将结果公之于众。下面分别对以上两种"事实核查"做一个概述。

　　一方面，是作为新闻机构内部机制的"事实核查"。20世纪20年代，事实核查制度首先兴起于美国，并成为美国新闻业普遍接受的一种行业准则。其本质属于新闻媒体内容把关程序的一部分，即在新闻发表前对新闻媒体生产内容的真实性、准确性进行核实与检查。

　　这种核查属于事前核查，在媒体组织内部完成，并不需要借助第三方机构。早在20世纪20年代，事实核查制度在美国兴起，包括《时代》周刊、《纽约客》在内的报刊杂志都拥有自己专属的事实核查团队，对未发表的新闻报道进行勘查校验。20世纪40年代，事实核查制度逐渐发展至欧洲。德国《明镜》周刊在1946年成立之初便设立了档案部，负责收集、整理、核对所有新闻报道所涉及的材料。不仅这一传统延续至今，其规模庞大的事实核查队伍还成了该报的一大特色。

　　作为新闻机构内部机制的事实核查，其出发点是为了保障新闻报道本身的真实性，提升报道的准确度，杜绝失实信息的刊登，防止引发社会的不良影响或对媒体公信力造成破坏，可以说是媒体自身所做的一项"防患于未然"的工作。

　　另一方面，是作为第三方机构纠错复正的"事实核查"。发展到移动互联网时代的"事实核查"则有了明显的变化，也就是前文提到的第二种"事实核查"。新闻生产与传播门槛的大大降低导致了新闻内容开始变得良莠不齐，而不断与新媒体争夺时效性的要求则导致了传统媒体内容把关逐渐弱化，进而造成信息失实与新闻失范现象的频发。在这样的背景下，作为第三方事后核查的事实核查新闻正式诞生。与第一种"事实核查"不同，第二种核查的目的是在信息发布后消除虚假信息及谣言所造成的认知偏误，更像是一种"拨乱反正"的工作。

　　这种形式的事实核查新闻往往由第三方事实核查组织完成。据杜克大学新闻记者实验室的统计显示，目前全球活跃着195个类似的事实核查组织，其中90%建于2010年以后，而过去五年内的增长率达到了77.4%。它们首先会在各种媒介（如报纸、新闻网站、社交App等）中寻找有价值的信息，并对信源、内容进行核查，最终将事实核查的过程和结果通过新闻的形式展现给用户。而用户则带着"看新闻"的心态了解事实核查新闻中的新闻是否属实，从而对相关人物言论或事件做出真实与否的判断。

　　由此，近年来的事实核查已经历了一次"结构性转变"：一是核查主体从专业新闻从业者到增加了第三方独立机构，二是核查的时间由新闻发布之前变为新闻发布之后，三是核查的内容结果由限于编辑部内部变为公布于众。事实核查逐渐从占据从属地位的新闻机构内部制度脱离出来，形成了一种独立的新闻样式，即从"新闻事实核查"演变成了"事实核查新闻"。

总之，"新闻事实核查"是传统深度报道的固有做法，如今依然不可或缺；"事实核查新闻"是应互联网技术发展而来的一种新的做法和形式，正在蓬勃发展的过程中，可以视为深度报道的发展路径之一。

──────── 复习思考题 ────────

1. 阅读民国时期报刊上所发表的三篇深度报道，比如夏衍的《包身工》、萧乾的《鲁西流民图》、范长江的《动荡中之西北大局》等，感受这一时期深度报道的选题和写作风格。

2. 阅读新中国成立后到改革开放前报刊上所发表的三篇新闻通讯，比如穆青等的《县委书记的榜样——焦裕禄》、王石等的《为了六十一个阶级弟兄》、甄为民等的《毛主席的好战士——雷锋》，感受这一时期深度报道的选题和写作风格。

3. 阅读20世纪80年代报刊上所发表的三篇深度报道，比如雷收麦等的《红色的警告》、樊云芳等的《一个工程师出走的反思》、郭梅尼等的《生命的支柱——张海迪之歌》，感受这一时期深度报道的选题和写作风格。

第四章

深度报道的选题

在对深度报道的历史和理论有了一个宏观的认识之后，第四章至第七章，是本书一个全新的板块，关注的是深度报道的实际操作流程。在这一板块，我们重点要讲的是作为新闻实务的深度报道，也就是如何进行深度报道的采访与写作，包括选题、信源、采访、写作等各个主要环节。

确定选题是深度报道生产的第一个环节，同时也是非常重要的一个环节。一篇深度报道的选题在很大程度上决定着这篇报道的舆论导向。马克思主义新闻观要求媒体必须坚持正确的舆论导向，深度报道的选题也必须做到这一点。要坚持正确的舆论导向，必须增强采编人员的政治意识、大局意识、责任意识，调动各方面的积极性、主动性、创造性，反映主流价值观，反映时代最强音；同时，要坚持正确的舆论导向，也必须从保护人民的根本利益出发、从党和国家工作大局出发把好关，在热点引导、舆论监督等具体问题上把好度，讲导向不含糊，抓导向不放松，做到守土有责、守土负责、守土尽责；要坚持正确的舆论导向，必须以正面宣传为主，开展建设性的批评报道，直面问题激浊扬清，体现新闻媒体公开公正、调节控制、监督制衡的社会功能，自觉肩负起党的新闻舆论工作的神圣职责和光荣使命。[①] 对于深度报道来说，这一点具有特别重要的意义。

第一节　我国有丰富的深度报道选题

深度报道采写的第一步，要考虑选题的问题。新闻选题有很多自身的特性，要做好新闻，必须要对这些选题特性有自觉的把握。

一、一个选题和同时段的其他选题有关

2019 年 3 月，无论是网络媒体还是传统媒体都关注了发生在上海的一位"流浪大师"的故事，该流浪人士突然在网络上"爆红"后，非虚构写作平台"每日人物"的记者就在上海浦东蹲守，写出了一篇名为《"流浪大师"爆红后的 72 小时》的特稿。

这篇报道描写了南来北往、形形色色的围观"大师"的人，他们聚集在"流浪大师"所居住的屋子门前，其中有一位来自新疆的小伙子，有一位朝"大师"跪拜的"黄毛"小哥，有一位身穿中东服饰的、宣传垃圾分类的男子，有一位被策划包装成"流浪大师

---

① 王玮：《论在新的时代条件下如何践行马克思主义新闻观》，《视听纵横》2016 年第 2 期。

2.0"的"红衣哥",还有一位声称要嫁给"大师"的"大胃王"姐姐……这些栩栩如生的各色人物画面在报道中得到了体现,形成了这样一篇很有喜感同时也有深层社会意义的深度报道。

> 快餐店老板就这样站在门口、远远地看了一天热闹。有人说,这是一群疯子对一个正常人的围观,但她却不这么看,"老沈没疯,这些装疯卖傻的也没疯,他们有钱赚"。①

上面这段话出自这篇报道中,作者借用"大师"居住地附近一位快餐店老板之口,点出了报道所要表达的核心意思。

通过这个例子,我们可以思考一个问题:深度报道的选题与社会环境之间是一种什么样的关系?2019年3月,除了江苏的响水爆炸事件之外,没有特别重大的新闻发生,在"流浪大师"出现的这段时间里,新闻相对比较平淡,因此这个比较静态的选题就成了媒体深度报道的一个选题。但是,同样的选题如果放在2020年3月,在新冠疫情正在全球蔓延的情况下,这样相对静态的选题或许就没有那么被媒体所重视了,因为疫情对人们生命健康、对整个经济社会生活的影响远远比这么一个网红现象更加重要、更加值得关注。

因此判断深度报道的选题时,采编人员会对新闻价值进行排序,一个选题有没有新闻价值不仅和这个选题本身有关,而且和同时段发生的其他选题有关。这是新闻选题的很大一个特点。

二、深度报道的选题既要有时效性也要有重大性

此外,深度报道的选题要不要有时效性?以往的不少教科书或者论文会把时效的强弱作为区别深度报道和消息的主要标准,认为消息重视时效性,而深度报道对时效性的要求没有那么高。这种观点有其道理,但是如果认为深度报道的选题没有时效性,那就不成立了,时效性对深度报道来说同样重要。时效性之外,深度报道还讲求重大性,同样具有时效性的选题,要看哪一个重大,哪一个更加具有深度报道的价值,一般化的社会新闻不太可能成为深度报道的选题。

对深度报道来说,最好的选题是既有时效性又有重大性的选题。在某个时间段内一个好的选题换到另一个时间段可能就不具有很高的报道价值,新闻价值是相对的,时效的强

---

① 林源:《"流浪大师"爆红后的72小时》,"每日人物"微信公众号,https://mp.weixin.qq.com/s/SfwwHmxl-z5r192oZK0XI.g,2019年3月26日。

弱也是相对的。比如，"烧炭自杀"事件是香港媒体上比较常见的一类社会新闻选题，尤其是在冬天，香港的报纸版面上会有比较多的此类报道，说明在这个时间段里没有更加重要的选题值得记者去报道。但是在 2020 年的新冠疫情之下，有了更加重要的选题可以做，像烧炭自杀这样的社会新闻就不太可能成为新闻报道的选题。

一般来说，深度报道的选题和消息的选题有很多共同之处，同时也有很多的不同之处。不同之处就在于深度报道的选题通常都是"重大的、复杂的、有启示意义的、有助于更好地理解社会的"，一般性的社会事件不太能够成为深度报道的选题。

上文提到的《"流浪大师"爆红后的 72 小时》之所以能够成为深度报道的选题，除了有一定的社会性因素之外，还因为它体现了在当下的网络社会环境中，特别是在抖音、快手等短视频平台快速崛起时代的"流量经济"现象，一种大家急于捕捉有趣味的、能够带来流量的事件，并进而转化为经济利益的新的社会现象。这篇报道的社会价值就是能够让读者更好地理解当下正在快速变化的社会，相反，如果只是简单描述"流浪大师"在网络上走红的现象，它就是一条一般的社会新闻，不值得用深度报道的方式去展示它，选题的意义是比较表面化的。

我们还要注意"主题"不等于"选题"，报道的主题和新闻价值是比较接近的，主题是抽象的、概括的，选题是具体的、可操作的。同一个主题之下可以有非常多不同的选题，比如新冠疫情是报道的主题，但在这个主题之下，可以从政治、经济、社会等不同角度去构思和决定自己的报道选题。

总体上来说，中国是一个"新闻大国"，特别是一个深度报道的大国，因为我国当前处在转型期，经济、社会、环境等各方面都面临着很多崭新的课题，在这种情况下，有很多选题值得媒体去报道、去挖掘。相比之下，社会已经发展到相对比较平稳状态的一些国家和地区，它的新闻选题就会少很多，一个普通的社会新闻就可能被当作重大选题去报道，在这些国家和地区，因为缺少重大事件，深度报道生长的土壤就没有那么深厚，媒体只能做一些常规的社会新闻。

三、选题判断中既有"知难行易"也有"知易行难"

虽然从宏观的社会环境来讲，在中国做深度报道不愁选题，但是如果落实到某一个具体的媒体、记者来说，要找到合适的能做深度报道的选题，大部分情况下还是需要费一番思量的。

从媒体运作的角度来说，大部分媒体都会在每周开一次选题会，总结过去一周的采编情况，然后部署下一周的采编工作。在这个会上，一般要讨论一些大型的新闻策划，同时要求记者汇报下一周准备做的选题，有的记者能够在一次会议上报出又好又多的选题，但是也有的记者因找不到适合的选题而感到焦虑，选题焦虑是记者的一种常态焦虑。

记者在报选题的时候要考虑写什么人、什么事，看起来似乎每个人每件事都可以写，但是要找到真正有新闻价值的人和事，还需要记者不断去作比较，要尽可能找到故事"浓度"比较高、冲突比较剧烈的人和事去写，这样的选题更有利于之后的采访和写作，提高报道的新闻价值和后续的阅读量。

根据近20年的新闻采写的实践经验，以及最近几年对新闻采写的理论研究，笔者总结出一个优秀记者需要具备的七种能力：第一，选题能力，属于采写之前的判断能力；第二，突破能力，主要体现在采访之中；第三，沟通能力，同样主要体现在采访之中；第四，逻辑能力，主要体现在写作环节；第五，文笔能力，同样主要体现在写作环节；第六，数据挖掘能力，采访与写作中都有体现；第七，呈现能力，即全媒体表达能力，包括文字、图片、图表、视频等，主要体现在写作环节。

需要说明的一点是，最后两项能力——数据挖掘能力和呈现能力，是全媒体时代记者所需的两种新的能力，在传统媒体时代，只要具备前五种能力就是一个优秀记者了，但是现在进入全媒体时代，为了适应新媒体环境，数据挖掘能力和呈现能力显得十分重要。

如果能够全部具备这七种能力，那就是一位顶尖的记者了，但是大部分记者不太能做到每一种能力都很突出。现实来看，一个记者至少要能够掌握其中的几种能力，突出自己的能力长板，把长板做得足够长，同时尽力去弥补自己的短板。

在七种能力之中，首要的就是选题能力，它是在采访写作之前就要展现出来的能力，是新闻采写的起点，当然也是深度报道的起点，好的选题往往意味着一篇新闻报道成功了一半。决定写什么选题，是对记者综合判断能力的考验，要从大千世界中选定自己得心应手的选题，同时还要有很强的新闻价值，不是容易的事。就像在营销商品的时候，销售员感觉好像每个人都能够成为客户，但事实上只有一部分特定的人群才会成为客户，并不是所有的人都会买这个商品。选题能力也是一样，看起来好像什么都能写，但是真正能够操作成功的、"活"到最后的选题其实并不多。

笔者常常可以看到，有些记者在报社工作了三五年，选题能力都没有得到很好的展现和提高。一方面，这些记者自主找选题的能力比较弱，另一方面，当有价值的选题来到记者面前的时候，他无法迅速准确地把握住新闻点，导致一些好的选题白白地流走。这说明记者的新闻敏感度不到位。相反，也有一些记者虽然工作的时间没有那么长，但好像浑身长满了新闻细胞，一件看似平淡无奇的事情，他也能够从中找到新闻点，把不是选题的选题盘活，这是具有好的选题判断能力的表现。选题能力是记者做好新闻采访写作的第一个重要能力。

至于哪些选题会成为深度报道的选题？哪些不会成为深度报道的选题？实践中，我们常常会面临两种可能的困境，借用中国哲学的术语来说，分别叫作"知难行易"和"知易行难"。"知难行易"说的是，在一些情况下，"写什么"比"怎么写"更为重要，找到好的选题，找到从什么角度去做这个选题就成功了一大半，这属于"知难行易"的选题。之前我们提到过的一些深度报道名篇，比如说《中国青年报》"冰点周刊"刊发的《永不抵达的列车》，这个选题实际上操作并不是很难，从两个乘坐了事故列车的大学生入手去采写这篇报道，而不是从事故的关联方或者是政府官员的角度入手去写，采访难度就大大降低了。这就属于一个"知难行易"的选题，它要着重解决的就是寻找到比较好的采写角度，再配以优秀的文字驾驭能力，将材料整合好、呈现好。

但与此同时，也有另外一种情形，就是"知易行难"，这种情况在新闻采访中也是一个常见现象。作为资深的记者，有时候一打眼就知道选题是好的，但操作起来不容易，比如去专访新当选的美国总统，这是一个新闻价值很高的选题，但是让这位总统接受你专访的难度很大。容易想到，但是不容易做到。

第二节　影响深度报道选题的因素

在具体确定深度报道选题的过程中，有几个重要的因素要给予充分考量，这些因素包括媒体属性、记者的能力和个性、新闻价值等，下面分别予以介绍。

一、媒体属性

记者在决定做哪些选题时要综合考虑很多因素，不是某一个单一因素能够决定的，第一个影响深度报道选题的因素是媒体属性。

在我国的媒介体制下，一家媒体的属性可以是党报、都市报、晚报、周报、杂志或各类网络自媒体等，媒体的属性能够直接影响到记者对选题的判断。一个在党报采编系统里判断为是好的深度报道选题，到了都市报、周报那里可能就不是好选题，甚至不是一个选题。反过来也是一样，一个对于都市报来说不错的选题，在党报记者眼里未必就是一个好选题或者能够做的选题。

从前面章节提及的那些典型的深度报道中可以清楚地看到，《人民日报》的深度报道和《南方都市报》的深度报道、《财新周刊》的深度报道是完全不一样的选题和写法，其间的差别特别大。所以，在判断深度报道的选题的时候，需要记者先对所在的媒体定位有一个清晰的认识，否则只会事倍功半，出力不讨好。

从另一个角度讲，新闻报道有不同的功能，不同的报道所承担的功能也不一样。比如动态的消息，主要承担的是"传递信息"的功能，告诉受众有一件事情在什么地点、以什么样的方式发生了，它的主要任务就完成了。但是深度报道除了"传递信息"之外，还有"传播知识"的功能。信息不等同于知识，信息是大量的、混杂的、及时性的，而知识是海量信息沉淀后最终形成的系统性的、结构性的信息，是能够经得住时间检验的一小部分信息。

和消息比起来，作为深度报道的调查性报道、解释性报道在很大程度上具有"传播知识"的功能。更细致地看，调查性报道和解释性报道的功能也有不同，调查性报道主要承担舆论监督的功能，解释性报道主要承担把复杂专业的事情向读者通俗化传播的功能，这都是一般的动态消息无法承担的任务。

除深度报道之外，还有承担宣传教育功能的党政新闻、提供消遣轻松的娱乐新闻、视频新闻等，不同的新闻内容承担着不同的功能，而功能的不同也必然决定了媒体选题的不同。

二、记者的能力和个性

影响深度报道选题的第二个因素是新闻生产者，也就是具体"操刀"的记者。在同一个选题面前，不同的记者因为不同的知识背景、不同的地域背景、不同的社会阅历、不同的知识视野，最后所呈现的新闻报道也会有很大的不同。所以，深度报道的记者或者记者团队对深度报道最终呈现的面貌和效果也起着很大的作用。

通常我们希望深度报道的记者能够具备深厚的知识储备，一定程度上要"上知天文、下知地理"，同时还要熟悉中国的国情以及媒体所在地区和城市的区情、市情，既要有"家国情怀"，又要有"烟火之气"。

深度报道的记者还要有较强的新闻敏感、突出的工作能力、敬业的工作态度和广泛的社交网络。在个人性格方面，深度报道记者要有同情心，不偏激，不意气用事，始终保持客观公正的报道立场，须知深度报道是一项严肃的采写工作，不能把深度报道当成一种抒发排解内心不平的方式，一言一句都需要建立在对材料扎实掌握的基础之上。

三、新闻价值

第三个影响深度报道选题的因素是新闻价值，这点很重要。这个要求和消息、通讯是一致的，因为深度报道首先是新闻，这是深度报道和消息、通讯的共性所在，所以，新闻价值是影响新闻选题的一个重要因素。

（一）新闻价值的"五要素说"与"十要素说"

不同学者对新闻价值有不同的概括，一种常见的说法是新闻价值的"五要素说"，即重要性、显著性、新鲜性、真实性和趣味性。深度报道的选题也要满足这些特点，特别是要满足前面四个特点，至于趣味性，深度报道的趣味性相对来说没有那么突出，但是如果一篇严肃的深度报道里面有一定的趣味性，也会增加报道的可读性，所以深度报道并不排斥趣味性。

还有其他专家学者对新闻价值进行了深入研究，其中，陈力丹教授在《新闻理论十讲》一书中提出了新闻价值的"十要素说"，在上面五个要素的基础上对新闻价值提出了更加具体的十个方面的要求。[①] 笔者结合自己的新闻采写实践经验，分别介绍一下这十个方面：

第一，事实发生的概率越小，越具有新闻价值。据此原则，西方新闻界常见的"狗咬人"不是新闻，罕见的"人咬狗"才是新闻。

第二，事实或状态的不确定性越大，越具有新闻价值。比如2014年3月8日发生的马航MH370失联事件，属于突发新闻和灾难新闻，具有很大的不确定性，同时具有很大的新闻价值。

第三，事实的发生与受众的利益越相关，越具有新闻价值。通常见于政策性新闻，比如房产税的征收，如果要增收房产税，就会和很多人、很多家庭都产生关系，因为这件事情的高度普遍性，这类事件具有新闻价值。

第四，事实的影响力大，影响面广，新闻价值大。比如台风、地震等灾难事件，造成的破坏力非常大，新闻价值也很大。

第五，事实与接受者的心理距离越近，越具有新闻价值。同样的一件事情发生在万里之外的其他国家和发生在我们身边，其新闻价值有明显不同。

第六，越是著名的人物，越具有新闻价值。即使是一个普通的事件，如果发生在名人、明星人物身上，也就具有了新闻价值，一般人的婚丧嫁娶不是新闻，明星婚丧嫁娶就是新闻。

第七，冲突越激烈，新闻价值越大。冲突是新闻的重要组成部分，案件、论战、商战、外交、战争等事件都有比较剧烈的冲突，关于这些事情的新闻具有比较高的价值。

第八，越能表现人的情感，越具有新闻价值。媒体曾经报道过的"护子妈妈""捐肝救父"这样的故事，因为它们表现出了人与人之间的关爱，是能够打动和触动人心的新闻报道。

[①] 陈力丹：《新闻理论十讲》，上海：复旦大学出版社2015年版，第35-47页。

第九，越有心理替代性的故事，越具有新闻价值。作为普通人的我们，有很多想法在实际生活中是实现不了的，但是各个领域的成功人士把我们的想法变成了现实，因此，报道这些企业家或科学家所取得的巨大成就的新闻，会让读者产生一种心理替代的作用。

第十，事实在比较中带有的反差越大，越具有新闻价值。这一点和第七点的冲突相似。

（二）新闻价值判断中的"冲突性"框架

以上关于新闻价值的"十要素说"中，虽然判断的标准很多，但是十个标准的重要性并不等同，其中，"冲突性"和"人情味"是在实际新闻工作中经常遇到的两项新闻价值，构成深度报道中两种重要的选题框架，接下来我们结合具体案例谈谈这两项主要的新闻价值在选题判断中的应用。

《新京报》最初创立的时候，吸纳了很多在南方报业传媒集团工作过的采编人员，因此，该报的深度报道延续了《南方都市报》的很多成熟做法，生产了大量优秀的深度报道。在《新京报》的深度报道选题中，冲突框架占了很大的比重。冲突框架展现的是不同的人、群体甚至是国家之间的分歧与冲突。例如，该报 2014 年 10 月 8 日所刊发的《燕郊东方御景业主建"武功队"维权》一稿，报道了北京东方御景小区业主因维权遭到物业围殴、事后成立"武功队"对抗保安的事件。这篇报道中涉及两个利益群体，一个是业主，一个是物业。报道描述了业主遭到物业保安暴力驱逐的场面，同时报道了业主对物业收费不合理的指责，认为物业收了费用却不提供相应的服务。这样的选题就属于典型的"冲突框架"。

概括地讲，冲突包括利益冲突和观念冲突，两种冲突都是深度报道中常见的冲突类型。利益冲突属于显性的冲突，比较容易看得见、摸得着，一般会出现在调查报道中，记者需要采访利益冲突的双方，分析他们的利益冲突是怎么产生及怎么化解的。观念冲突通常属于隐形冲突，没有那么显而易见，一般出现在话题性报道中，这样的报道会就某一个问题产生的不同看法、不同理解进行讨论，把争议各方的观点都展露出来。无论是哪一种冲突，深度报道都力求把冲突表达出来，冲突表达得越好，文章的可读性就越强。这和文学、戏剧是相通的，如果没有冲突，小说和影视剧就会平淡无奇，深度报道的采写也遵循同样的道理。

深度报道的冲突性一方面来自选题本身所带有的冲突或争议，燕郊"武功队"就属于这种情况，此外，像媒体曾经报道过的围绕广西玉林"狗肉节"所引发的争议也属于这种情况。另一方面，冲突来自记者对消息源的选取，对冲突、对立、矛盾消息源的选取也能体现冲突性，这两者是密不可分的。报道中冲突性框架的使用，一是能让报道的故事性更强，矛盾双方和人物思想观念的碰撞使得新闻报道跌宕起伏，更容易将读者带入故事之中，达到吸引读者阅读的效果；二是冲突化的框架也能使读者全方位地了解新闻信息，更全面地还原事实，记者应尽量不偏不倚地、尽力地还原事实真相。

（三）新闻价值判断中的"人情味"框架

再说说表现"人情味"故事的选题。这也是深度报道常用的一种报道框架，就是在报道中通过一些个人的故事或者情感入手进行叙述，在报道中展示浓烈的人性感情。例如《新京报》2015 年 9 月的一篇报道《病妻之死》，讲述了一位丈夫照顾病妻 28 年后将妻子杀害的故事，报道以杀害病妻为主线，深入杀人者的个人生活中，披露了这对夫妻的悲剧命运。读者不仅知晓了一个新闻事件，还体会了一对小人物的喜怒哀乐。

需要注意的是，"人情味"框架和"冲突框架"并不是并列的两种框架，两者的关系是交叉关系，好的深度报道通常会兼顾两种框架，《病妻之死》就很好地兼顾了两者，既有故事又有情感，同时有强烈的冲突，把情感和冲突很好地结合在一起。当然，除了"人情味"和"冲突"之外，这篇报道也符合"罕见性"标准，多个标准的高度统一让这篇报道具有很高的新闻价值。

因此，深度报道一定要符合新闻价值，这是一个宏观的指导思想。在具体的选题里会有不同的具体标准，比如要体现罕见性、冲突性、情感性等。

西方新闻理论通常会讲新闻价值的"七要素说"，即时效、距离、对社会和民众的影响力、涉事人物或机构的知名度、事件是否涉及冲突、事件是否不寻常，以及事件是否会被人谈论。不管是几要素，其实都是万变不离其宗，只是概括的方式方法不同，具有较高新闻价值的报道基本上都具备这些要素中的一条或几条。

（四）不能把新闻选题和新闻价值等同

这里要注意一个问题，新闻价值是抽象的，新闻选题却是具体的，这类似于主题和选题的关系。新闻价值一般不是肉眼能够看到的东西，它像一根线，牵引着天上在飞的风筝，新闻价值是那根线，新闻选题就是那个风筝。作为一根线的新闻价值若隐若现，但它是大方向的指引。新闻选题要基于这些价值，在宏观价值的指引下进行具体的选题判断，最后落实到某个人、某件事上的报道上。

比如，赫伯特·甘斯在《什么在决定新闻》一书中，研究了美国的新闻报道。在甘斯看来，虽然美国的新闻报道有各种类型、各方立场，但是报道会体现一些共同的新闻价值，甘斯提炼出了美国媒体贯彻始终的六条抽象的新闻价值标准，他称其为"恒久价值"：第一，民族优越感；第二，民主；第三，负责任的资本主义；第四，小城镇的田园主义；

第五，个人主义；第六，温和主义。① 美国记者在写稿的时候未必清楚地认识到这些问题，但是美国媒体的字里行间都在维护这些价值。

中国的媒体在报道中也有同样的做法，中国的深度报道也要体现若干"恒久价值"。首先，马克思主义新闻观是一个基本价值。其次，还要遵守宪法和法律，遵守社会道德规范。新闻报道的是一件件具体的社会事件，在形形色色的行为背后，法律的终极价值标准在起作用，法律是个体的行为底线，更高的要求会通过社会道德规范来体现，因此有些事情虽然没有违法，但是违背了道德，也值得媒体去报道、去揭露。最后，恒久价值还体现在尊重基本人权、坚持社会主义市场经济、干部要为人民服务、促进社会和谐稳定、保护生态环境等方面，这些是更高的标准，都要体现在新闻报道中，深度报道的选题要符合这些标准。

第三节 深度报道选题的分类

从影响因素的角度分析了深度报道的选题后，我们再从分类的角度进一步认识深度报道的选题，因为分类的标准不同，所获得的分类结果相差也很大。下面，介绍六种深度报道选题的分类。

一、根据时效分类

深度报道选题的第一种分类是动态选题与静态选题的区分。在日常所见的深度报道中，一种选题是动态的选题，如 2020 年媒体所做的关于新冠疫情的报道，无论是《人民日报》《解放日报》等党媒，还是《财新周刊》《三联生活周刊》等市场化媒体，大量的报道都是动态的、正在发生的事情。另一种选题就是静态选题，报道内容更偏向于话题式和策划式，对时效的要求没有那么高。

动态选题通常是事件性的选题，一种情形由突发事件引起，这些是事先完全无法预料到的突发事件，比如火灾、地震、爆炸、泥石流、疫情等，媒体做这方面的选题，就是由突发事件引发的动态选题。另一种情形由热点新闻引发，热点新闻的热度很高，在此基础上媒体进一步挖掘再做深度报道也是一种惯常做法。实践中，我们会看到，有的调查报道

① ［美］赫伯特·甘斯著，石琳、李红涛译：《什么在决定新闻》，北京：北京大学出版社 2009 年版，第 52－65 页。

曝光的事情是过去已经发生的，不是当下突然发生的，但是一家或几家媒体现在把它报道出来，成为舆论热点，其他媒体再跟进去做深度报道，它也构成动态选题。

　　静态选题和动态选题之间的界限是不清晰的，静态选题如果做得好，很有可能会成为一个热点新闻。比如，2016 年第 38 期《财新周刊》刊发封面报道《再看陈光标》，文章中指出了陈光标的种种"恶行"，其中包括赚取拆迁项目的差价、慈善资金作假、故意与大人物合影骗取钱财、沽名钓誉、狂捞各种项目的油水，还有私刻公章等不规范行为，让陈光标曾经的"首善"光环褪去。在这之前，陈光标的所作所为一直被社会公众所议论，从新闻操作的角度来说，这个选题已经属于静态选题，但是《财新周刊》的这篇深度调查报道把这个静态选题做成了当时的热点新闻，很多媒体持续转载或者跟进，包括陈光标本人看到文章后也赶紧召开了一场记者发布会，对文章提及的事情一一作出了回应。这说明动态选题与静态选题之间是可以转化的。再比如，2019 年 4 月，《新京报》等媒体对云南昆明孙小果案的报道，此案本是"陈年旧案"，但是在中央扫黑除恶第 20 督导组 2019 年进驻云南省期间被报道出来，成为当时的一个动态选题。

　　2011 年日本大地震发生后，笔者带了一个记者小分队去日本采访。当年去了日本两次，第一次因为有核辐射的问题，采访的时间比较短，很快就撤回来了。第一次去采访的时候，地震还是一个突发事件，采访队伍所做的报道以动态新闻为主。同年 6 月，第二次去日本采访，这一次采访队伍做了比较全面的深度报道，探讨地震对日本、经济社会等各方面带来的影响，但从时效性来看，这次采访所做的报道不属于突发事件报道了，而是一种静态选题的报道。

　　通常像这种大型的突发事件发生之后，媒体所做的第一波报道是动态报道，先把伤亡损失、救援等基本情况总结成"短平快"的消息发出，但是几天之后，就要用深度报道的方式去揭示更深层次的问题，记者在采访突发报道的时候，一定要注意对报道节奏的把控，在不同的时间段，报道的重心是不同的。

　　因为动态选题是正在发生的事情，一般来说，读者的关注度比较高，影响力也比较大。所以在做深度报道的时候，如果有动态选题可供选择，那么记者肯定要优先考虑做动态选题，在没有好的动态选题的情况下，才会去考虑做静态的选题。

　　静态选题也可以叫作话题式选题，记者选择的话题不能是无源之水、无本之木，话题不是凭空产生的，它要有一定的新闻由头，在新闻由头的指引下，对某些问题进行讨论式报道。比如说中美贸易摩擦加剧的时候，记者就可以做一个关于贸易摩擦的深度报道，内容可以涵盖中美双方各自的立场、背景、可能造成的利害得失等，这就是一个可以引发讨论的话题式报道，是一个有动态新闻由头的静态选题。

　　静态选题也可以是一些大型的策划式报道，主要体现在一些纪念性的、可以进行预先策划的选题上。比如 2018 年的改革开放 40 周年、2019 年的中华人民共和国成立 70 周年、

2021 年的中国共产党成立 100 周年等重大纪念性报道，围绕这些报道所做的选题也属于静态选题。

动态选题虽然是第一选择，但是这类选题毕竟是有限的，不是天天都会有重大新闻事件发生，如果说一家媒体只做动态选题，那会"揭不开锅"的。一般而言，媒体都有自己的出版节奏，以报纸来论，以前是 24 小时出版一期，到了现在的全媒体时代，出版节奏更加快了，因此，不可能每次都是做动态选题，通常会以动态选题为主，同时兼顾静态选题。

此外，虽然深度报道的最佳选择是动态选题，静态选题是次优选题，但是动态选题的操作风险相比静态选题要高。因为一个热点新闻发生后，尤其是负面新闻发生后，很可能存在采访受阻而发不出稿的情况。相比较而言，静态选题的自主性相对比较强，在采访中受干扰的可能性比较小，成稿率和发稿率也比较高。

二、根据文体分类

第二种分类是以文体为标准，主要分为三类选题：调查性选题、解释性选题和特稿（非虚构写作），我们会在后面的章节中详细讲述这几类常见的深度报道的选题。这也是一种很常见的分类，普利策新闻奖在奖项设置中，也在很大程度上使用了这种分类标准。

先看一个调查性选题的例子。2006 年 8 月，《广州日报》刊发了一篇调查性报道，标题为《"疯狂"的普洱还能"疯"多久》。文章说："10 年前（大约为 1996 年），酷爱喝普洱茶的广州小伙子花 60 元买下一个普通的普洱茶饼；今日，行家说这个茶饼用 1 000 元都买不到。5 年前（2001 年），广州芳村茶叶市场一个 10 多平方米的档口，档主把每年 18 000 元的租金降到 16 000 元总算租了出去；今日，这个档口每年的租金提高到了 16 万元，依然一铺难求。"普洱茶之所以有这样的市场行情，是因为普洱属于古老茶叶的神话，当时正在广州乃至整个珠三角地区越吹越大。昔日的廉价茶品一跃成为收藏家和茶商眼里的摇钱树。从 2005 年开始，这股普洱热潮开始向国内沿海地区和北方蔓延。面对如此神话，有人醉心收藏，有人却忧心忡忡。广州的行家们说，目前广州民间巨大的普洱茶藏量八成都在"跟风"的炒家手里。他们最担心的是，有一天这些盲目囤积的茶叶一旦同时被抛售，整个普洱茶市场就有崩盘之虞。

然后，记者通过调查去还原整个事件发生的过程，把事件的前因后果弄清楚，这就是一个调查性选题。通常这类选题多出现在政法类的案件或者社会性的事件中，需要记者掌握大量的证据来还原事件的过程。

解释性选题，经常在经济、科技、教育、环保等专业性比较强的报道领域中使用。比如，特朗普 2016 年当选为美国总统后，中美贸易摩擦不断加剧，给世界经济带来了很大影响，但是究竟造成了什么样的影响，这是一个很专业的问题，有待记者通过采访向读者做出解释性报道。

特稿近年来常常和非虚构写作混用，这两个概念没有本质的区别，如果一定要找出区别的话，可能是在采写主体上有所不同，特稿是传统媒体时代的一个概念，写特稿的人是专职记者，而非虚构写作近年来的流行，暗合了"人人皆记者"的网络时代，它的写作主体范围更广，既可以是专职记者，也可以是业余写手。人物报道是特稿常用的领域之一，现在通常会用在一些对边缘人群、有特色的人物的报道上。

三、根据写法分类

从深度报道的不同写法的角度出发，可以将深度报道的选题分为三类：描述式选题、综述式选题和对话式选题。

描述式选题，也叫陈述式选题，通常用于单一的事件性报道中，描述一起新闻事件的前因后果，还原这起事件从发生、发展到结尾的过程。比如，2022 年 3 月 21 日 14 时 38 分许，东方航空公司 MU5735 航班执行昆明—广州任务时，于广西梧州上空失联，该飞机坠毁于梧州藤县埌南镇莫埌村神塘表附近山林。机上人员共 132 人，其中旅客 123 人、机组 9 人。事发之后，国内多家媒体对该事件做了深度报道，其中一个重要的内容是展现事故现场的搜救情况以及家属在白云机场等候的情况，对这两方面的情况进行的报道就属于描述式报道，这样的选题就是描述式选题。

综述式选题多用于话题式新闻，报道的事件比较复杂，需要综合多方面的情况，或者对同一件事有多种不同的看法，需要对相关人士的观点进行概括和汇总，呈现出多方事实或者观点交织的状况。综述式选题在 2020 年的新冠疫情报道里频繁出现，例如有媒体对武汉从封城到解封的 70 多天时间里所发生的主要新闻事件做了综述式报道，从普通市民的角度、政府工作人员的角度、不同行业的角度讲述这 70 多天里武汉所经历的变化，把多重视角下的复杂新闻材料交叉运用在一起，这就需要发挥深度报道记者的综述能力，把相关情况全景式地展现出来。

对话式选题通篇以记者和采访对象的对话呈现一问一答，其关键在于人物的选择。假如我们要做一个"被新冠病毒感染改变的人"的新闻选题，那么一些普通的人物，如外卖员、小区的管理人员、街道办的工作人员等，就不适合采用对话的形式；相反，钟南山、张文宏等知名专家就更适用于对话式选题，不同的对象要用不同的写法。

四、根据报道倾向分类

对深度报道的报道倾向进行分类也是很常见的一种分类方法，以此为标准，深度报道可以分为正面选题、负面选题和中性选题。

正面选题，顾名思义就是弘扬正能量的报道，比较有代表性的就是《人民日报》《解放日报》等党媒党刊所刊发的报道，这些报道总的基调是肯定的、积极的、向上的。与正面选题相对的就是负面选题，也就是我们通常所说的舆论监督选题，此类选题比较多地出现在市场化媒体之中，比如《财新周刊》《财经》《南方周末》等媒体中，同时，负面选题或者舆论监督性报道自有其不可替代的价值，中央相关部门一直以来都鼓励做好舆论监督报道，近年来，中央媒体在舆论监督选题上也有很多成功的探索。

2022年10月，中国新闻史学会应用新闻传播学专业委员会推荐的"中国应用新闻传播十大创新案例"对外公布，其中，中央广播电视总台"中国之声"入选。从2004年1月1日中央人民广播电台启动频率专业化改革，将第一套节目改版为新闻综合频率，到2008年、2011年几度新闻改革，"中国之声"从综合频率变为专业新闻频率。"中国之声"始终坚持深度报道，而且成果丰硕：一方面，"中国之声"严守舆论监督阵地，把民生作为最重要的关注，让"深入基层"和"走进群众"作为工作常态，密切关注社会热点和难点，积极促进问题解决；另一方面，近年来"中国之声"持续围绕环保和地方治理等问题开展舆论监督报道，多次以批评报道荣获中国新闻奖，2022年再度斩获首次设立的"舆论监督报道"一等奖。

另外还有一种中性选题，之前的教科书谈得相对少。这种选题不是一定要表扬什么或批判什么，而是如实呈现某个事件或话题的复杂性。中性选题，其实在我国的媒体上是很常见的，也是最应该大力发展的，选题的可挖掘空间比较大。在前面的章节中，笔者曾经说过，20世纪80年代之前的新闻报道通常都有鲜明的基调，不是批评，就是表扬，常常处在两个极端上，但是自80年代中期开始，中性报道在媒体上大量出现，发展到现在逐渐成为深度报道的一大类主流选题。

那么什么叫中性选题呢？笔者对中性选题的初步界定如下：

第一，关于新生事物、新生观念、新鲜做法的选题。比如"政府向民间机构购买社工服务""在校大学生结婚生子""医院设立精子库"等新出现的事物和做法，我们很难在价值上或道德上对它们做出"好坏"的评判，新闻报道只是把它们如实地呈现出来，如果有争议，就把有争议的多方观点表达出来。这样写出来的报道，就是中性报道。

第二，反映人性的复杂性的选题。在新闻报道中，我们一般很难简单地给出一个人是"好人"还是"坏人"的判断。比如，《广州日报》曾经报道过一个人，钢琴弹得特别好，被誉为"钢琴王子"，但是这个人却养成了偷别人东西的坏习惯，这个人就很复杂，好的一面和不好的一面同时存在于一个人身上，深度报道就要把这种复杂性展现出来。

第三，对历史事件、历史人物的报道，常见于各种重大活动的周年纪念或重要人物的诞辰纪念等报道中。虽然这样的选题通常导向性很明确，但是其中也有不少中性报道，因为这些报道要尽力去客观地还原事件或人物的历史。

第四，富含趣味性或者科普性的选题，比如"大学生研究火箭""父亲骑自行车送孩子去读大学""台风命名的新规则""如何进行地震预报"等。这些选题的价值在于向读者提供新的知识或者向读者介绍新的社会现象，政治性不是很强，中性选题居多。

第五，关于文化和历史建筑的传承、保护、挖掘的选题。在我们的媒体报道中，有不少选题是关于文化和历史建筑、历史街区的，这类选题也偏向于中性。

总之，中性选题是处于正面和负面两个极端之间的中间选题，这样的选题大有用武之地，因为它没有那么强烈的监督性，使得记者在进行报道的时候，受到的不正常干扰和压力会少一些，比较容易采访和发稿。而且当下的社会正处于不断、急剧的发展过程中，中性报道不轻易对事件定性，不会陷入两极化的纷争当中，更有利于对所报道的问题进行客观呈现。

五、根据报道领域分类

如果根据报道领域对选题进行分类，我们会发现深度报道的选题首先主要集中在政治、社会、经济、文化、国际等领域。以比较擅长做深度报道的《新京报》为例：该报的选题首先主要集中在社会民生领域，这一领域的选题占总选题的三成左右；其次是和各种腐败案件相关的选题，占比超过两成；最后是经济类的选题，占一成左右。这几个主要领域的选题在该报所有选题中占比超过了六成，其余不到四成的选题分布则比较广泛，交通、环保、科技等各个领域都有涉及。

选题涉及的领域不同，会影响到深度报道的"软""硬"程度。《新京报》深度报道的选题聚焦在反腐和社会民生等问题上，这样的选题总题上属于比较"硬"的选题。相反，如果一家媒体的选题聚焦于文化领域、环境领域、生活方式领域等，选题就会偏"软"一些。比如《新京报》也报道过"猴艺"这种民间文化艺术的衰败，这个选题很有意思，但是它的新闻"硬"度相对而言没有那么强。

媒体的不同定位决定了报道主要聚焦的领域，从而也决定了报道的风格。比如《解放日报》《广州日报》等报纸以及《三联生活周刊》等杂志的选题会偏"软"一些，与《财新周刊》《新京报》等媒体的选题风格相比有比较明显的差异，《财新周刊》《新京报》的选题更偏向于"硬新闻"。当然，就算在同一家媒体内部，选题的分布领域也会有不同，比如时政、经济板块的选题通常更"硬"一些，而副刊、文艺板块的选题会偏"软"一些。

六、根据报道地域分类

一般来说，关于深度报道的教材或者专著不会从地域的角度出发对深度报道进行分类，但近年来也有研究在对报道的地域性进行统计后发现了一些特点。依旧以《新京报》为例，它的选题的地域分布范围较广，且不太均衡，以北京、河南、湖南等地居多，主要集中在华北、华东和华中地区。这一特点的出现和《新京报》的办公地点在北京有关，所以它的选题范围以北京为原点辐射到全国，就其报道范围而言，具有全国视野，能够比较全面、立体地报道中国社会正在发生的新闻事件。总的来看，《新京报》虽然是一个地方媒体，但一直有全国性的视野。

选题在地域上的集中程度也和人口密度有一定的关系，中东部人口密度高、人多、社会活动多、经济活动多，每天发生的新闻自然多，深度报道的选题也多，这是一个在全世界都普遍存在的规律。美国的媒体集中在纽约、华盛顿、洛杉矶这几个中心城市及其周边地区。中国的媒体则聚集在北京、上海、广州、深圳这些一线城市及其周边地区。这和媒体所在的地域有关，在纸媒时代，广东是一个新闻中心，到了新媒体时代，重心有所北移，目前北京、上海地区的媒体在融合发展方面取得的成效更加突出。

地域特点和媒体的定位也有关联，媒体定位可以粗略地分成两类：一类是全国性的媒体，包括《人民日报》《经济日报》《光明日报》，它们的选题范围自然会覆盖全国；另一类是地方性的媒体，比如《解放日报》的定位是上海市的市委机关报，大部分的选题当然是上海市的新闻，还有聚焦广东省的《南方日报》、聚焦江苏省的《新华日报》等，这是由媒体的定位所决定的。

也有一些比较特殊的媒体，比如《南风窗》，从市场定位的角度来看，它是全国性的媒体，它的纸媒发行量比较高的省份是浙江和江苏。但是从主管主办单位的角度说，它又是地方媒体，因为它的主办方是广州日报报业集团，而《广州日报》是广州市委的机关报。《南方周末》也存在类似的情况，它是一家全国性的媒体，但是主管主办单位是南方日报报业集团。像这一类市场化属性比较强的媒体，从不同角度看媒体的地域属性不同，这是比较特殊的一种类型。

地方性媒体包括地方党报和地方都市报，它们的报道内容以地方选题为主，兼及全国。比如《广州日报》所刊登的深度报道以广东省居多，五六成的新闻是广东省范围内的新闻，尤其以广州市的新闻居多，但是也有一定比例的新闻是发生在其他省份的。

不过，相较于一般的消息和通讯，深度报道更具有全国性色彩。因此，从事深度报道的记者，其视野一定是全国性的，甚至是世界性的，要打破地域的束缚，这和做本地新闻、社会新闻的路数是完全不一样的，这是深度报道的一个突出特点。笔者当年在《广州日报》担任深度报道部主任的时候，每年都会做几次大型的跨国采访，2006年去法国采访华人过年，2008年去印度采访广东企业在当地的发展、去美国等地采访奥运城市，2011年去采访日本的大地震，这些选题和广东、中国的发展紧密相关，因而都在该报深度报道记者的视野之内。

第四节　深度报道选题的特点

在以上内容的基础上，我们再从总体上总结深度报道选题的特点。

一、深度报道的选题要富有公共性和启示意义

深度报道的选题首先要有公共性，关乎公共利益，涉及普遍的公权力运行问题、私权利保护问题等，如果纯粹只是私人的事情，故事再精彩，也不能成为深度报道的选题。因此，深度报道的选题通常都是重大的、复杂的、富有启示意义的，有助于我们更好地理解国家、社会以及人情，它的内容不是琐碎的、常规的。当然，在实际操作中，"大选题"和"小选题"之间的界限并不是绝对的，也是可以相互转化的，二者有一种辩证的关系。

2020年4月，位于上海中环路和京沪高速交叉口的中环广场被炸掉了，这是一个著名的烂尾楼，是一个值得报道的新闻事件。如果只报道爆炸的动态消息，那就只是一篇社会新闻，并不能成为深度报道。但是媒体如果在此基础上继续深入挖掘，告诉读者为什么在上海的黄金地段会有一个烂尾长达20多年的建筑群？这里面牵扯哪些不合规行为？有什么惊心动魄的商战故事？如果记者能把这些背后的故事挖掘出来，那就是一篇很好的深度报道。事实上，在这件事情上，的确有几家媒体做出了很有深度的选题。与此同时，《解放日报》等本地媒体只是做了爆破的动态消息。

因此，做深度报道一定要"由表及里"，从一个看似简单的事件中看到背后的复杂性和规律性，这是深度报道的一个突出特点，也是从事深度报道的记者要养成的一个思维习惯，在做选题的时候要认真地观察、深入地挖掘，找出可以做深度的那个"点"。

二、深度报道的选题要讲求新闻价值与宣传价值的结合

中国的媒体有强烈的政党属性，这是一个基本的前提，因此在做深度报道的时候，一

定要注意新闻价值与宣传价值的结合，要深刻地认识我们所处的媒体环境，坚守马克思主义新闻观。在确定深度报道选题的时候，既要考虑新闻价值，也要顾及宣传价值。如果一个选题只有新闻价值，没有宣传价值，稿件很有可能无法刊发，要在二者可以兼顾的前提下再突出选题的新闻价值。

如 2020 年是"浦东开发开放 30 周年"的纪念之年，很多媒体特别是上海的媒体都要做这个选题，要做好这么有纵深感的选题，就一定把深度报道作为主要的报道形式。这样的选题既要有新闻性，还要有宣传性。如果只有宣传性，硬性地去"弘扬主旋律"，阅读性就会比较低，会影响到最后的宣传效果。但如果做的都是批评性选题，一则不符合浦东 30 年发展的实际情况，会犯"以偏概全"的毛病，二则和宣传价值冲突，稿件的刊发难度也会比较大。

财新传媒作为国内深度报道的一个重要平台，它在选题操作中，也总是力图在新闻性和宣传性之间寻求一种适度的平衡。虽然财新传媒的很多稿件具有比较强的批判色彩，但也会兼顾到宣传价值。在 2020 年关于新冠疫情的报道中，《财新周刊》所做的多篇稿件把习近平总书记关于疫情的相关指示明确地在报道中表达了出来，把党和国家的大政方针与自己的新闻报道有机地融合在一起。

总之，优秀的新闻记者和编辑能够兼顾新闻价值与宣传价值，把二者的关系处理好，既满足读者的需求又符合主流价值观的要求。

三、深度报道的选题强调新闻的突发性和时效性

相比于消息，深度报道似乎不太重视时效性，这种看法是片面的，好的深度报道通常是在重大的动态新闻基础上深度挖掘而来的。如果可以选择，在动态选题与静态选题之间，动态选题始终是深度报道选题的第一选择。深度记者要尽力结合重大的突发新闻去做深度报道，只有在没有突发新闻的情况下，再做静态的选题。

四、深度报道的选题要关注新现象、新观念、新问题

我们国家是一个正在发展中的国家，每天各行各业、各个领域都会出现很多新的现象、观念和问题，这些是新闻报道取之不尽的选题来源。这些关于新生事物的选题大部分都属于中性选题，一般不从"好"或"不好"的道德标准去做判断，只要在法律的框架内，没有违法犯罪，社会就要给这些新东西必要的发展空间，而媒体也要为这些新生事物提供良好的舆论空间。我们现在已经习以为常的网络购物、外卖等，在十年前都是不可想象的事情，如今在移动互联网和各种技术的支持下，社会的各个方面都在发生巨大的变

化，这些都是深度报道应该关注的选题。深度报道要力争从一个又一个的具体选题中给读者提供历史、现在及未来的画卷。

五、深度报道的选题中有大量的中性选题

我们所熟知的深度报道似乎是调查报道，这个看法没有错，以舆论监督见长的调查报道确实能够在很大程度上代表深度报道，但是在现实的选题操作中，我们可以发现，中性选题才是深度报道的主流。深度报道的选题立足于解释新闻事件的复杂性，并非只有批判性的舆论监督报道才是深度报道的选题。按照深度报道全部选题的比例计算，中性报道的占比是最大的，特别是在中国。

六、深度报道的选题要强调故事性和可读性

深度报道选题的最后一个特点是强调故事性和可读性。深度报道终究还是新闻报道，既不是学术论文，也不是工作总结，其总体基调应该是简洁明了，能够把复杂的事情用通俗的语言讲出来，同时最好能够兼具文学性的写作手法，这是和学术论文、工作报告完全不同的写作方式。即便是医疗、环保、科技等专业性很强的解释性报道也要转化成通俗的语言，用比较轻松活泼的故事化语言进行表达，这也是深度报道的一个重要特点。

第五节　案例分析与实战判断

以上的论述都是"理论性"的，但是在新闻实践中，对于选题的判断却要复杂得多，需要考虑的因素也多得多，而且深度报道和一般新闻报道一样，都要追求强烈的时效性，需要在很短的时间内做出判断。因此，本节通过几个具体案例，来分析实践中的深度报道选题的分布情况以及在选题判断中要考虑的多重因素。

一、《广州日报》深度报道的三类选题

《广州日报》从 2005 年开始成立了一支专业的深度报道队伍，后来又配以专门的版面，得以建制化地从事深度报道生产，当时做出了一批富有党报色彩的深度报道。2007年，《广州日报》出版了一本深度报道作品集，把两年间做的精华报道汇编成册出版。该

书把《广州日报》的深度选题分成了三种，分别是人物专访、深度调查和热点话题。①

第一类选题是人物专访。采访对象主要是各个行业的特色新闻人物，都是知名度比较高的人物。一般而言，人物的知名度越高，新闻价值也越大。比如，《老师应该是中国最富的人》这篇报道讲的是俞敏洪，当时新东方刚刚在美国纽约证券交易所上市，中国公司，特别是教育培训类公司在美国上市，这在 2006 年前后的中国还是比较少见的。《广州日报》记者专访了俞敏洪，他认为上市也好或者其他的融资手段也好，都是让从事教育产业的人能够变成中国比较富有的人，这代表了社会发展的一个方向。

第二类选题是深度调查。这一类选题属于具有一定舆论监督色彩的调查类选题，以挖掘事实真相为目的。《7 岁小男孩被狗咬死之后》这篇报道，单从标题看，具有比较强的社会新闻属性。这个事件发生在山西省，《广州日报》的记者赶赴山西采访。作为一篇深度报道肯定不能只写这个"狗咬人"的事件本身，而是要关注新闻背后的社会问题。这篇报道指出，狗的管理问题在当时的山西成了一个突出问题，特别是在该事件发生的吕梁地区，吕梁煤炭资源比较丰富，那时有很多的民间资本涌入，当地的老板为了"看家护院"，普遍都会养狗，而且养的都是大型犬，管理不当，就会引发"狗咬人"这样的悲剧。这篇深度报道就指出了事件背后的社会管理问题，而不会满足于做一条简单的"狗咬人"的社会新闻。

《中城广场烂尾 8 年内幕》也是一篇调查报道，与之前提到的上海中环广场烂尾楼事件类似，这篇报道也是关于广州一幢著名烂尾楼的故事，这栋楼现在早就改造完工了，但报道刊发的时候，已经烂尾好多年，读者会很感兴趣在天河区这个广州城市中心的繁华地带，为什么会有这么一栋烂尾楼？其背后有什么故事？记者经过走访调查，掌握了很多相关素材，最后写出了烂尾楼背后 8 年间的各种幕后故事。

《22 小时救助站生活实录》这篇报道是当时《广州日报》的记者乔装打扮进入救助站，在里面住了一晚，亲身体验救助站里的生活之后写出来的。救助站是为了临时收容无依无靠、在广州流浪的人而设立的。2003 年之前，救助站叫作收容站，孙志刚事件之后，全国的收容站都改造成了救助站。这一次，记者根据亲身的体验和采访，完成了一篇亲历式的深度报道。

第三类选题是热点话题。在三种深度报道的常见选题之中，这是最容易做的一类选题。通常来讲，只要有一个新闻由头，再加上对各方人士的访谈，就可以构成一篇话题式深度报道，相比于需要记者多方调查核实的调查报道来说，这类选题操作的难度当然要小很多。

《两年制硕士初现"速成"之痛》就是一篇热点话题类的深度报道，报道探讨的两年

---

① 窦锋昌主编：《深蓝——广州日报〈新闻蓝页〉深度报道实战 40 例》，广州：广州出版社 2007 年版。

制硕士在社会上引发的讨论。现在大学里两年制的专业硕士已经很普遍了，但是 2005 年之前，所有的硕士学制都是三年，突然变成两年后，社会上有很多声音质疑两年制硕士的培养质量。这篇报道就是从这个热点话题出发，采访和汇总了老师、学生、家长、用人单位等各个相关方的观点并进行统筹、整合，写成了一篇话题类的深度报道作品。

二、选题判断需要考虑各种各样的因素

上面所说的关于深度报道选题的分析大部分是偏理论性的，如果落实到媒体和记者的实践层面，有时候还是很难判断的，理论和实践之间有一定的距离。

我们看一个具体的实践问题。2019 年 4 月，《南方都市报》的一位摄影记者，名叫徐文阁，外出拍摄"给狗下毒"的新闻照片，在拍摄过程中不小心接触到了毒药，这种毒药的毒性很强，这位摄影记者的身体状况因而急剧恶化，生了一场大病，虽然保住了生命，但是身体状况从此变得很差。

那么能不能就此事件写一篇深度报道，来反映这位摄影记者所遭遇的事件，以及对狗下毒这种在某些地方带有一定普遍性的社会现象呢？它符不符合深度报道选题的重大性和复杂性的一般要求？事情发生后，笔者朋友圈内的很多媒体记者发表了各自的看法，甚至引发了比较激烈的争论，观点之间的差别比较大。归纳下来，有下面几种主要观点：

第一种观点认为可以报道。因为这位记者是在采访过程当中受到的人身伤害，报道可以讨论是否属于工伤的范围，并进而以此事为由头探讨更为普遍的记者的人身安全保障问题。这个问题不只是徐文阁一个人的事情，而是一类人的事情，那么它就存在一种公共性，满足了深度报道选题在这方面的基本要求。

第二种观点认为非南方报业的媒体可以报道。徐文阁是《南方都市报》的摄影记者，如果《南方都市报》或者是南方报业的其他媒体去做就不太合适。因为通过新闻报道的方式为自己的记者摇旗呐喊，会有"公器私用"的嫌疑，但是如果有其他媒体的记者去做这个报道，就可以规避这种嫌疑。

第三种观点认为可以报道，但选题的聚焦点需要变换一下，不是记者的权益保护问题，而是罕见病的治疗问题。徐文阁的这件事情只是一个新闻由头，借此讨论罕见病的治疗和医保问题，这样一来，报道的公共性能够体现得更加充分。

第四种观点认为不应该报道，因为当时有更加重要的选题值得去做深度报道。徐文阁当时已经通过社会募捐获得了足额的医疗费用，最重要的是，这件事发生的时候，国内还有更加重要的新闻事件发生，比如四川大凉山的火灾事件，多名消防员在火灾中失去了生命，媒体报道的重点应该在消防员的职业保护上，相比较而言，这个选题的社会意义更大。

　　不同的观点是基于不同的考虑，有不同的观察角度，还有不同的伦理考量。笔者认同上述第二种和第三种观点，以这位记者的个人经历为报道切入点，找一个有公共性的问题作为报道的落脚点，这个选题还是能够成立的。至于第四种观点，两个事件并不是非此即彼的关系，媒体完全可以既做大凉山的选题，也做徐文阁的选题，而且对于广东省的媒体来说，徐文阁这个选题更加具有接近性，而接近性也是新闻价值的一个基本属性。

　　至于新闻伦理争议，在新媒体环境下，伦理争议可以说是此起彼伏，现在新闻伦理事件给整个新闻界带来的伤害是非常大的，没有哪一篇有影响的报道不会引发伦理争议。在"人人皆记者"的时代，这种争议可能会成为常态。我们在做新闻选题之前，要尽量考虑到各方面的因素，争取避免争议，但是要完全规避争议也是不可能的，记者要适应这种外界环境的显著变化。

　　总体来说，习近平总书记要求党的新闻舆论工作必须以最广大人民的根本利益为最高利益，把对党负责和对人民负责有机统一起来，坚持群众观点，走群众路线，为时代放歌，为人民抒写；必须创新理念、内容、体裁、形式、方法、手段、业态、体制、机制，增强针对性和实效性，大力讴歌人民群众的生动实践和英雄业绩，讲好中国故事；必须推动融合发展，主动借助新媒体传播优势，抓住时机、把握节奏、讲究策略，联接中外、沟通世界；必须从时、度、效着力，阐述党中央重大决策和工作部署，反映人民伟大实践和精神风貌，唱响主旋律，传播正能量，激发全党全国各族人民为实现中华民族伟大复兴的中国梦而团结奋斗的强大力量。[①] 这些要求也是深度报道确立选题的基本要求。

===== 复习思考题 =====

　　1. 阅读某一年普利策新闻奖获奖作品，对这些作品的选题进行分类，感受这些深度报道的选题特点。

　　2. 阅读某一年中国新闻奖的深度报道获奖作品，对这些作品的选题进行分类，感受这些深度报道的选题特点。

　　3. 阅读完整一期的《财新周刊》、一个月的《中国青年报》"冰点周刊"或一个月的"每日人物"微信公众号，感受这些不同平台上的深度报道在选题方面各自的特点。

---

　　① 王玮：《论在新的时代条件下如何践行马克思主义新闻观》，《视听纵横》2016 年第 2 期。

第五章

深度报道的信源

真实是新闻的生命。坚持新闻真实是新闻媒体取得公众信任的前提，是新闻工作者职业道德的基本要求，是新闻事业存在与发展的根本立足点，坚持新闻真实性，是党的新闻舆论工作的基本原则。坚守新闻真实性是国际新闻界共同的"铁律"，维护新闻真实性是党的新闻舆论工作者的责任和义务。用事实说话，就是借助事实的力量说服人、引导人、教育人、感化人；用事实说话，不仅要坚持事实准确无误，还要从事实的联系、事实的总和中把握事实，以反映事实的全貌和社会的全貌；用事实说话，既要准确报道个别事实，还要深刻反映事实，揭示事物的本质和它所反映的时代本质及历史规律；用事实说话，要深入实际、深入生活、深入群众，认真细致、踏实务实地开展调查研究。①

具体到深度报道而言，要做到新闻真实，首先和深度报道的信源有关。信源的数量是不是足够丰富？信源的质量是不是足够可靠？记者对信源的使用是否遵循了基本的原则？上述问题都可能会影响到新闻的真实性。

第一节　常规新闻的信源

"新闻的选题究竟来自哪里"，这可能是会困惑很多人的问题。为什么有的记者选题很多，而有的记者就找不到那么多好的选题？要有好选题，关键之一在于新闻敏感性，优秀的记者能够在别人发现不了新闻的地方发现新闻；关键之二在于要有大量的、充分的信源。信源也可以叫作消息源，是选题的来源，二者密不可分，没有信源就没有选题。甚至可以说，选题和信源是"一体两面"的事物。因此，在上一章讲完选题之后，接下来要讲的就是信源。当然，信源除了关乎选题还与采访密切相关，与采访相关的信源问题，会在下一章谈到。

深度报道的信源和一般新闻的信源既有相同的部分，也有一些自己的鲜明的特性。下面先看看一般新闻的信源，按照通常教科书的归纳总结，大概可以分为十种主要的信源。②结合笔者的新闻采写实践，分别概述如下：

一、通过党和政府的决策、决议及领导的活动、讲话获取选题

尤其对于党报、党刊、党网、党台，这是最主要的一类消息来源。比如每天中央电视

---

① 王玮：《论在新的时代条件下如何践行马克思主义新闻观》，《视听纵横》2016 年第 2 期。
② 刘海贵：《中国新闻采访写作学》，上海：复旦大学出版社 2019 年版，第 46 – 49 页。

台的《新闻联播》所播出的新闻、《人民日报》所刊发的新闻、《解放日报》所刊发的新闻，绝大部分都是来自党和政府的决策、决议以及党政主要领导的活动。大部分党报、党刊往往会指派政治和业务素质都比较高的记者采访这一类新闻。

二、通过党和政府的各种会议和简报获取选题

这类信源和上一类有相似之处，都是官方信源，但是也有两个方面的不同。一方面，上一类信源通常会由通讯员给记者提供一条新闻通稿，这几乎是一个新闻成品，至少也是半成品，各家媒体根据自己所在媒体的要求适当改写即可。而这一类信源提供给记者的更多是会议通知、会议材料，需要记者去写稿。另一方面，上一类信源通常都有主要领导参加，稿子必须发，而这一类信源中的会议未必有层级很高的领导参加，按照政治标准，不一定必须发。相较于第一种信源，这种信源其实更为常规，很多党媒记者日常最重要的工作就是开各种各样的会议，然后从会议内容中选择能够报道的角度，转变成新闻选题，这项工作看似简单，但实际上很考验记者的个人能力。

笔者曾经在《广州日报》负责广东省、广州市两级人大常委会这条线，当时省、市人大每两个月各开一次常委会，每一次常委会都有大量的审议文件交到记者手里，一般都有七八份甚至十几份。作为一名日报记者，不可能面面俱到地去报道这么多的文件，因为新闻版面是有限的，因此需要找自己所在媒体感兴趣的新闻点去写稿子，这就要求记者从一大堆文件里面找一两个最亮的新闻点，通常需要从几万字里找到有新闻价值的两三千字，然后再对相关部门或者人大代表进行补充采访，形成最后的新闻稿件。这个时期的采写经历对笔者来说是一段很重要的历练，因为它有效地锻炼了记者的新闻敏感性和快速成稿能力。

三、通过记者的耳闻目睹获取选题

记者作为一个每天在社会上生活的人，在日常工作和生活中也会接触到很多事件，通过耳闻目睹就可以发现身边潜在的新闻选题。比如说，之前提到的上海中环路上的被爆破的烂尾楼，在没有爆破之前，那栋楼已经烂尾20多年了，如果是一名在上海工作的深度报道记者，早就应该有选题意识，去挖掘烂尾楼幕后的故事。

做过记者的人都知道，很多日常的小问题在刚开始不足以成为新闻，但是等到问题积累到一定程度以后，借助于一定的新闻由头，就可以成为新闻选题。举个例子，复旦大学旁边的政通路人行道，在2016年之前没有铺设沥青路面，当时是用花砖铺设的，这条路是往返江湾体育场地铁站和复旦校园的必经之路，花砖路面不便于学生拖着行李箱往来。

2016 年，复旦大学新闻学院的一位学生在老师的指导下，写了一篇关于这条路的自媒体稿件，叫作《复旦学子呼吁：请给我们 700 米通往复旦的"坦途"!》。稿子引发了广泛关注，杨浦区政府也注意到了这个问题，有关部门经过调研后，对政通路的人行道进行了改造，铺设了沥青路面，极大地方便了学生通行。这就是一个把身边的日常事件转化成新闻报道的案例，说明对日常生活的观察能够有效地成为新闻的来源，这种来源的新闻稿件在媒体报道中的比例是很高的。

四、通过广大受众、亲朋好友提供选题

从机构设置上来说，各家报社、各个媒体单位都设有热线电话，广州日报社从 20 世纪 90 年代就设立了固定的报料电话，有一支十几个人的团队专门接听这个电话，每天 24 小时值班。在很长一段时间里，报料电话对报社来说是非常重要的一个选题来源，同时也是读者进行投诉和维权的一个重要途径，广州日报社的热线号码在广州市拥有很高的知名度。不过，现在通信技术发展了，媒体更多的是通过网络渠道获取新闻线索，热线电话不如以前那么重要了，但是新闻报料的通道依然还在。

五、通过互联网的搜索获取选题

随着互联网特别是移动互联网的发展，整个新闻生产方式和传统媒体时期相比有了巨大变化，互联网上的信息也成为深度报道的重要信源之一。2007 年，《南方都市报》刊发的重磅新闻"周正龙拍虎"系列报道，用大量事实证明周正龙所拍的华南虎照片是假的。这条线索最初就来自互联网，当时还是 PC 互联网时代，网友在多个网络论坛上指出了照片的可疑之处，记者随之展开调查，形成了这组影响深远的新闻报道。

六、通过线人的报料获取选题

所谓的线人就是掌握事件内部情况的人，通常是某一个案件或者某一种内幕交易的知情人士。当年导致美国总统尼克松下台的"水门事件"，就是线人向《华盛顿邮报》的记者提供了重要的新闻材料，后世将这位线人称为"深喉"。对这样的线人，媒体要特别予以保护，确保线人的信息不被泄露。

七、通过当事人的报料获取选题

线人的报料和当事人的报料有些区别，因为当事人是利害关系人，他提供的线索未必客观，所以记者对于当事人的报料要格外小心，要谨慎辨别它的客观性和真实性，必要的话需要采访更多的人来确认报料的准确性。与之相对，线人可能是当事人，也可能不是当事人，只是因为工作关系或者偶然掌握了有新闻价值的线索。

八、通过通讯员的提供获取选题

通讯员主要是指体制内的通讯员，比如说复旦大学和《解放日报》之间就有相对固定的通讯员，也就是复旦大学党委宣传部的工作人员，他们会和《解放日报》跑高校线的记者保持联系，如果有重要的事项，通讯员会主动向《解放日报》的记者提供线索。当《解放日报》的记者有什么需求，也会通过通讯员来寻找合适的采访对象。

通讯员是一个非常重要的新闻线索来源，特别是对于体制内的媒体来说，通讯员队伍的建设如何甚至可以影响媒体成败。一个优秀的记者会有很多优秀的通讯员来帮他进行新闻采写。同时，也有些记者个性较强，有自己的观点，当媒体的角度跟通讯员所在单位的角度不一致的时候，记者与通讯员的关系就可能出现问题，甚至会造成整个条线都陷入僵化状态，一个记者"把一条线跑死"，这种情况并不鲜见。记者要学会如何与通讯员长期相处。

九、通过其他媒体的报道获取选题

正如之前提到的，一些媒体受制于自己的定位不能深入做某一类或某一个选题，比如《南方日报》关于广东省的一些"问题报道"，只能点到即止，那么《南方都市报》作为《南方日报》的属下媒体，它可以继续把这些选题做深做大。因此，一个优秀的深度报道记者在日常工作中需要看很多其他媒体的报道，既要看直接竞争对手的报道，也要看跟自己具有差异性的媒体的报道。

十、通过媒体自己的策划获取选题

一般而言，媒体自己策划的选题属于静态选题，具体来说，这种选题又可以分成两种情况：

一种情况是，媒体刚开始只是对某个问题掌握了比较小的线索，还不具备做成重磅新闻的条件，但是记者顺着该线索继续调查了解，掌握的素材越来越多，最后做成了轰动性的新闻报道。比如《财经》所做的《银广夏陷阱》和《财新周刊》2017 年所做的《穿透安邦魔术》，记者一开始并没有把它当成重要的新闻，但是随着积累的材料不断增加，背后的问题不断暴露出来，于是在不断策划的基础上推出了连续的重磅报道。这种"策划"是一种自然而然的策划。

另外一种情况是，结合可预期的重大活动进行事先的新闻策划，在重大活动召开之际，推出一系列浓墨重彩的策划性报道，比如 2016 年 G20 杭州峰会召开的时候，杭州的媒体就做了非常多的相关报道。此外，在庆祝改革开放 40 周年、中华人民共和国成立 70 周年、中国共产党诞生 100 周年之际，各家媒体都根据自己的定位做出了各自的策划性报道。这种"策划"是一种有意识、有目的的策划。

第二节　深度报道的信源

深度报道和常规新闻都是新闻，因此它们的信源有很多相同之处，特别是通讯员、其他媒体、媒体自己策划、线人和当事人的报料，这些类别的信源对深度报道同样也很重要。不过，深度报道的信源也有一些独到之处，在上述信源之中，有一些信源对深度报道来说是比较特殊的，需要格外予以重视。

一、对深度报道来说，报料是很重要的一类信源

报料人可以是普通的老百姓，特别是某些新闻事件的利害关系人，比如当房屋拆迁、新建化工厂、新建垃圾焚烧厂等事件发生的时候，周边的住户就会向媒体投诉，他们就成了报料人。报料人也可以是政府官员，虽然现在官员报料越来越少了，但是也有一部分官员在特定的时候会向媒体求助和报料。

笔者做记者的时候，曾经遇到一个官员报料的事件。2007 年前后，湖南省一个地级市要建高铁，高铁站的选址引发了争抢，所涉及的几个县都希望高铁站建在自己县内，其中一个县的官员就找媒体反映情况，说高铁站的选址本来在自己的县，但是最后被另外一个县"抢走"了。这名官员给记者提供了详细的投诉材料，分析了各个县的位置、人口、经济等因素，以论证高铁站为什么应该建在自己县里。循此线索，报社派记者去湖南采访，

写了一篇"高铁争夺战"的深度报道，是一篇质量不错的报道。因为这样的事情不只是发生在湖南，全国很多地方都有类似的问题，通过阅读这篇报道，读者可以在这个问题上"窥一斑而知全豹"，对中国普遍存在的县域竞争有一个比较具体的了解。

在实际的采写操作中，深度报道常见的线人还有律师这个群体，律师一般是从一方当事人的角度向媒体报料，目的是让法院的判决有利于自己当事人一方。所以，记者在遇到这种报料的时候，一定要保持足够的谨慎，虽然律师对案件掌握的情况比较多，材料也比较丰富，但是因为立场关系，律师的说法未必客观，记者需要进一步核实。

扮演线人角色的还有学者，充当此类角色的学者现在没有那么多了，但是有一个时期，有些学者会和媒体保持比较紧密的联系，法学、社会学、经济学等领域中都有一些和媒体关系比较密切的学者，媒体记者会在和这些学者的互动过程中获得不少深度报道的选题。

还有一种是"职业报料人"，说是职业报料，其实大部分人还有其他工作要做，但是会花费比较多的时间和精力在给媒体报料上，这样的报料人曾经在全国各地出现了不少，但是随着互联网的兴起，以此为主要收入来源的报料人的数量也减少了。2006年《广州日报》刊发的《报料人痛并快乐自述　报料带来过千元收入》这篇报道，就介绍了和《广州日报》关系紧密的一位"职业报料人"：他是一名中学老师，日常生活中对各类新闻线索非常留意，会选择其中的一些线索报料给各大报社。他曾经做过一次大的报料，广州几家主要的媒体都采用了，收获的报料费总额超过了一千元，在当年也是一笔不小的收入。当然，"职业报料人"的做法也带来不少争议，他们有时候会受到别人的批评甚至是人身威胁。

在如今的互联网时代，来自报料的线索虽然在大幅减少，但依然是不能忽视的一类信源。广州一家报社的财务数据显示：2019年共发放报料费超过13万元，一年报社内采纳的有效报料有1 500多例，以五比一的正常采纳率计算，一年就有7 000多人报料。由此可以看出，报料是新闻来源的一个非常重要的渠道，报料人会给深度报道提供大量有价值的新闻线索。

二、对深度报道来说，既有文献材料也是一种重要信源

这里的文献材料是一个广义的概念，既包括来自各种数据库的学术研究论文、媒体报道，也包括记者自己通过资料检索、数据分析等方式获得的二手材料，这些文献资料都可以成为选题来源和报道过程中的援用素材。

2009年8月，《南都周刊》刊发了一篇名为《碘盐致病疑云》的深度报道，内容是探讨中国的食盐加碘政策的问题。报道指出，原本用来预防"大脖子病"的碘盐当时导致了

一些沿海高碘地区的居民"碘过量",这中间存在巨大的健康风险。这个选题事关非常专业的医疗问题,比如甲状腺疾病频发是否与碘营养过量有关?沿海居民是否应该补碘?面对这样的科学问题,一名记者是很难去判断的,在这种情况下,必须借助医疗专家的观点作为稿件的重要内容。因此,这篇报道中采用了如下许多专家的研究成果。

早在2007年,浙江舟山市人民医院院长张永奎就注意到了当地甲状腺疾病患者人数在激增。他特地查阅了医院的治疗记录:2007年到舟山市人民医院接受甲状腺疾病手术的患者达770多人,比五年前增加了500多例,其中甲状腺癌病例更是增加了1倍以上。更早的研究成果出现在2000年,原中国医科大学校长、内分泌科专家滕卫平,在发表于《中华内分泌代谢杂志》的一篇论文中,就已经提出了自己的判断:目前中国正处于甲状腺疾病的发病高峰。与滕卫平的判断相佐证的是,2001年,上海第二军医大学附属长海医院分泌科黄勤等人对宝钢集团进行了一次为期4个月的调查,发现确诊的310例甲状腺疾病患者中,有183例是在食盐加碘后3年半内发生的。此外,天津医科大学附属肿瘤医院钱碧云等人调查发现,1981年至2001年间天津市甲状腺癌平均年发病率为1.77/10万,且呈逐年上升趋势。

此外,我们看到,澎湃新闻等媒体近年来经常会从一些学术论文数据库中寻找自己的新闻选题,特别是有关学术违规的舆论监督类选题。

以上这些公开的调研报告和科研成果都可以转化成新闻的素材来源,最后成为新闻报道的有力支撑。如果一篇专业性的解释性报道没有有效地利用专家的研究成果,报道的说服力就会大打折扣。深度报道记者要非常善于利用这些已有的学术文献,拓展自己的报道领域和深度。

综上所述,深度报道的信源与一般新闻的信源相比,报料线索、文献材料、互联网信息等非官方渠道的来源占比更高,这是深度报道和一般新闻报道的一个显著不同之处。深度报道的记者常常需要面对怀抱着各种不同动机来报料的人,需要有强大的鉴别能力来识别有价值的新闻线索。同时,深度报道特别是解释性报道还要求记者要有比较熟练的文献检索能力,这些特殊性都使得深度报道在实际操作时的难度高于一般新闻。

第三节　信源的分类与日常维护

一、信源的分类

依据不同的标准,可以对信源进行多种分类。

（一）来源于物的信源和来源于人的信源

证据学上有一个最简单、最常见的分类方法，是把证据分为物证和人证两类。在信源上，也有类似的分类。来源于物的信源相当于物证，就是来自实物的信源；来源于人的信源相当于人证，主要是口头证明。记者去一个突发的爆炸现场采访，直接用眼睛看到的现场场面是物证，采访消防员和附近的居民等获得的信息就是人证。二者相比的话，物证的证明力更强一些，这类似于司法机关办案，物证是最可靠的证据，因为它相对来说不容易造假，而人证更可能因为各种原因存在造假行为，进而导致不真实的说法产生，因此不能够轻信，需要反复验证。

但是新闻采访毕竟不同于司法机关办案，记者收集物证的能力和手段都很有限，采访中能够搜集到的物证通常比较少，稿件中采用物证的概率也比较小。绝大部分情况下，记者都是通过对人的采访获取素材，而人所说的话有可能是不可靠的。因此，记者需要对人证进行进一步审查核实，至少要采访到正面和反面两方面的素材，如果还能采访到来自第三方的中立素材，互相验证，那就更加牢靠。

（二）权威信源和一般信源

信源还可以按照权威信源和一般信源进行分类，这种分类方法在采写实践中用得很多，不但具有理论意义，而且具有实践意义。

权威信源通常是来自政府部门或者企事业单位公开的官方消息源，是直接可以用、通常不需要记者进一步核实的消息源。但是权威信源也并不是万无一失，也会有出错的时候，这时作为媒体要及时跟进相关机构更新后的内容，以弥补之前信息发布的错漏和不足。

相比之下，记者采用一般信源时需要更加慎重，这些信源包括来自网络的、报料人的、当事人的信源，需要进行可信度的评估和核实，包括了解信源是怎样获取他所报料的信息的，是亲身经历还是道听途说？信源的观点有多大的代表性？特别是群体性的投诉，能不能代表大多数人的立场？信源过去的可靠性和声誉怎么样？信源提供信息的动机是什么，是否有私人利益牵涉其中？是否有其他能帮助记者进一步查证的信息？这些都需要记者依靠经验去做综合判断，进而评估信源的可靠程度。

二、信源的日常管理和维护

长期做深度报道的记者需要重视管理与维护信源的问题，虽然信源来自各个不同的渠道，但是会有一些相对长期和固定的信源。深度报道记者不能把每次的采访当成"一锤子买卖"，如果把每次的采访仅当作短期行为，对信源的管理和维护就是不够的，从长远来看会影响媒体的可持续发展，也会影响记者的可持续发展。

一般来说，信源的日常管理与维护需要做到以下六点。

（一）要研究和熟悉信源

记者面对的信源中有一些是可以进一步发展为朋友关系的，无论是律师、人大代表、政协委员，还是一些长期的报料人，他们在社会中接触各个方面的新闻线索比较多，时间一长，也有一些线索会自动地向这些群体汇集。记者如果有这样一个"朋友圈"，对获取深度报道的信源会非常有利。记者在跟这些信源长期和多次的合作过程中，会逐渐建立起一种彼此信任的关系，这样的信源值得记者去精心维护。

如果是第一次接触到的信源或者熟悉度、信任度没有那么高的信源，那么记者一定要做好对信源及其所提供的线索的"案头"工作。比如，可以利用互联网搜集相关信息，做到对信源提供的线索足够熟悉，有利于接下来对其提供的信息做出综合判断。

（二）要建立和定期更新信源数据库

建立和定期更新信源数据库既是记者个人应该养成的一个良好习惯，也应该成为一个媒体组织或采编团队的制度要求。

个人的习惯是指记者应该将所有采访对象的信息和联系方式进行分类整理，建立一个比较完备的通讯录，这个工作难度不大，但贵在持之以恒。这种习惯能否养成和记者的个性有关，有些记者这项工作做得非常好，如果要找一个领域的采访对象，他可以在短时间内提供很多候选人；但是也有一些记者属于"黑瞎子掰棒子""干一票是一票"的类型，采访完就找不到采访对象的名片了，再遇到类似的采访还要重新开始，这不是一个好习惯。记者应该养成良好的对信源的积累习惯，并且持之以恒地去做。

比个人更可靠的是制度。实践中，一些媒体机构会把信源数据库的建设和积累工作固定为一项制度。媒体的记者拿到的信源资源不仅仅是个人的，也是组织的，需要定期在媒体内部共享数据库内容，大家都为数据库添砖加瓦，最后得到的回报也会非常明显。笔者当时在广州日报社担任部门主任的时候，就对这项要求做了明确的规定：记者要定期把采访对象的相关数据进行更新和完善。

（三）要善用新媒体获取新闻来源，这是大势所趋

以前的新闻线索基本上靠通讯员、热线电话、报料人等传统的渠道获取，但是现在无处不在的网络和活跃于其上的网友组成了一个巨大的信源网络，如果要做好新闻，一定要善于利用网络信息，特别是微信、微博的信息抓取。现在很多新闻作品都运用了大量的网

络素材，甚至可以说是"无网络，不新闻"。不过，要注意的是，网络信息真假难辨，记者除了需要具备信息收集、分析能力外，还要做好事实核查的工作。

（四）要特别关注和挖掘"中间层"信源

传统通讯员没有以往那么重要了，但这只是相对而言的，事实上，维护好通讯员网络对记者来说依然重要。只不过，在搭建和维护通讯员网络时，需要适当地下沉。做过记者的都知道，在行政机关或者企业采访时，最好的采访对象是级别高的管理人员，级别越高，采访的价值越大。但是在实际的采访中，高级别的人能够接受采访的概率很小，这时候记者就要多联系有发言权的下一级别的对象，把他们作为重点采访群体，这就是"中间层"信源。比如有关教育系统的新闻，如果能采访教育局局长当然是最好的，但是采访不到局长的话，采访到主管的处长也可以做出很好的新闻，他们对某一方面的工作可能更加熟悉。

当然，在采访的准备阶段，记者很难精确判断能够采访到哪些人，所以刚开始的时候要采用"全面进攻"的战略，多方联络，当"全面进攻"到了一定阶段的时候，就需要选择"重点进攻"。一般来说，记者从"中间层"获取信息的可能性要比高层更大一些。不过，现在绝大部分机构都建立了新闻发言人制度，新闻发言人一般是这个机构的唯一新闻出口。在这种制度下，一般的中层领导也不会直接接受记者的采访，要接受采访，需要得到特定的授权。

（五）要避免滥用专家信源

相较于党政机关和大公司、大机构的高层来说，专家通常更容易接受记者采访，但专家一般不是最优的采访对象，而是采访不到政府、企业等核心信源情况下的次优选择。

另外，因为专家更容易采访，所以记者在采访的时候，要更加注意对专家的筛选，要确认所采访的专家对记者所报道的问题是真的有研究。采访的专家越权威，新闻稿件的可信度就越高，所以要选与新闻主题紧密相关的专家进行采访。专家采访的内容不是用来点缀稿件的装饰品，一定要有真材实料，什么问题都能回答的"万能专家"要慎重选择。

（六）要经常反思记者与信源之间的关系

记者离不开信源，同时又不能和信源的立场保持完全一致，二者是一种既相互依赖又各自独立的关系。处理好与信源的关系是一项很有艺术性的工作，既要保持谨慎，对信源提供的素材应当进行核实、验证，也要建立彼此的信任，这样双方相处会更融洽，有利于采访的进行。

第四节　信源使用的基本规范

一、信源使用不当造成虚假新闻

虽然我们已经在理论上介绍了多种合理规范使用信源的标准和要求，但是在实际的采写实践中，受到主观和客观等各种因素的影响，核实不力的案例经常发生。记者如果对信源核实不力，就会导致虚假新闻的产生，这方面的教训实在是太多了。

《南方周末》关于"袭警案"的报道是一个比较早的案例，但是直到今天，其中的教训仍然值得汲取。这篇报道刊登于 1993 年 7 月 30 日《南方周末》第 5 版"人与法"专栏，主要内容是在地处"三省交界之处的 B 市"，一个犯罪团伙杀死了一位叫陈本昌的警察和他的幼儿，并且侮辱了他的妻子。后来由于一个偶然的机会案情大白：作案的团伙是一对夫妇和 B 市某出租车公司的调度，这对夫妇多年未孕，希望找人"借种"生子，遇到这个调度后，双方一拍即合。陈本昌和另一名警察制止了他们的不法行为，并且按照治安管理条例进行了相应的处罚。为了进行报复，这对夫妻和出租车公司的调度合伙犯罪，然后出逃。

从这篇报道可以看出，1993 年的《南方周末》和现在以"时政大报"定位的《南方周末》有所不同，这个时候的《南方周末》正处于从刊登娱乐新闻、社会新闻向主打时政新闻转型的过程中。在这篇新闻稿件中，"三省交界之处的 B 市""瓜分了用各种非法手段巧取豪夺来的 20 多万元人民币之后出逃"等表述是非常笼统、不清晰的，本不应该出现在严肃新闻中。或者说，这本来就不是新闻的写法，而是小说的写法。

刊发之前，《南方周末》编辑部也进行了一些核实工作，但最终还是决定把这篇稿子发出来，最后证实是一篇假新闻。据悉，"袭警案"报道的作者是江西省铁路局的一位作家，当时《南方周末》的一位编辑 A 到江西向他组稿，另外一位编辑 B 看到这篇稿件后认为很有可读性，建议发表，编辑 A 就叫另一位编辑 C 打电话进行核实，编辑 C 联系了作者的工作单位、江西省作家协会、作者妻子的工作单位，但是都没有找到作者本人。三位编辑商量后，认为稿件是用复写纸写的，很可能是"一稿多投"，如果登得晚了，会被其他媒体抢先发表，于是便决定刊登。[①]

报道刊出后，广东省公安厅给《南方周末》编辑部打来电话，说公安部有个副部长对

---

① 　左方：《〈南方周末〉停刊风波》，《炎黄春秋》2014 年第 10 期。

刊登的"袭警案"报道的事情很关心，想知道案发在哪个派出所。于是编辑 A 再次给作者打电话确认，这时作者已经回到家中。他说"故事是从一个公安人员口中听来的"，他也不知道是哪个派出所，并且承认稿上的细节都是虚构的。

新闻是假的，《南方周末》只好刊登了一份检讨，向读者致歉，并在上面加了一个《本报郑重声明》，声明"人与法"是新闻版，稿件不允许虚构，造成该篇假新闻的原因是原作者故意造假，并就编辑部把关不严向公安部门和广大读者致歉。

这是一个对信源审查不到位导致假新闻出现的案例，当然这和那个时期特殊的新闻状况有关，当时媒体自己的采访力量严重不足，比较依赖于编辑组稿和作者投稿，因为稿子不是出自报社的记者之手，所以造成假新闻的可能性更高。《南方周末》完成转型之后，扩大了自己的采写队伍，强化了采访力量，有效地降低了这种情况发生的概率。

但是历史是会反复的，到了今天的网络时代，类似的案例频频发生，因为网络给了虚假新闻更大的空间和更便利的生产条件，这提醒我们要完全杜绝假新闻依然任重道远，只能靠记者和编辑尽力去减少。

二、信源使用的基本要求

深度报道中信源的使用非常重要，而在使用过程中，又很容易出现问题，所以在运用信源时要遵守一些基本的规范，避免不合规行为的出现。

（一）慎用单一消息来源，使用"三角定位"法则

理论与实践总是存在一定程度的背离，在实际的新闻采写过程中，很多时候虽然记者不想使用单一消息来源，但是又找不到其他的消息来源，为了应对紧迫的发稿任务，只能采用单一消息来源。紧急发稿是媒体工作的一大特性，一是新闻本身要求有时效性，二是媒体之间也存在激烈的竞争，同样一条稿，早发和晚发，差别很大。除了时间的紧迫性之外，记者可能和信源已经建立起了比较好的互信关系，对信源的信任也可能促使记者采取单一信源。虽然有种种原因，但只要采用单一信源，这个过程就是有风险的。

2021 年 10 月 23 日，微信视频号"吕先生凉山行"发布了一则"叔叔只能这样了"的视频。视频中凉山彝族自治州美姑县一小孩站立在破旧的房屋面前，说自己无父无母，实在太贫穷，只能帮邻居干活以照顾抚养弟弟妹妹。短时间内，该视频就获得转发和点赞 10 万＋与评论 3.5 万＋的传播量。另外，该视频和事件还被一些媒体转发，向更大的范围传播。视频内容引起美姑县高度重视，迅速联合视频中反映的有关乡镇党委政府、村两委、县公安局、乡派出所到现场实地调查核实。据实地走访调查，视频发布者"吕先生凉山行"到美姑县九口乡勒合村进村找到小孩吉克尔布，让小孩到一处破旧的闲置房前，弄

脏小孩的脸，并打灯光照在小孩脸上，让小孩诉说自己的悲惨、可怜生活，之后给小孩发放鞋子、衣服、学习用品。10月23日晚，四川日报社记者从凉山彝族自治州委宣传部获悉，在网络通过视频号发布虚假不实视频的吕某被依法传唤，要求其立即删除虚假不实视频，并公开道歉。

从上述事件可以看出三个方面的内容。第一，在信源的采用上，多方信源的采访核实已经成为读者对新闻报道提出的一个"程序性"要求，没有多方信源，哪怕报道的事实没有问题，也会成为稿件的"硬伤"，因为程序有缺失。第二，在新媒体环境下，"人为制造"的假新闻出现的频率在升高，媒体在援引或者进一步做跟踪报道的时候，需要更加谨慎，面对没有一手核实的所谓信源和新闻，一定要倍加小心。第三，信源运用的基本要求是"三角定位"法则，对同一件事情，如果能够从中性、正面、负面三个方面给予不同的消息源的佐证，那么报道内容基本上就可以立得住。[1] 比如记者要报道一个涉嫌行凶的案件新闻，如果公安检察机关的中立看法、肇事者一方人讲述的看法、被害人一方的看法，三方的说法都能够采访到，那么这个案件基本上就可以被定性和报道了。

当然，新闻采访是一个时效性很强的工作，很多情况下三方未必都能够采访到，但这是一个目标，我们要朝着理想的目标去努力，特别是在有争议的和负面监督的选题上，更要朝着这个方向去努力。

（二）坚持"两个以上独立消息源"原则

这个和"三角定位"的原则类似，如果不能够采访到三方信源，那么有两个以上独立消息源能够证明同一件事情，基本上也可以采信。比如，某个地方发生了一起案件，假设有两个独立的报料人打电话报料，他们两个人不属于同一个群体，但说的是同一件事情，那么它的可信度就比较高。

在深度报道的采访和写作过程中，通常有一个不成文的规定，就是大约1 000字需要有一个信源。如果是一篇5 000字的深度报道，那么一般来讲至少要有5个不同的信源；假如5 000字都是同一个信源提供的，那么报道的可信度和权威性就会比较低。

名人专访的信源通常来讲就是采访对象一个人，但是对于一些要求比较高的记者和媒体来说，除了这位名人或者焦点人物本人的采访之外，还需要采访他的家属、朋友、合作伙伴、员工等身边关系紧密的人，比起单独采访一个人，这样采访得来的报道内容和层次会更加丰富、立体。

校园媒体经常会有对校友的采访，校园媒体的定位决定了它们的报道都是正面报道，看起来比较容易采写。但即便是这样的正面报道，如果要把它写好，也需要采访校友本人

---

[1]　张志安：《深度报道：理论、实践与案例》，北京：高等教育出版社2015年版，第66页。

之外的其他关联人物，这样可以让人物的形象更加立体化。如果通篇报道的信息都来自校友本人，一则不符合采访的伦理要求，二则显得可信度不高。

（三）关键消息源要反复核实，尤其是牵扯到定性的时候

马克思主义哲学告诉我们，事物的变化一般会经过从量变到质变的过程，在一定的数量范围内，事物的性质会保持稳定，不会发生质的变化，但是一旦越过某个临界点，事物就会发生质变。新闻记者在采访的时候，也要特别注意这个临界点的变化，因为会直接关系到对事件的定性，在临界点的采访上，要花费特别大的力气。比如，民法上规定了民事行为能力的认定标准，"十八周岁以上的自然人为成年人。不满十八周岁的自然人为未成年人。成年人为完全民事行为能力人，可以独立实施民事法律行为。十六周岁以上的未成年人，以自己的劳动收入为主要生活来源的，视为完全民事行为能力人"，这里的 18 岁和 16 岁就是两个关键的年龄，记者如果采访这样的民事案件，就要把当事人的年龄弄得很清楚，差一天都不行。

（四）对匿名信源进行保护，但又要慎用匿名信源

这里有两个问题，一个是对匿名信源进行保护，特别是在一些监督性报道里面，一旦透露匿名信源，可能会影响到信源的人身安全或者发展前景，所以记者和媒体是有义务保护匿名信源的。

《华盛顿邮报》当初发表的引发尼克松下台的"水门事件"报道中有一位重要的匿名信源，大家一直不知道这个人是谁，称之为"深喉"。直到 2006 年 5 月 31 日，91 岁的马克·费尔特才向公众公布，他就是人们所说的"深喉"，当时他的身份是联邦调查局的副局长，曾经向《华盛顿邮报》提供了尼克松总统掩盖"水门事件"的材料，而《华盛顿邮报》的记者为费尔特提供了长期的保护。

我国也有类似的事件发生。2004 年，广州市天河区人民法院对广州华侨房屋开发公司诉中国改革杂志社一案件做出判决：《中国改革》杂志的两篇报道《两种改制两重天》《谁在分"肥"》不构成侵权，驳回了原告广州华侨房屋开发公司关于《中国改革》杂志名誉侵权的诉讼请求。

这个案件的一个核心问题是，向《中国改革》杂志提供重要新闻线索的信源要不要去法庭上作证？因为一旦出庭作证，这名信源的身份就公开了，就无法保护信源的人身和名誉安全了。当时天河区人民法院支持了《中国改革》的诉讼请求，没有让信源出庭作证，而且最后官司胜诉，有效地保护了信源。

但是在美国，如果法官要求信源出庭作证而信源不出庭，就有可能构成藐视法庭罪。1978 年、2005 年《纽约时报》先后有两名记者因为保护信源被定罪。《纽约时报》的记

者为了保护信源，宁可自己坐牢，也不透露消息的来源，这是美国媒体一个重要的新闻伦理准则。

在保护匿名信源的同时，我们也要注意另外一个问题，就是记者不能滥用信源保护，对匿名信源的保护仅限于涉及重大公共利益、别无其他消息来源的条件下。除此之外，所有的信源应当是公开透明的，不能虚化，不能用假名和笔名。有不少新闻报道里使用匿名信源，不是出于对信源的保护，而是出于记者的偷懒，是记者在编造采访对象的名字甚至新闻事实。一言以蔽之，"匿名消息来源可能是假新闻的温床"①。这是中外新闻界的一个普遍现象，需要引起高度注意。

第五节 两家媒体有关信源使用的规定

信源的使用在记者的采访中，具有非常重要的地位。这一方面是作为个体的记者要遵守的戒律；另一方面，很多媒体组织也会制定相应的规范，用来指引记者的采访活动。这里举两个简单的例子，一个是《广州日报》2005 年制定的采编守则，一个是《瞭望东方周刊》制定的采编守则。

一、《广州日报》关于信源使用的规定

《广州日报》在 20 世纪 90 年代到 21 世纪 10 年代的报业市场化改革中扮演了排头兵的角色，当时对采编工作提出了一系列要求，也制定了相应的采编守则，其中关于信源有如下主要规定：

（一）记者要把消息来源说清楚

应当向读者清楚说明消息的来源，对于被采访个人或单位，要写清出处，写全个人姓名或机构名称，说明被采访者身份会使其面临严重人身威胁的情况下除外。每一个事实来源都必须做到有根有据，避免使用模糊的说法。最好的消息来源是记者的亲眼所见；有名有姓的消息来源次之；最差的是匿名消息来源，如"广大群众说"。

---

① 展江、彭桂兵：《媒体道德与伦理·案例教学》，北京：中国传媒大学出版社 2014 年版，第 295 页。

（二）尽量避免匿名消息来源

使用匿名消息来源有可能会损害新闻的可信度，因此《广州日报》将尽量避免使用匿名消息来源。如果不得不采访那些不愿透露自己身份且掌握着重要新闻信息的消息人士时，应避免使其成为任何报道的唯一依据。对于匿名消息来源所提供的信息，往往可以通过那些愿意被指出其姓名的消息人士，或者通过各种文件资料来加以验证，记者应当尽最大的努力进行这种验证。

（三）避免以保护信源之名行懒惰之事

在实际操作过程中，每一条规定都严格贯彻是有难度的，但是《广州日报》的目标方向是尽量避免使用匿名消息来源，特别是要避免以保护之名行懒惰之事，在当前的网络环境中，这是我们要绝对防范的一种情形。报社有义务保护匿名提供消息者。匿名消息来源人的身份将不会被透露给《广州日报》以外的任何人。报社不允许使用匿名消息来源进行人身攻击。

二、《瞭望东方周刊》关于信源使用的规定

《瞭望东方周刊》关于信源的采编规范，有如下规定：

（一）新闻稿件必须有 5 个以上独立的新闻源

对于稿件中涉及的事实和数据、引证的观点和分析，必须明确交代信息来源。信息来源必须是具体的人，具备完整的单位名称、职务和名字。禁止"某某集团对《瞭望东方周刊》说""某某集团对《瞭望东方周刊》表示"这类"某某单位说"的表述。对信源正确的介绍顺序是"单位＋职务＋名字"，不得出现"李主任说"这类表述。

（二）采访对象在稿件中首次出现时要符合规范

引出首次出现的采访对象的规范为"某某对《瞭望东方周刊》说"，此后出现可使用"某某对本刊记者说"，或者"某某说"。文内不得出现"某某对记者说"的字样。

（三）对匿名信源的使用提出明确要求

如出于保护信息提供者目的而隐去其真实身份，记者在来稿中应加以详细说明。若摘引其他媒体报道内容，要明确刊名和刊发日期。此外还应注意的是，一般不称呼采访对象为"先生""女士"，也不用"您"。

复习思考题

1. 认真阅读并比较《南风窗》和财新网所刊发的关于同一主题的两篇报道（比如，2022 年 3 月发生的东航空难报道），把两篇报道涉及的所有信源都列出来，对比两家媒体在信源使用方面的得失。

2. 阅读某一天的《人民日报》和《第一财经日报》上的主要稿件，对比两家不同定位的媒体在信源使用方面有何不同。

3. 2021 年 2 月，一篇名为《另一个拉姆》的自媒体文章传遍微信朋友圈，作者是一位前媒体人，文章引发广泛讨论。认真阅读这篇文章，从信源的角度思考这篇文章的得失之处。

第六章

深度报道的采访

继深度报道的选题、深度报道的信源两个部分之后，按照深度报道的操作流程，本章将开始讲解深度报道的采访部分。采访是深度报道采写中的重要一环，和信源的选取一样，采访是保证新闻真实性的另一个重要过程。

马克思主义世界观认为，世界是物质的，客观的物质存在决定主观的思想意识。这一基本观点体现在新闻舆论工作中，就是要求新闻报道要坚持实事求是。实事求是是马克思主义的思想基础，是中国共产党的思想路线，是我国社会主义新闻工作的根本出发点，也是我们在新闻实践中必须遵循的一个重要原则。毛泽东在《〈政治周报〉发刊理由》一文中连用四个"请看事实"，深刻阐明了新闻报道"用事实说话"的基本原则。[①] 这些要求用在深度报道的采访环节上，十分贴切和恰当。

第一节　深度报道采访的特殊性

一、采访不周导致"新闻反转"

先说一个案例，是笔者2011年在广州日报社担任部门主任时发生的一件和采访有关的事情。当天报社的热线电话中心收到了一个报料，说在广州市的芳村（现归属于荔湾区）发生了一个突发事件，一个小孩遇到了一个"拐子佬"，也就是拐卖小孩的人贩子，那几年全国各地的媒体经常刊登这样的案件。

收到报料后，值班主任派出报社记者去采访，当时整个政文新闻中心有50多名记者，以跑各个线口的记者为主，同时还有一些机动记者，主要是做这类突发新闻。记者采访回来后迅速写好了稿子，第二天见报。报纸一出街，相关的信息就反馈到了报社，说这个报道有失实之处，被报道的这个人不是"拐子佬"，而是一个见义勇为的人，此人帮助迷路的小孩找到了家人。

事情发生了大反转，也就是今天所谓的"新闻反转"，当事人从稿子里的犯罪嫌疑人变成了一个好心人。到底哪种说法准确？记者又做了进一步的采访，这次采访到了芳村当地派出所的警察，证实后面的说法是可靠的。既然如此，在后一天的报纸上，《广州日报》又继续跟踪报道了该事件，纠正了前一天的错误说法。

之所以提及这个事情，有两方面的原因：

---

① 丁柏铨：《论中国共产党对新闻传播规律的探索与认知》，《新闻大学》2011年第2期。

其一，像这种动态的、不断演进的情况是记者经常要面对的，记者在时间紧迫的情况下所采访的人不一定是很知情的人。这位记者第一天采访了在广场上活动的大妈，大妈虽然在事发现场，但她掌握的情况可能是片面的。即使记者第一天就采访了警方，这是很权威的信源，但是因为事发突然，警方也有可能在短时间内无法完全掌握准确情况。因此，第二天继续做跟踪报道是必要的，媒体要力图在动态报道中呈现出关于事件的比较完整的、真实的画面。在理论上，这叫作"动态的真实"。

其二，这个"反转"事件对于记者来说是一个深刻教训，如果知道真实情况是这样的，第一天宁可不发稿，也不能发错稿。事发时，这位记者刚刚大学毕业到报社工作，是一位很年轻的记者，他本来以为自己掌握了事实之后才写了这个稿件，没想到事实出现了差错。这就提醒记者，在新闻报道中，差错每时每刻都可能发生。随着记者经验的增加，差错会有所减少，但完全不出现问题也不现实。针对这样的情况，对于报社的管理者来说，既要批评指正，同时也要注意保护记者的积极性，让记者"吃一堑，长一智"，尽量少犯类似的错误。

这还只是一个简单的报料新闻的采写，回到深度报道的采访，情况就更加复杂了。深度报道的记者要把一件复杂的事情说清楚，甚至是要把某些部门、某些机构故意隐瞒的事情调查出来，难度要比写突发新闻、报料新闻大得多。在上一章所讲的信源问题中，我们已经通过几个案例感受到了问题的复杂性。

这一章主要谈以下几个问题：深度报道采访有什么特殊性？深度报道采访的主要形式有哪些？深度报道要采访什么人？如何联系采访对象？深度报道采访前要做哪些准备工作？深度报道的采访如何进行？如何处理采访到的素材？深度报道采访中如何防范风险？

二、深度报道采访的特殊性

深度报道采访与一般新闻采访既有相同之处，也有不同之处。一般新闻采访指的是新闻工作者为搜集新闻素材所进行的专门活动，目的是获取新的信息或者某一领域的专门知识。采访是新闻工作的重要一环，俗话说，新闻是"七分采，三分写"，这说的是采访在整个新闻采编活动中的重要性，相比于写作而言，采访更加重要，特别是在短消息的采写之中，采访的重要性显得更加突出。不过，在深度报道中，因为素材多，稿子长，逻辑、写法和写作技巧也很重要，可能是"六分采，四分写"或者"五分采，五分写"。总之，就算是深度报道，采访环节依然是重要的组成部分。

相比于一般的新闻采访，深度报道的采访还具有一些自身的特殊性。所谓特殊性，是跟一般的、跑专线的采访相对而言的。上面提到的广州日报社的政文新闻中心，是一个比较大的采访部门，这个部门当时有50多名记者，大多数是固定跑某一个或几个线口的，比如市委、市政府、人大、卫生、教育、公安、法院、街区、农村、经济等，这是日报社常规的一种分工方法。和这些记者相比，从事深度报道采访的记者不是某一个线口的记者，今天可能做一个关于火灾的选题，明天可能做一个关于地震的选题，后天可能做一个关于环保或者卫星发射的选题。

和专线新闻的采访比较起来，深度报道的采访有以下几个突出特点：

第一，通常都是主动的采访。

深度报道记者采访一般要主动地"扑出去"，而跑线记者则比较多的是由通讯员"喂过来"。深度报道记者要自己找选题、自己联系采访对象，扮演的是"主动出击"而非"被动喂料"的角色。

第二，通常都是大量的采访。

因为跑线记者所打交道的机构通常都是各个领域的权威机构，一般情况下，只要是这些权威机构（通常是政府机构和企事业机关，也包括一些有名望的、有公信力的大公司）公开给记者提供的信息，记者可以直接拿过来引用，写进自己的稿子里去。这是跑线记者的通常工作方式，有三个原因：其一是记者的发稿要追求时效性，要在尽可能短的时间内把稿子发出去；其二是媒体之间有强烈的竞争，哪一家稿子发得慢，会渐渐被读者嫌弃；其三是信源足够权威，万一事实有出入，负主要责任的也是信息发布一方。

与跑线记者的采访情况相比，深度报道记者的采访有明显的不同。比如，某地可能出现了疫情，作为政府机构的当地卫健委还没有掌握到疫情的相关信息，但是根据媒体收到的报料电话、医生透露出的信息、网络帖子等其他信源，综合判断可能已经有疫情出现，甚至局部地区的疫情已经很严重了，深度报道记者就要深入医院采访，到患者家里采访病人的家属，通过各种渠道去反复核实，对不同信源进行交叉印证，力图解答这个疑问——这一地区是否发生了疫情？深度报道记者所做的就是这样的大量的采访，不能只根据新闻发布会写稿。

第三，通常都是艰苦的采访。

深度报道记者经常在外出差，作息没有规律，甚至有时候要风餐露宿，个别时候还会跟采访对象、保安等发生语言甚至是肢体冲突。比如2020年4月，在河南原阳"四名孩子被埋"的采访中就发生了记者与当地人之间的肢体冲突。记者在外地采访，人生地不熟，甚至要躲避"围追堵截"，这种采访通常来说是很艰苦的。深度报道的成就感不是建立在轻松的"游山玩水式"的采访上的，记者要做好吃苦的准备。

第四，通常都是跨地域的采访。

从事深度报道的记者的视野是全国性的，甚至是全球性的，这就给采访带来了比较大的困难。在本地采访，记者掌握的各种采访资源丰富，熟悉本地的风土人情，但是一旦跨地域采访，到了外地，采访难度就增加了很多倍。

第五，通常都是跨行业的采访。

前面说过了，深度报道记者不同于跑线记者，经常需要做跨行业采访，在不同的行业中不断跨越边界。这对记者的知识积累、快速学习等都提出了比较高的要求。

第二节　深度报道的采访形式

采访的形式多种多样，这里主要介绍两种常见的分类，分别是直接采访和间接采访、现场采访和非现场采访。

一、直接采访与间接采访

采访有不同形式，首先可以分为直接采访和间接采访两种。直接采访是记者与被采访对象发生直接联系的采访方式，间接采访是记者不与被采访对象有直接联系，而是通过文献阅读、数据收集等方式完成的采访。

（一）直接采访

直接采访是记者与被采访对象的直接交流，提问和回答不经过第三人，是最多见、最常用的采访方式。只要具备条件，记者都要把直接采访作为首选采访方式，直接采访又包含多种形式。

1. 面对面采访

这是首选，因为记者采访获得的材料不只是被采访对象所说的话，通过面对面采访，记者还可以搜集到受访者的言行、表情、动作等一些通过语言无法表达的信息，包括办公室的布置、个人爱好。比如，在咖啡馆采访，记者就可以观察到被访者喜欢哪种咖啡，有了这些细节，报道可以写得更加有可读性。当然，在咖啡馆采访虽然是一种相对比较好的选择，但如果和在受访者的办公室采访比起来，后者是更好的选择。

2. 书信采访

在早期通信条件比较差的时候，有些记者会通过给受访者写信的方式进行采访，现在随着手机、网络等现代通信手段的普及，这种采访方式基本不用了。

3. 传真采访

传真常用于发送采访提纲等内容，比书信采访便捷，特别是在对一些大公司和政府机构、事业单位的采访中，受访者通常需要记者把采访提纲传真过去。1998 年，笔者刚到广州日报社工作的时候，正赶上长江发生大型洪涝灾害，记者去湖南采访洪灾的时候，要随身携带传真机，以便及时发稿给报社。不过，随着电子邮件、微信等方式的普及，传真采访也越来越少了。

4. 邮件采访

如果知道被采访对象的邮箱，记者就可以通过邮件进行联系和采访，这是一种比较方便的采访方式。一般的政府机构和商业机构都会在官方网站上公布邮箱，虽然这些邮箱不一定经常被打开，但在没有其他更直接的联系方式的情况下，发邮件采访算是一种有效的补充方式。

5. 电话采访

电话采访是记者与采访对象约定时间进行远距离采访的一种方式，也是一种比较灵活机动的采访方式，更是当下记者经常采用的一种方式。电话采访又分为固定电话采访和移动电话采访两种，在办公室首选固定电话，因为信号稳定，其他情况下可以用手机采访。如果是重要采访，无论通过哪一种电话采访，最好都同步进行录音。

6. 即时通信工具采访

这是近年来伴随移动互联网的快速发展而兴起的采访方式，记者可通过微信、QQ 等应用程序进行采访。通过即时通信工具完成的采访，可以是文字的、语音的，也可以是视频的，形式丰富多样，非常便利灵活。

7. 暗访

这是一种特殊的直接采访方式，也是深度报道记者常用的一种采访方式。暗访在伦理上是有争议的，但在我国的媒介和法律环境下，暗访在现阶段是不可避免的，尤其是报道负面选题时。2009 年 4 月，《广州日报》的两位女记者去贵州习水采访一起性侵幼女案。因为是负面题材，通过明访的方式采访不到实情，两位记者就装扮成服务员到事发的酒店应聘，被酒店录取后在里面工作了一段时间，通过这种方式获取了一手的素材。中央电视台曾经有一个著名的节目叫"每周质量报告"，其中很多素材也是通过暗访的形式拍下来的。

（二）间接采访

与上面所讲的直接采访相对应的是间接采访，它指记者与被采访对象不直接打交道，但是被采访对象在工作上或历史上留下了资料和数据，记者对这些资料和数据进行挖掘、搜集、分析、加工、梳理，掌握被采访对象的相关情况。这种采访方式在网络时代被运用得越来越多，是当下不可忽视的一种采访方式。

间接采访也可以说是一种"二手"采访的方式，这种方式是基于对文献资料的掌握和分析，具有比较强的可靠性，有时甚至比面对面采访获得的材料更加真实，毕竟面对面采访存在故意欺骗隐瞒的可能性。

1. 数据挖掘

通过公开的财务数据等内容进行挖掘，找到记者所需要的素材。《财新周刊》2017年第17期封面的深度报道《穿透安邦魔术》就是数据挖掘的一个典型例子（如图6-1、图6-2所示）。作者是一位注册金融分析师，当时没有采访到安邦保险的负责人吴小晖，但是因为作者是做金融工作的，对财务数据很熟悉，搜集到了安邦众多子公司的工商注册信息，然后对这些信息进行分析，发现安邦很多的子公司存在"股权套股权"的隐秘的内部关联交易，说明安邦保险有大量的虚假、造假成分，最后写成了这篇重磅报道，直接导致了后续安邦公司和吴小晖本人被调查。

《财新周刊》2017年第17期封面文章

作者：郭婷冰（财新特约作者，注册金融分析师）

过去三年间，成立于2004年的安邦保险集团（下称安邦）一举成为继中国人寿、平安之后的中国第三大保险集团（以总资产计），更以其凌厉的国内外收购，成为并购界的明星。

2014年，安邦天价购买美国纽约的老牌五星级酒店华尔道夫，瞬间时间吸引了所有人的注意力，接下来的两年里，安邦马不停蹄，四处出击，在A股市场连连扫货布局，成为多家上市公司的最大股东，如民生银行（600016.SH）、金融街（000402.SZ）、金地集团（600383.SH）、大商股份（600694.SH）、远洋集团（03377.HK）、华富国际（00952.SZ）等。

在国际市场上，安邦成为大陆企业出海收购风头最劲的领潮人，先后在欧、美、韩收购，入股了多家保险公司、银行、商业地产，一时风光无两。

2016年以来，安邦的海外收购全面遇挫：针对喜达屋酒店集团140亿美元的高调竞购，突然放弃；2015年宣布收购信保人寿（Fidelity & Guaranty Life）一年多后也遭放弃，原因之一，是安邦无法满足美国纽约州金融服务局对其股东结构和实际控制人的披露要求。

笔者查阅分析了全国企业信用信息公示系统里几百家相关公司的公开工商登记数据后，观察到安邦股东结构之复杂性，体现在其股东背后的间接股东层次之多、直接及间接股东及其有过股权关系的延伸关联企业的数量之多、相互之间交叉股权变更拥有之频繁和复杂。但是，它们都有一个固定的特征，就是与创始人家族关系圈的内部关联性。

安邦37家非国企股东中，每家股东后面至少还有一层企业股东，13家（35%）有背后两层企业股东，3家有三层背后企业股东，1家有5层背后企业股东。

总计，这37家非国企直接股东背后共有多达64家不同的企业法人股东，分布在不同层次的隐形股东结构中。这101家直接、间接企业股东都有一个突出的共同特点：大多数都经历过多次股权变更，都与至少另一家公司有过投资与被投资关系，而且与吴小晖等人历史上控制过的公司有过直接或间接的股权关系。即使从简单的工商注册信息上看，这些公司也高度相关联。这101家企业中，大约有35家不同企业（35%）的现有或新近更改办公地址可以归类到14处（完全相同或同幢同层但邻室），另外最少有18家企业的现有或新近更改电子邮件地址可以归类到7个完全相同的邮箱。在2015年、2016年的多篇中外媒体文章多次质疑这些相同办公地点的含义后，许多家公司对地址和电邮信息进行更改，从2015年11月至今，安邦的直接股东及其现任或历史上的间接股东有超过60条地址变更记录。

图6-1　《财新周刊》2017年第17期所做的《穿透安邦魔术》的文字截图之一

图6-2　《财新周刊》2017年第17期所做的《穿透安邦魔术》的文字截图之二

2. 文本挖掘

通过各种方式去搜集、整理政府或者企事业单位公开的文献资料，在文献资料中寻找有新闻价值的内容，并在此基础上去写稿。就此而言，文本挖掘和上面所讲的数据挖掘是相通的，只不过，文本挖掘的主要是文字材料，数据挖掘的主要是数据材料。笔者2008年在《广州日报》工作期间所写的《中华文化标志城规划方案曝光》一稿，就是通过文本挖掘的方式写出来的。

那一年，山东省有关部门高调在北京召开新闻发布会宣布，要投巨资在曲阜（孔子故里）与邹城（孟子故里）之间建一座中国文化标志城。消息一出，舆论哗然，纷纷质疑标志城建设的合理性与必要性。下面是这篇报道的开头部分，从这个开头可以看到这件事情的新闻性。

2008年3月1日，山东省有关领导在国务院新闻办公室举办的新闻发布会上高调宣布要在济宁建中华文化标志城，并悬赏890万元在全球征集建设方案。这一消息迅速传播开来，并在接下来召开的全国两会上成为代表委员争相讨论的一个话题，质疑之声一度非常激昂，至今仍然不绝于耳。

那么，这个项目到底是怎么产生的？如果要建，它会建成什么样子？巨额的投资能否收回？针对这些疑问，本报记者日前前往山东济宁、曲阜展开实地调查。①

笔者前往山东济宁实地采访，但遇到重重阻碍，并未获得很多信息，不足以写成一篇深度报道。但是一个偶然机会，笔者在济宁市有关部门采访的时候，获悉中华文化标志城的建设方案已经招过一次标，而且在网上有公布。笔者回到宾馆之后上网一搜，果真发现有一个中华文化标志城的官方网站，几个建设方案赫然在目，特别是复旦大学为其制定的方案居首，所有规划内容和数据都在上面，这正是做这篇报道所需要的"硬核"内容。网站上的内容加上前期对当地村民和政府的采访内容，材料就很丰富了，笔者很快就把稿子写出来了。

《广州日报》是全国第一家具体报道了中华文化标志城详细规划的媒体，第二天，这篇稿子被多个网站转载，成了一条热点新闻。当天，笔者再登录中华文化标志城建设的官网，所有规划方案都已经被撤掉。2008年还处于PC互联网时代，当地政府没有想到在官方网站上登出的内容会被记者搜索到并写成了新闻报道。后来，中华文化标志城这个项目也就不了了之了。

3. 网络挖掘

挖掘网友发表在网络上的素材，去粗取精，去伪存真，进行"事实核查"，然后据此写成新闻报道，就是网络挖掘。这方面的例子太多了，比如2007年的"华南虎假照片"事件，最先对照片的真实性质疑的就是网友，《南方都市报》记者对这些网友的质疑进行了认真核查，写出了震惊中外的"假照片"新闻报道。再比如，知名网友"花总丢了金箍棒"对陕西涉嫌腐败官员杨达才手表价值的鉴定，也是很有价值的新闻素材。

在当下的网络时代，一个记者特别是一个深度报道的记者，如果不能熟练掌握网络搜索的工具，肯定做不了一名好记者。当然，如果只是掌握了网络搜索工具，也不能做一名好记者，可以说，熟练掌握网络搜索工具对于当好一名记者是必要而非充分条件。

---

① 窦锋昌：《市场化党报的深度新闻生产》，广州：中山大学出版社2014年版，第227页。

二、现场采访与非现场采访

采访还可以分为现场采访和非现场采访。顾名思义,现场采访就是在事件发生的地方采访;非现场采访则远离事件发生地,记者通过电话、邮件等方式采访。一个记者如果经常做非现场采访,就会成为所谓的"书房记者""办公室记者",是写不出高质量报道的。

对于新闻采访来说,现场采访是最好的采访方式,也是价值最高的采访方式,无论何种采访,"到现场去"都是记者的第一选择。但是,哪里是"现场"却不是那么容易确定的,如果是简单事件的单一现场,就比较好确定。但如果事件复杂,就会有多个现场。

(一) 第一现场

第一现场也就是事件发生的现场,可以有一个,也可以有多个。比如,2020 年 4 月发生的位于上海中环路的中环广场烂尾楼爆破事件,现场就是烂尾楼所在地。要把这个稿件写好,记者就需要到现场走访;记者如果不去现场,很难把稿件写活。

事件性选题肯定有第一现场,而且这个现场是给定的,记者没有选择,比如 2019 年 3 月发生的江苏响水化工厂爆炸。在爆炸事故的采访中,除了爆炸事故发生的工厂是现场,医院也是第一现场,因为伤员会被第一时间送去医院救治,殡仪馆也是第一现场,因为遇难者会被送到殡仪馆,医院和殡仪馆在此类事件中就属于广义的第一现场。

静态选题或者话题性选题也有第一现场。对于上面所说的事件性选题来说,第一现场是给定的,是记者无法选择的,但是静态选题(话题性选题)的第一现场是可以由记者自行选择的。比如,2016 年 8 月发生的一部分上海人为了买房选择离婚的新闻,就是一个静态的话题式选题,它的现场就具有一定的可选择性,记者具体去哪家婚姻登记处采访是可以选择的,只要去现场,黄浦区的婚姻登记处、杨浦区的婚姻登记处和宝山区的婚姻登记处,基本没有太大区别,只要选择其中一个即可。

(二) 第二现场

通常情况下,记者要抵达新闻的第一现场是不容易的,这种情况下,就要考虑替代方案。第一现场虽然被封锁了,但是肯定有一些人在封锁前到过第一现场,看到过事件的发生,这些人属于现场目击者,他们对现场的事后描述虽然不如记者本人在第一现场看到的真切,但依然有重要价值,可以间接反映和还原事件的现场。因此,当事人、见证人的回忆和描述就构成了"第二现场"。在实际的采访中,特别是重大突发事件的采访中,第一现场往往会被封锁,寻求这样的"第二现场"就成为次优选择。

（三）第三现场

一般是指外围现场的采访。比如，《广州日报》的记者 2005 年 10 月采访神舟六号飞船发射活动时，有在甘肃酒泉发射场的采访，有在内蒙古四子王旗着陆场的采访，这些现场都是记者首选的"第一现场"。此外，还有在北京航天飞行控制中心的采访，以及西安、青岛等监测中心的采访，这些地方的采访也有很高的新闻价值，仍然是"第一现场"。前面这些"第一现场"都进去了，也采访到了核心的航天员和研制人员的"第二现场"的情况。同时，该报还派记者分头去两名航天员的家乡做采访，这样的采访距离"第一现场"已经比较远了，采访的又不是航天员本人，只能算"第三现场"了，但"第三现场"的采访依旧有其价值。

现场采访之外，还有非现场采访。比如通过电话、邮件、即时通信工具完成的采访。依然以神舟系列飞船发射的采访为例，如果记者"第一现场""第二现场""第三现场"都没有去，而是通过电话采访了对飞船发射有研究的科研人员，就属于"非现场采访"。

从采访的价值上来说，有一个显见的排序，即"第一现场"优于"第二现场"，"第二现场"优于"第三现场"，"第三现场"优于"非现场采访"。但是，在采访实践中，我们也要同时考虑另外一个问题，就是采访的时效和成本。去现场采访固然重要，但是如果在消耗的时间过长、花费的费用过高而预期的采访成效又不是很高的情况下，也可以考虑更高效的"非现场采访"方式。总之，"现场采访"是基本原则，"非现场采访"是例外和补充。

（四）进入新闻现场需要尝试多种办法

现场如此重要，但是要进入现场却没有那么容易，记者如何才能进入现场呢？这就需要记者具备比较好的突破能力，突破能力是记者必备的能力之一。要突破阻碍、进入现场，通常有如下几种方法：第一，乔装打扮，进入现场；第二，处处留意，收集材料；第三，巧翻垃圾，变废为宝；第四，善用人脉，打通关系；第五，由内向外，层层逼近。①

2015 年天津港大爆炸发生后，有关方面对记者采访采取了比较严格的管制措施，但是依然有记者进入了现场采访。当时出现了一篇"刷屏"的网络文章，标题叫《走多远？作多久？》，作者是《北京日报》年轻的摄影记者和冠欣，他也是最早抵达现场做报道的记者之一。和冠欣突破层层阻碍进入了现场，并在爆炸的核心区待了七个多小时，拍下了五百多张各种角度的现场照片。这篇深入爆炸现场、不顾个人安危的记者自述，引发新闻业界好评。之后，中国人民大学 1978 级新闻系毕业生自发众筹了十万元，设立奖金，奖

---

① 张志安：《深度报道：理论、实践与案例》，北京：高等教育出版社 2015 年版，第 98–104 页。

励给了和冠欣的这次采访。① 相反，天津方面对爆炸负有直接和间接责任的四十余人则受到了法律和纪律的处罚和处分。

同样的十万元奖金，第二年（2016 年）则奖励给了报道"辱母杀人案"的《南方周末》记者王瑞锋和实习生李倩。十万元重奖一篇好稿，显示了社会对高质量深度报道的需求和褒奖。在今天这个时代，优秀的新闻报道以及优秀的记者，理应获得好的回报。

第三节　深度报道的采访对象

采访对象，也叫信源，上一章中，我们讲了信源在选题来源中的作用，信源在采访活动中同样扮演重要角色。假设记者想要采访的所有人都可以采访得到，那么一个记者应该如何给这些采访对象排序？或者说，在时间有限的情况下，应该优先采访哪些人？在这一节里，我们尝试解答这样的问题。

一、九种可能的采访对象

笔者按照重要性从高到低，列出了记者在采访中可能遇到的九种采访对象。

（一）主管部门的负责人

部长、局长、处长、科长等负责人是记者首先考虑的采访对象。在中国，重要的信息最后都会汇总到相关政府部门那里，所以这些部门的负责人是最重要的信息来源，但是在现实中，采访到这些人的机会并不大，他们很可能会让记者找他们所在单位的新闻发言人，现在各个部门基本上都设立了新闻发言人制度，为对外采访安排统一的出口。

（二）事件当事人

在一个案件中，原告起诉被告，记者要写这个新闻，原告和被告就是事件的当事人。因为身处事件之中，当事人的说法未必是客观的，所谓"知情未必客观"，所以记者不能偏听偏信，需要采访事件之中的双方当事人，这是采访的基本要求，采访不到双方当事人，原则上不能发稿。实践中，我们也可以看到"截止到发稿时，记者还未收到某一方的

---

① 刘楠：《新媒体环境下，记者报道路径如何突围创新》，https：//www.docin.com/p – 2136503068.html，2015年12月13日。

回复"的语句，这说明记者还没有采访到另外一方当事人，但是又急着发稿，不得已采取一个权宜之计。这种做法可以理解，但是存在一定的风险。

（三）利害关系人

利害关系人未必是当事人，但又是受新闻事件直接影响的人。比如某小区加装供电房，一部分业主担心辐射拉横幅阻挠施工，这部分拉横幅的业主是事件当事人，其他没有参与行动的小区业主也是利害关系人，因为小区是否加装供电房，会直接与这些业主产生利害关系。他们也是记者应该采访的对象。

（四）知情人

知情人了解事情的全貌或者局部。如果记者要采访一个涉嫌违法用工的公司，一般来说，这样的带有舆论监督性的选题，要采访这家公司的在职工作人员是比较难的，但是可以采访这个公司的离职人员，他们既了解情况，又不担心受到公司的制裁，他们就是新闻事件的知情人。

（五）目击者

有些新闻事件是隐秘的，只有当事人了解情况，但是也有很多新闻事件是发生在大庭广众之下的，比如交通事故、煤气爆炸等突发事件，就会有很多的现场目击者，路过的行人、附近商店的店员等都可以成为被采访对象。

（六）当事人周边的人

当事人是最理想的采访对象，但是因为各种各样的原因，采访到当事人不容易，那么当事人的家属、同学、朋友、合伙人就可以成为替代的采访对象。先从"外围人物"开始采访，然后逐渐深入到"核心人物"，这样的方法通常来说都会起到比较好的效果。当然，因为"外围人物"所提供信息的可靠性相对差一些，更加需要加大采访量，用扩大采访数量的方式提高采访的质量。

（七）行业分析师

在财经类报道中，我们经常可以看到行业分析师出现在媒体的报道中，证券研究者、期货研究者、互联网科技达人等也是下面所讲的专家的一部分。他们在某些产业和行业中有研究，可以为记者提供宏观分析，对读者理解某一个个案非常有帮助。

（八）专家

相比于当事人、知情人、周边人等采访对象，专家是相对好采访的人。专家点评一方面可以弥补对核心人物的采访不足，另一方面也能让报道显得更加客观公正。专家的可选择性和可替代性都比较高，在选择专家的时候，尽量选那些知名度和权威度都比较高的专家，同时要避免采访一些"万能"专家，不要让专家的"点评"沦为"点缀"。

（九）出租车司机

以上八类采访对象都采访不到的话，怎么办？记者可以尝试与出租车司机聊天，这里提到的是司机，实际采访中也未必是司机，也可以是外卖小哥等"见多识广"的其他人，他们是对这个城市的各方面都比较了解的一群人，总之是听听当地老百姓对新闻事件的看法。先从这里入手，再慢慢向核心人物靠近。

二、采访实战案例

来看一个具体的采访案例，《男子被困云山悬崖下　消防员峭壁垂索救人》见于 2012 年 2 月 20 日的《广州日报》。该稿件讲述了一男子在白云山的一个山沟里被巡山员发现，当时已奄奄一息，处于生命垂危的状态。之后，巡山员打电话给广州市消防部门，消防队出动救人。白云山虽然在广州市区，但是有些地方却是人迹罕至，搜救的条件很艰难，消防员通过他们的专业手法把这个人给救了出来。

该事件有很多蹊跷之处：这个人是什么身份？为什么会到那个山沟里去？在山沟里的这段时间里，发生了什么事情？记者在写这个稿子的时候，这些问题都要尽力得到解答，因此需要采访很多人。在这篇稿子里，记者采访的对象包括：第一，广州市消防支队，这是官方机构；第二，该名男子，这是当事人；第三，消防队沈副队长，属于目击者和知情人；第四，杨班长，也是目击者、知情人；第五，负责医治该男子的冯大夫，属于知情人和专家。

虽然采访到了这么多人，但是因为只有当事人一个人在现场，缺乏直接的见证人，最后还是留下了一些疑团，比如该男子说在山里待了十多天，但是出来时并没有胡子长长等外在特征。另外，据该男子说，他是靠一瓶矿泉水支撑了十多天，但是医学检查显示他的血糖等指数都比较正常。由此可见，在突发事件的采访中，因为记者掌握的资源有限，再加上采访的时间很短，要把一件事情完全弄清楚是不容易的。在这种情况下，记者一方面要尽量多方采访，另一方面也要注意做跟踪报道，如果有新的重要信息，要及时跟进。

再看另外一个例子，《解放日报》上观新闻 2018 年 4 月 3 日刊发了一篇稿件，标题很长，叫作《上海郊区帐篷酒店、房车旅馆周末预订爆棚，这些特色住宿为何能留住游客脚步》，从标题就可以看出文章的主要内容，说的是上海郊区的一种新的旅游方式受到欢迎。采访的对象包括上海小木屋会务中心总经理陈林兵、帐篷酒店负责人王震、崇明旅游投资发展有限公司相关负责人（匿名信源）、行业人士（匿名信源）等。

这个稿件的采访，从信源数量来说不算少，但是有两个明显的问题。一方面是匿名信源的使用不合理，这篇稿不是舆论监督稿，看不出使用匿名信源的必要性，在没有必要的情况下使用了匿名信源，会损害稿子的权威性。另一方面，缺少来自游客的采访，现在的信源都属于商家一方的信源，顾客一方是不是认同这种做法？为什么认同？还有什么改进的建议？如果有了这些内容，这篇稿子的知识性、可读性和服务性都会提高一个档次。

不过，一部分时政要闻，不需要记者进一步核实，注明信源、如实转述即可。比如《人民日报》刊发的《习近平同津巴布韦总统姆南加古瓦会谈》《李克强对全国国土绿化、森林防火和防汛抗旱工作电视电话会议作出重要批示强调：做好国土绿化、森林草原防火和防汛抗旱工作为保障经济社会发展、建设生态文明作出积极贡献，胡春华出席会议并讲话》《韩正在国家发展改革委调研时强调：围绕党和国家大局　加强形势预研预判　积极推动经济社会持续健康发展》。

这些中央领导人的活动来自权威的消息源，作为媒体的人民日报社、新华社、中央电视台可以直接使用。在上一章讲信源问题的时候，我们已经谈到，权威信源的信息可以直接使用，虽然权威信息也可能有问题，但是作为一个追求效率的媒体机构，连权威信源发布的信息都不能采信的话，如何保证媒体的效率呢？如果权威信息有问题，媒体要进行后续报道，用动态跟踪报道的方式来解决有可能出现的问题。简单来说，权威信源，记者可以直接使用，只要注明信息的来源即可。

一般来说，党委发布的信息、政府发布的信息，政府各委、办、局发布的信息和公开的政府文件是权威信息。此外，上市公司的年报、各类公函、法律文书及正规企事业单位召开的新闻发布会也是权威信源。

2018 年 4 月，《解放日报》刊发了一篇稿件，标题是《粗心司机忘熄火把自己撞伤，保险公司该赔偿吗?》。稿子报道的是车主和保险公司之间的一起诉讼，只有一个信源，就是上海市虹口区法院的判决书。案件信息通常都是有争议的，应该采访双方当事人，但是既然信息是来自法院判决书，那么就是权威信源，就可以直接使用。如果后续有改判，媒体可以发布后续跟进报道。

当然，如果这些权威信源陷入某一个新闻事件之中，成为争议的一方，那么它就不再是权威信源了。比如，某个政府机构成了行政诉讼的被告，它就不再享有权威信源的地位了。权威信源之外的信源都是一般信源，一般信源提供的信息需要三方独立信源交叉印证。

第四节　记者与采访对象的"约访"

确定了采访对象之后，下一步是与采访对象沟通联系，让他们愿意接受记者的采访，也就是"约访"。所谓的突破能力，主要表现在让对方愿意接受自己的采访。粗略分类，采访对象可以分为主动型采访对象和被动型采访对象。

一、主动型采访对象：采访对象约记者

对记者来说，有主动型采访对象出现，是一种比较好的情况，这样记者就不用费尽周折自己去找采访对象了。在跑线记者中，这样的采访对象经常出现。党委政府的活动、政府部门主办的会议，通讯员会事先给记者发采访通知，邀请记者去采访。另外，就是公司的活动，特别是大型公司的活动，也会主动找记者进行采访，因为这些稿件的刊发可以对公司的社会形象以及经营活动带来提升。2014年9月，阿里巴巴集团在美国上市，就邀请了平时合作比较好的记者去美国做上市的新闻报道，阿里巴巴集团就是一个主动型采访对象。

主动型采访对象有利于记者的采访，但是，记者对这样的采访对象要保持审慎的态度，因为这样的采访对象往往是"有求于媒体"的，他们的说法更多地代表了机构的立场，未必是客观的，需要记者进一步审查判断。

阿里巴巴集团赴美上市，邀请记者采访一事就曾经引发业界和学界讨论。阿里巴巴集团出钱请记者采访，不仅给记者买机票，还负责记者在美国采访期间的住宿和交通，这种做法是否合适？用严重一点的话说，记者是不是被阿里巴巴集团出钱收买了？这样写出来的稿件是否客观？

这些确实是值得注意的问题，以前媒体不太注意此类问题，因为有公司请记者去采访，显示了媒体和记者在行业中的地位，是一件令受邀媒体和记者骄傲的事情。对媒体和记者来说，通过这样的采访，第一是得到了想要的报道，毕竟这个新闻在财经界的确是很重要的新闻；第二是节省了媒体的费用；第三，还能显示这家媒体及其记者在财经新闻领域的话语权。所以对于媒体和记者来说，这种采访机会是很难拒绝的。

不过，其中的确有新闻伦理问题，如果记者的费用是由被采访对象支付的，那么稿件的客观性就可能会受到损害。这是一种非常重要的批评，理想的做法应该是阿里巴巴集团

给记者的出行提供一定的方便，但是差旅费用由媒体承担。这样的问题之前没有引起新闻业界足够的重视，但是有了阿里巴巴集团这件事以后，就应该把它当作一个新闻伦理问题来思考，需要对采访对象在整个采访过程中的角色进行反思。

除了上述的组织和机构会成为采访中的主动参与者之外，个人也有可能主动给记者提供采访线索和采访素材。比如一些个人组织的画展或公益活动，主办者也愿意让记者去做报道。当然，这些主动的报料活动中，更加有可能出现的是投诉活动，比如每年 3 月 15 日前后，媒体都会接到大量的关于产品质量的投诉电话。

对于所有主动找上门的采访对象，记者都要一分为二地去分析鉴别。一方面，这些机构和个人主动提供的线索和材料，给记者的采访提供了便利；另一方面，记者也要时刻对这些信源保持警醒，因为可能存在不客观、不公正、只是一家之言的情况，需要对这些信息进行综合判断，哪些可以直接用、哪些需要核实，以便让最后的稿件更具有专业性和真实性，避免被采访对象"带到沟里去"。

二、被动型采访对象：记者约采访对象

这类采访对象不愿意接受记者的采访，因为深度报道的采访很多是批评监督型的报道，至少是中立型报道，稿件发出去之后比较大的可能是给相关组织和机构带来不利影响，他们当然要极力避免这种结果的发生。因此，他们不愿意接受记者采访也是正常的。这时候，作为深度报道的记者就需要采取主动态度，想方设法去获取采访对象的配合，拿到想要的素材。

具体来说，在面临这种被动型采访对象的时候，记者可以尝试如下方式争取采访的机会：

（一）积极打电话沟通

打电话是"异地采访"中记者常用的一种方式，在时间特别紧急的情况下，甚至会是首选方式。澎湃新闻的很多采访都是通过打电话完成的，优点是效率高、出稿快，缺点是不如面对面采访来得感性、获取的信息多；还有一个问题就是，记者打电话，采访对象未必理会，需要耐心地不断去打，而且还要有技巧和一定的运气。随着微信的普及，近年来"积极打电话"渐渐被"积极发微信"所取代。

（二）积极发采访函沟通

记者一般是先打电话与被采访对象取得联系，通常得到的回答是：请你们先发个采访函过来，盖上公章，我们转给有关领导看一下是否接受采访，如果接受采访，先根据采访

函所列的问题做好准备。这个时候，记者就要准备书面的采访函了。需要注意的是，在采访函中，不要提过于尖锐的问题，先要让采访对象接受你的采访，比较尖锐的问题放到采访中有机会的时候再问。

（三）找"中间人"介绍

如果采访对象是个人不是机构，且这个采访对象与记者没有建立起信任关系，直接联系的话，很可能会被拒绝。这种情况下，可以找找这个人的朋友作为中间人进行引荐，效果可能会好一些。比如，2018 年前后，很多记者想要采访复旦大学的"网红"老师陈果，直接约采的可能性比较低。记者可以考虑通过和陈果老师关系比较好的老师引荐，又或者是通过复旦大学宣传部和这位老师沟通，这样成功率相对会高一些。

（四）"围追堵截"

电话和采访函都不能约到采访的话，那就要考虑直接上门去"堵截"了。比如，每年全国两会召开的时候，代表委员从天安门广场出入口离开和到达时，都是记者"围追堵截"知名代表和委员的有利时机。特别是对于电视记者和现在的短视频新闻媒体来说，这种"围追堵截"式采访是比较能出效果的。相比较而言，文字记者更注重内容的纵深性，这样的采访效果不会太好，但是写几篇花絮式新闻也足够。

有一年，广东省代表团去香港召开粤港联席会议，其中有一场活动，香港主要的商业巨子全部参加，香港的媒体记者非常渴望能够采访到这些商业巨子，但是他们平常没有太多机会采访到这些人。这一次，记者们提前知道他们会来参加这个粤港联席会议，于是就蹲守在会场的出入口，等商业巨子们走进会场和离开会场时去"围追堵截"，然后见缝插针地完成采访。

（五）"守株待兔"

"守株待兔"是指记者知道在一个特定的时间段，采访对象会经过一个特定的地方，便提前在那里蹲守，然后进行采访。"守株待兔"和"围追堵截"有些相似，但也有不同，记者在前一种采访中稍显"消极"，在后一种采访中更加积极主动。例如，北京首都机场和上海虹桥机场就是当下中国娱乐新闻的两个重要产出地，这些新闻多是狗仔队在机场"守株待兔"式采访得到的。

三、深度记者常用的突破技巧

深度报道的采访考察的是记者的突破能力，为了提高突破能力，记者常用的技巧、手段有以下几条。①

（一）梳理和事件有关的所有人物与单位

哪些情况下可以直接采访？哪些情况下可以迂回采访？哪些事情、哪些人物还有可能对采访起到补充作用？这些都需要记者考虑清楚，不要轻易放弃。在 2007 年"周正龙拍虎"事件的采访中，周正龙这个核心人物不容易采访到，广州日报社的记者就选择先进入周正龙所在的乡镇采访，虽然一时采访不到周正龙本人，但是这个镇上有很多人认识和了解周正龙，从这些周边的人入手，把周正龙这个人的个性特点、拍虎的环境和背景等主要内容基本弄清楚了，再层层往核心靠拢，最后写出了内容比较翔实的稿件。

（二）分析相关人物的利益取向

让采访对象完全配合记者采访是很难的，毕竟这些采访对象生活在具体的社会网络之中，需要考虑方方面面的关系。因此，记者和采访对象沟通的时候要注意分析采访对象的利益取向，让他们意识到采访可能会对他们带来的好处和帮助，可能是经济利益方面的回报（比如让他们的拆迁房屋有更高的补偿价格），也有可能是一些是非经济利益的回报（比如对他们所居住的环境有明显的改善）。抓住这些核心问题，再动之以情、晓之以理，就有可能打破采访中的僵局。

（三）预判突破可能性，安排采访顺序

一般来说，采访要遵照"先简单后困难"的顺序，先把简单的采访完成，然后突破难度中等的采访对象，把"最难啃的骨头"留在最后。在最后这一部分的采访中，尽量锁定关键突破口，慢慢去突破。不要怀抱"一锤子买卖"的想法，试图一下子完成所有预期的采访。

（四）同时调动对社会的感性认知和理性认知

一名优秀的深度报道记者，对于人性要有比较好的把握，懂得人世百态。在通晓一般的人情世故之外，还要知道一些特定人群的特定行事逻辑，例如对于官员的做事逻辑，记者就要有比较到位的认识，这样会有助于采访的推进。同时，当下的网络环境中，记者还需要充分利用各种网络工具做好采访前的"案头工作"，如果要采访一个人，就要事先尽可能地在网络上把有关这个人的信息都搜集到，然后分析这个人的性格特点，这样有助于记者在同采访对象打交道时得到认可。

---

① 张志安：《深度报道：理论、实践与案例》，北京：高等教育出版社 2015 年版，第 104－106 页。

如果用更加长远的眼光来看，想要提高突破能力，记者在日常工作和生活中还需要做到"三多"，即"多采访""多阅读""多交友"。社会资源和采访资源的积累，通常在初做记者的两三年里比较艰难，等到采访多了、经验多了，就能够比较容易地找到采访对象并让他们愿意接受采访了。

四、深度记者要特别能"抗压"

做新闻采访特别是深度报道的采访，存在一个心理调适的问题，总的原则是，记者在采访中不能不顾及脸面，但是也不能太顾及脸面。如果脸皮太薄、抗压能力弱的话，很难在这一行做得久、做得好。

举个例子，感受一下神舟六号发射的采访中的"艰难险阻"。这次飞船的发射时间是2005年10月12日9时，在轨时间115小时32分钟，返回时间为10月17日4时33分。"神六"航天，举世瞩目。为了把这一航天盛事报道好，当时的广州日报社各采编部门通力合作，大动作、大手笔，取得了好成绩，受到社会和读者的好评。

为了做好此次报道，该报的机动记者部和摄影部派出精兵强将，深入"神六"发射场和着陆场，采访到了宝贵的第一手资料，为整个报道奠定了坚实基础。这些一手报道来之不易，报道组的记者为了拿到这些素材付出了大量心血，书写了一段艰苦而难忘的采访故事。

这次发射和回收有三个采访地点，分别是甘肃酒泉卫星发射基地、内蒙古四子王旗着陆场、航天员的家乡。每一个地点的采访都不容易，相对来说，航天员家乡的采访容易一些，但是发射场和着陆场的采访难度非常大。

但是经过精心准备，无论是在酒泉发射场还是在内蒙古着陆场，广州日报社都各派了两名记者在现场采访，并且在第一时间发回了现场报道。

从这个采访实例中，我们可以看到，记者要完成这样的采访非常不容易，需要付出很多的努力，身心要备受煎熬。在这个过程中，记者需要比较强的"抗压"能力。

第五节　采访准备与采访实施

一般来说，要做好采访设备和思想知识两方面的准备之后，记者才能开始正式的采访。两种准备，缺一不可。

一、采访设备的准备

采访设备属于采访中的硬件，记者要养成准备设备的良好习惯。记者需要把必要的设备以及有可能要用到的配件都准备好，全部装进一个常用的背包里，虽然背包会有点重，但是非常值得，会避免因为突发采访而缺少设备，让自己陷入被动。记者的常用采访设备如下：

（一）笔记本

便携式笔记本或者活页本，不用太厚，尽量轻便，避免增加负重。或许有人提出疑问：现在都是数码时代了，记者都随身携带手机和笔记本电脑，还需要再带纸质的笔记本吗？实践证明，是需要的。有笔记本的时候，可能感觉不到它的必要性，没有的时候，才会感觉到。

（二）两支以上的笔

尽管有录音笔，但笔录仍然很重要，方便快速记住采访的要点，在后期整理访谈内容时，比较节省时间，因此至少需要常备两支圆珠笔、钢笔或铅笔。俗话说，"好记性不如烂笔头"，这是有道理的。

（三）录音笔

对于不可有误的采访细节和一些数字来说，录音笔是很重要的。而且一旦后续遇到了官司和纠纷，录音也可以当作证据使用。

（四）照相机

虽然现在的手机也能够拍出很好的照片，但是在一些特殊环境下，还是相机的成像效果更好。同时，用相机把一些比较复杂的场面拍摄下来，也便于在后期写作中有更多的、更准确的细节呈现。

（五）手机

专业记者需要一个功能比较强大的手机，拍照片、拍视频都用得上，还有剪辑等后续工作也可以在手机上完成。因此，记者所用的手机容量要比较大。

（六）笔记本电脑

现在的采访都要随时发稿、移动发稿，不能等回到办公室再写稿。因此，一个高性能、轻薄的笔记本电脑很重要。

（七）充电器、充电宝等配件

这些配件缺一不可，都很重要，少了哪一个，都会对采访、写稿、发稿带来影响，因此一定要有备无患。

（八）卫星电话

这是采访设备中很特殊的一个，一般用不到，但是如果去地震灾区等通信设施受损严重的地区采访，或者去沙漠、高寒地区等无人区采访，没有卫星电话，稿子就发不出来。遇到这样的采访，需要专门准备卫星电话。

（九）记者证

记者要随身携带记者证。按照我国的新闻行业管理办法，采访是要有记者证的，否则就是违法采访。但是，实践中没有记者证的记者去采访的情况也会经常出现，特别是一些刚上岗的记者，因为办记者证需要一些时间，制作证件也要时间，新记者刚去媒体工作的时候是没有记者证的。这种情况下，一般要由有记者证的记者带新记者一起去采访；反过来说，如果你有记者证，就需要像身份证那样，随身携带，虽然不是每次都要用且大部分时候用不到。

（十）交通工具和驾驶证

深度记者一般都要进行跨地域采访，出发前一定要考虑好出行方式，有些偏僻地区可能没有公共交通，更加要考虑好这个问题。近年来的统计显示，中国记者因公殉职的，大部分都是因为遭遇交通事故。同理，和记者证一样，记者也要随身携带驾驶证（如果有）。

二、采访思想和知识的准备

采访思想和知识的准备，是采访能够成功的另一个关键所在，这属于"软件"方面的准备。

按照新闻采访的行话来说，就是要做好"案头工作"，从各个侧面熟悉、了解你所要面对的采访对象以及事件，记者了解得越多，采访的把握就越大。因此，需要记者去熟悉采访对象的个性、所生活和居住的环境及其所擅长的工作领域。

在前互联网时代，查找资料需要下很大功夫，需要去图书馆、资料室借书，查阅之前的相关新闻报道，这需要花费记者很多时间；互联网的普及让这个问题变得简单多了，通过百度、微信以及各类新闻 App 等渠道都轻易能得到大量材料。现在只是需要记者有这种意识并且留出足够的时间进行采访准备，在没准备好之前，不要仓促开始采访。

总之，记者需要了解和熟悉采访对象的个性特点、从业经历，了解和熟悉事件的周边环境，了解和熟悉事件所在的领域，了解有关采访对象的一切。

三、保证采访顺利实施

一般来说，采访是实地观看、面对面交谈以及书面材料阅读三者的有机结合，三种形式的采访要同时进行。在采访时间方面，原则上是越长越好，如果一次采访不充分，还要争取第二次甚至第三次采访。

（一）实地观看

无论是采访人还是事，都需要记者对当事人或事件所在的环境具有足够长和足够细的观察，绝不只是单纯的语言交流，而是要调动各个感官，在任何采访中都是如此。如果记者的采访时间不够长，特别是缺少了这个"所有感官一起上"的观察过程，记者在之后写稿的时候，很可能会在哪个地方停顿下来，"卡壳"了，觉得缺少一些东西，其中的原因就是观察不够细致、细节掌握得不够多。

2010 年 10 月，笔者和《广州日报》的两名记者一起去广东湛江采访一个公益人物陈光保，他在雷州半岛承包了上百亩土地，建了一个农场，种植甘蔗，把所获得的收益拿出一部分资助当地的孩子上学。我们去了当地采访，首先在农场里和采访对象边走边看边聊，对其工作和生活环境有了非常具体的了解和掌握，然后坐下来面对面采访了一个多小时。这就是一个比较充分的采访，后面写稿基本就是一气呵成了。

反过来说，如果我们只是在办公室跟陈光保聊天，虽然也能得到主要的信息，但是就会缺少他工作和生活的许多细节，稿子写出来就会干瘪。因此，在采访中，记者要认真地看，不能放过任何一个细节，边看边问，不懂就问；而且不只是看，还要调动各个感官一起上。

（二）面对面交谈

前面所讲的"看"，主要是收集一些非语言类的新闻材料；而记者与受访对象面对面交谈，主要是收集语言类材料。

要谈好，需要选择合适的时间和地点，最好是在受访对象工作的地方和环境里。同时，要注意营造良好和轻松的访谈氛围，避免访谈过程的僵化，一旦僵化，采访对象就难以"打开话匣子"，记者所获的材料就比较有限。在条件允许的情况下，可以采取两名记者一起采访的方式，效果相对会比较好，因为一个记者和一个受访对象"一问一答"式的采访，有时候会出现冷场的局面。凤凰卫视曾经有个著名的访谈类节目，叫《锵锵三人行》，每期节目都是三个人一起谈，不太容易出现冷场情况。除此之外，两名记者一起采访，还可以互相提醒，以免遗漏重要的问题。

在访谈过程中，记者要注意核心话题的引导和深入，要掌握访谈的主动性。有的时候，访谈对象非常健谈，但所说的内容离题万里，不利于记者后期对材料的整理和写作。所以，记者要事先准备好一个访谈提纲，围绕采访的主题去控制访谈的走向，不要让其失焦。当然，拟定的主题不是绝对的，也可以在访谈内容的基础上调整原来的构思，因为原来的想法未必符合实际情况，记者可以根据受访对象的发挥实时调整访谈内容。

在某些关键问题上，要通过访谈予以准确定性，直接关系到性质认定的问题，一定要反复准确核实，不能似是而非，不能模糊处理。比如在采访一些涉嫌犯罪行为的事件时，精确的年龄就很重要，是否年满 14 周岁或 16 周岁或 18 周岁会关系到对当事人行为的法律定性以及之后的司法判决。因此，在这样的关键问题上，采访的时候一定不能含糊，要搞得一清二楚。必要时，记者要通过身份证、户口本等具有法律效力的文件进行确认。

（三）书面材料阅读

很多时候，受访对象在采访结束后会提供给记者一些书面材料，记者不要觉得这些材料没什么用而拒收或者出门后就扔掉，而是一定要将其带回酒店或办公室，等到稿子全部写完之后，再决定如何处理这些书面材料。如果因为要减轻自己的负担而丢掉材料，可能会对后续的写作带来不利影响。

除了采访对象提供之外，记者还要主动去搜集跟采访相关的书面材料，比如登录采访对象所在机构的官方网站，对其微博、微信等社交媒体账号进行浏览和搜集，可能会有意想不到的发现。在书面材料问题上，第一是多搜集材料，第二是搜集有用的材料，第三是要认真翻阅材料。书面材料一定不能忽视。

一般情况下，上述三种采访方式要同时进行，原则上是采访的时间越长越好，比如一个小时比半个小时好一些，两个小时比一个小时好一些等。但是也不能无限延长，因为无论是记者还是受访对象的时间都有限，而且新闻对时效性的要求很高。一般一次采访最好要在两小时以内完成，最好不要超过三小时，否则会造成双方的疲惫。一次采访不够的话，可以再约第二次甚至是第三次采访。

四、妥善处理采访到的素材

经过千辛万苦的各种工作，记者将采访得到的素材带回了酒店或办公室，下一步就要准备写稿了，但是在正式写稿之前，还需要对采访素材进行加工整理等处理，必要时还要进行补充采访。

（一）整理素材

主要是把录音材料和采访笔记整理成文字稿，先不要理会结构是否合理、文字是否优美，而是先把素材比较完整地整理出来，有一个基础的采访文本。这件事情要尽早完成，最好在采访结束之后的一两天内完成，因为在这个时间段，采访的记忆和余温还在，一定要趁热打铁把基础材料整理出来。

（二）把握重点

在整理出文稿的基础上，记者还需要进一步把握重点：哪些内容对之后的正式写作是有用的？哪些是没用的？要做好取舍工作，去粗取精，去伪存真。在这个环节中，记者一般不太愿意删改，因为是自己费尽辛苦得到的素材，往往舍不得删，但是为了最后的稿件质量，一定要大胆删掉冗余，让重点凸显出来。

（三）反复验证

在关键的细节上，特别是在涉及事件定性问题的细节上，一定要反复验证，把握准确。否则等到最后写稿的时候，只能模糊处理，会让稿件缺乏"锐度"，成为很平庸的稿子。

（四）补充采访

补充采访有两种情况：一是某个问题没有问清楚，需要对采访对象做补充采访；二是寻找一个新的采访对象进行采访，比如找一个对问题有研究的专家，站在第三方立场上对要报道的事情进行点评分析。

（五）材料累积和通讯录整理

深度报道记者和跑线记者有一个不同，就是深度报道记者不跑固定的线口，他们需要经常变换采访的领域，因而容易滋生采访是"一锤子买卖"的想法：这次采访做完了，下次再采访这个人或者这个机构不知是在猴年马月了。因此，容易不注重对材料的累积以及采访资源的长期维护。不过，一个优秀的深度报道记者要与这样的惯性做斗争，要养成良好的习惯，及时地累积采访素材，更新通讯录。现在，这些工作都可以很容易地在电脑上完成。

第六节　深度报道采访中的风险控制

此前已经提过，深度报道的选题之中，舆论监督类选题居多，就算是中性选题的报道中，也会有一定的批评监督色彩。因此，一般情况下，被采访对象不太愿意配合深度报道记者的采访，甚至有些时候，深度报道记者在采访过程中还会遇到一些风险。风险控制在深度报道的采访中是很重要的一环，深度报道记者从一入行开始，就要做好风险控制工作。

一、采访的风险无处不在

（一）来自交通安全、传染病、核辐射的风险

这几年，中国乃至全世界因公牺牲的记者之中，死因占比例较大的是交通事故，几乎每年都有记者因为交通事故而死亡。同时，传染病的危险也很普遍，2020 年、2021 年的新冠疫情，就是最鲜活的一个例子，记者在进行相关采访时一定要做好防护。核辐射的情况也会碰到，笔者 2011 年 3 月带队去日本采访大地震时，就遇到了核辐射问题，因为看不见摸不着甚至连症状都没有，就算是接触到了，当时也不知道，对记者来说，这就是一种无形的风险。

（二）来自被报道对象的控告和威胁

在深度报道的采写过程中，记者和所在媒体会经常收到被报道对象的投诉、控告或者威胁，这是从事深度报道的记者经常面对的麻烦，需要妥善处理。特别是在舆论监督性报道中，因为媒体所刊发的内容通常会暴露被采访对象的不规范行为甚至是违法犯罪行为，作为被报道者，不管这些内容是否属实，一个自然的反应就是采取自我辩护或者投诉、控告等具有威胁性的举动。这些举动可能包括：召开新闻发布会或者在网络上发布新闻稿件透露自己认为的真实情况；委托律师撰写并发放律师信；向人民法院提起民事或者其他类

型的诉讼；向媒体的主管单位投诉；给记者本人发送邮件或者打电话进行威胁恐吓等。

面对上述情况，大多数的媒体单位都会设有专门的部门和人员进行处理，记者本人一般不要和投诉人进行面对面的交流，记者需要做的是如实给本单位的办事人员提供准确翔实的信息，让专业的人去做专业的事。

（三）来自事发地有关机构和部门的不当干预

上面提到的控告和干预发生在报道刊发之后，属于"事后的风险"。对于深度报道的记者来说，在采访过程中，也可能遇到一些不正常的干预，增加了采访的困难甚至使采访无疾而终。比如，2020 年 4 月 18 日，河南省新乡市原阳县盛和府小区堆放的土方里陆续发现 4 名儿童尸体。4 月 20 日，当地公安机关对建筑工程负责人、挖掘车司机等涉嫌重大责任事故犯罪的 8 名嫌疑人实施刑事拘留。4 月 21 日，4 名遇难儿童在当地公墓安葬，在现场采访的多名记者（这些记者大都是从各地赶去原阳采访的深度报道记者）被不明身份人员阻拦，并遭到暴力对待。4 月 23 日，原阳县委对现场两名负责人李某凯、宋某伟予以停职调查；对薛某予以停职，移交纪检监察机关调查；对毛某某等其他人员进行严肃批评教育。

因此，深度报道记者一定要认识到，深度报道采访的风险比一般的新闻采访要大得多，无论是来自自然灾害的风险，还是来自被报道对象的反弹，又或者是来自有关部门的干预等，都是有可能发生的。那么，就需要相关记者做好充分的风险控制。

二、深度报道记者要做好风险控制

（一）思想上充分重视，行动上周密准备

深度报道记者从一入行就要有防风险的思想认识，而且要在行动上表现出来，对采访做好周密的准备，特别是在跨地区的采访中，认真细致的准备工作至关重要。

（二）扎实的采访，谨慎的写作

对深度报道记者来说，最重要的防范风险的措施是扎实采访，因为这些记者做的是监督报道，就要让自己的报道立于不败之地，无论是法律的审视，还是来自行业的评判，或者来自网友的挑剔，新闻报道要经受来自各方面的检验。扎实的采访、丰富的信源以及谨慎的写作是最重要的，只要报道没有大的出入，事实站得住脚，那么所有的反弹和威胁都能不攻自破。

（三）程序上合法，有清醒的边界意识

记者采访时，总希望能和受访对象"离得近些再近些"。与受访对象保持比较密切的关系，当然有利于记者的采访深入，但是也要有清晰的边界意识，比如《南方都市报》深度报道部一位记者 2015 年因为采访"王林案"被刑拘，就是记者为了拿到所谓的独家新闻而"入戏太深"了。记者若参与到受访对象的一些违法犯罪行为之中去，风险就加大了。所以，在采访中，记者一方面要让事实站得住，另一方面还要注意程序上的问题，需要在采访过程中时刻保持边界意识，不要触及法律底线。

（四）团队作战，前方记者随时与编辑部保持联系

单兵作战，如果遇到麻烦，一个人容易处于不利状态，因此在条件允许的情况下，最好是两个记者一起行动，大家互相有个照应。另外，外出采访的记者要随时跟总部保持联系，有突发情况的时候，要及时向总部汇报。作为一名记者，不是代表自己采访，而是所在媒体的一部分，属于"职务行为"，所以记者要和组织保持密切的联系，让组织能够及时掌握外出记者的动向。万一记者与受访对象发生冲突，由媒体组织来和受访对象以及相关机构交涉，可以有效减轻记者本人可能遭受的风险。

总的来说，深度报道采访风险偏大。不过，我们也要看到，随着选题的转变尤其是向中性选题的转变，也不要过于夸大采访的风险。相比每天、每周无数的采访来说，发生冲突和风险的比例还是很小的，大部分采访是可以顺利进行的。

第七节　深度报道采访实例分析

深度报道是一门新闻实务课程，不能"只说不练"。上面所说虽然也提到不少案例，但基本上属于理论阐述，我们下面来看几个采访的具体案例，感受一下采访中的"酸甜苦辣"。

一、周逵：郜艳敏采访中的受阻与突破

2006 年初，河北曲阳县下岸村，中央电视台记者去采访当时很出名的一起新闻事件，就是"郜艳敏事件"。郜艳敏，年轻时被拐卖到了河北的这个山村，组织了家庭，还在村

里的学校做了老师，再后来被评为"最美乡村女教师"。本是被拐卖来的农村妇女，最后成为一名"最美乡村女教师"，其中的反差和冲突很大，因此新闻性很强。

央视采访组前去采访郜艳敏的过程中，遇到了很多问题和阻碍。当地官员组织村民阻挡拍摄并且抢夺记者的摄影机，有采访组成员被划伤手臂，机器设备连同磁带都被抢走。最后，采访组被"护送"出了村子，采访机器第二天才还回来。就算是大名鼎鼎的央视采访组，到了偏僻的基层乡村，也不见得就"受人待见"，这次采访以失败而告终。

几个月之后，央视采访组再次到河北这个村里采访。因为有了前面失败的经验和教训，这一次的采访就没有硬来，而是和当地"阻挠的力量"打一个时间差，"日落而作，日出而息"，也就是晚上采访，白天休息，比较成功地回避了对采访的阻碍。再之后，央视采访组还把郜艳敏接到北京去采访了一次。①

二、从玉华：采访的细节从哪里来

《中国青年报》"冰点周刊"主编从玉华认为，采访过程中，记者所采取的姿态很重要，记者与采访对象交流的时候，要采取"平视"的视角，既不要"俯视"，也不要"仰视"。同时，记者要尽量理解采访对象的内心想法，要有同理心。

从玉华认为，关键细节的抓取是采访中一定要注意的地方。采访需要五官像春天的树叶一样，一点点地打开。对深度报道的采访需要充满敬畏感，如果要写一篇大特稿，没有80页的采访笔记不敢动笔去写。

比如，要采访一位钢琴天才，那么，他的手指有多长？一秒钟能弹多少个音符？这样的细节都要采访到。再比如，要采访广东一度出现的"大胡子"政协委员孟浩，2013年前后，这位委员想让广州市政府公开一份文件，但政府一直不公开，于是孟浩就不刮胡子，直到广州市政府公布了这份文件。那么他的胡子留到最后有多长？记者采访的时候，最好能精确地把这个长度问出来，而不只是笼统地说"长胡子"。

从玉华认为采访是一门艺术，在深度报道的采访中，记者与采访对象之间发生冲突很正常，但一旦发生冲突，就会影响采访的正常进行，所以要尽量避免冲突的发生。从玉华说："我几乎不和我的采访对象发生冲突。"②

三、赵涵漠：真正的采访往往从第三次开始

曾任《中国青年报》"冰点周刊"记者的赵涵漠，她的成名作是《永不抵达的列车》。

---

① 周逵编著：《非虚构：时代记录者与叙事精神》，北京：清华大学出版社2017年版，代序二，第Ⅴ－Ⅹ页。
② 周逵编著：《非虚构：时代记录者与叙事精神》，北京：清华大学出版社2017年版，第1－21页。

她说，如果要写一篇 8 000 字的特稿，那么至少要采访 8 个信源。这是一个硬性规定，没有对 8 个采访对象的采访，难以动笔去写稿。

赵涵漠说，有时候，做"外围"采访，与受访对象聊了三个小时，拿到的只有一句话，看起来很浪费时间，但能有这句话已经很好了。做名人采访的时候，"外围"采访更加重要，不能只听采访对象一个人说。在采访中，记者要尽力让被采访者摘下"公众面具"，露出他们生活和工作中真实的一面，无论是名人还是普通人，都会有这种"面具"。

赵涵漠说，以她的采访经验来看，真正的采访往往从第三次采访才开始。第一次、第二次采访只是"预采"，通过这样的"海量采访"和"灭绝式采访"，才能充分了解和认识这个采访对象。在实际情况中，这显然是一种很奢侈的做法，不能在每次采访中都能实现。如果争取不到三次采访机会，那就只能充分利用第一次和第二次采访机会。

赵涵漠还特别指出一点，除了与采访对象的对话以外，记者还要特别观察采访对象的行为举止，不能轻信他用语言表达的内容，要将语言和行为举止相结合起来，这样得到的素材相对比较可靠。[①]

四、张鹭：调查报道中的采访突破技巧

张鹭曾经是《财经》杂志的资深调查记者，他认为采访没有一定之规，要根据采访的具体情况灵活处理。2010 年，他采写的《昆明新机场断桥推手》影响很大，这篇稿子的主要素材来源于昆明有关部门的会议纪要和调查报告，而这是他无意中从"垃圾桶"中发现的。在 2007 年的温州动车事故采访中，有媒体记者把录音笔放进了调度室，还有记者打电话给酒店前台找到了在此居住的专家。在 2014 年的尼泊尔地震采访中，有记者通过陌陌 App 的定位寻找到了加德满都的用户，然后采访到了地震现场的情况。

张鹭本人在山东潍坊采访"伤童案"的时候，几次试图进入案发现场，但都进不去，偶然找到了一个农民，他手里正好有家属的联系方式。此外还有《三联生活周刊》的一个记者去山东采访，打电话屡屡被拒，于是这个记者不断变换手机号码打给村委会，最终获得突破。

张鹭说，如果实在进不去现场，那么记者也要试图构建逻辑链条，寻找合适的角度，利用其他采访素材去完成这个任务。在这个过程中，记者要特别注重既有资料的分析，只有既有资料也能做得很漂亮，甚至有些稿子一半以上的内容来自资料分析，因此这是非常重要的一部分。想要获取既有资料，可以在图书馆翻报纸，也可以查找工商信息资料。周

① 周逵编著：《非虚构：时代记录者与叙事精神》，北京：清华大学出版社 2017 年版，第 117－140 页。

永康的儿子周滨的名字第一次被媒体报道出来，就是通过查找和分析企业的财务数据得来的。[①]

五、小结：深度报道采访的主要特点

总的来说，采访主要依赖两种能力，一是突破能力，二是拿料能力。

突破能力，指的是记者到现场去，跟被采访对象建立联系，最好是面对面的联系。要提高突破能力，需要从以下几方面入手：第一，做好所有的准备，包括采访设备、心理、资料等；第二，晓之以理，动之以情，找到利益共同点，让采访对象接受采访；第三，善于察言观色、根据周边环境做出反应；第四，寻求可替换的采访对象，边缘突破；第五，百折不挠，一次不行两次，两次不行三次；第六，尽量减少正面冲突，尤其是要注意人身安全。

拿料能力，指的是当有了采访机会的时候，记者能不能通过对现场的观察以及与被采访对象的谈话拿到所需要的材料。记者去了现场，也见到了人，但是未必能够拿到所需要的丰富材料，去现场和拿到材料是两个环节。采访是突破能力和拿料能力的综合。要拿到料，需要做如下几件事情：第一，以平视的视角，与采访对象深入沟通；第二，调动所有感官一起上；第三，注重对关键细节的观察和求证；第四，尽量采访更多的人；第五，尽量采访更长的时间。

本节的最后，我们归纳一下采访工作的几个特点：

第一，采访是重要的。我们常说"七分采三分写"，对于一般报道，采访重于写作，一两千字的新闻，只要掌握了新闻点，怎么写都行，主要的工作在采访环节；而对于深度报道来说，虽然写的环节也很重要，但采访还是重于写作，特别是调查性选题，掌握了素材和有关事实，写的时候就会容易很多。特稿很考验文笔，但前提是要有素材。

第二，采访是困难的。因为采访不是单方面行动，主动权不完全掌握在记者手里。所谓"尽人事听天命"，要先做好自己的工作，虽然最后有可能无法完成采访，但要接受采访可能无疾而终的结局。

第三，采访是可教的。采访过程有规则、有规律，通过大量对案例的分析和对相关理论的研究，可以把理论和实战结合起来。

第四，采访是可学的。经过实战与理论的不断交锋，记者的采访水平可以提升。同时，把采访做得更加扎实一些，也是可以做到的。通过学习，知道目标在哪里，就可以无限去接近它。采访永远在路上，很难做到尽善尽美，只能无限去逼近理想的状态。

---

① 周逵编著：《非虚构：时代记录者与叙事精神》，北京：清华大学出版社2017年版，第179-195页。

复习思考题

1. 新闻实务界有句老话，"新闻是七分采，三分写"，你认同这句话吗？在深度报道的采写中，这句话还成立吗？

2. 阅读《白说》《提问》等几本媒体人所写的书，感受和总结白岩松、杨澜等人的不同提问和采访特点，看看哪些方式可以为我所用。

3. 如果你是一家媒体机构的记者，在 2021 年 7、8 月份的新冠疫情阶段性复发期间，你有机会对钟南山或者张文宏做独家专访，你如何撰写采访提纲？又如何围绕这次专访做好准备工作？

第七章

深度报道的写作

第六章谈的是采访，采访之后是写作。在消息稿的采写过程当中，写作的重要性不是很突出，只要把素材采访到了，按照简明扼要的"倒金字塔式"结构很快就可以把稿件写出来，所以采访在消息采写中是最重要的环节，写作相对来说没有那么重要。1998 年，笔者初入报社工作的时候，至少在综合性报纸里，大家讲究的不是新闻的写法，记者最重要的是"有料"，只要掌握了核心的新闻材料，至于如何去写，不会投入特别大的精力，不用太花时间在写作上面。可以说，在综合性报纸中，读者所看到的都是相对比较粗糙的文字，当时追求的主要是信息量，只要把标题制作好，把新闻的主要意思表达出来即可。

相比之下，深度报道的采写和消息的采写有明显的不同。在深度报道中，写作的权重明显增加了，深度报道都是长篇报道，短则三五千字，长则上万字甚至几万字。在这么长的稿子中，如果不讲究写作手法，最后的稿件很难让读者读下去。如果出现了"难以卒读"或者"难以下咽"的情况，再精彩的内容也无法得到有效传播。一句话，写法在深度报道中占据的地位比在消息中更加重要。

2016 年 2 月 19 日，习近平总书记在党的新闻舆论工作座谈会上强调，随着形势发展，党的新闻舆论工作必须创新理念、内容、体裁、形式、方法、手段、业态、体制、机制，增强针对性和实效性。要适应分众化、差异化传播趋势，加快构建舆论引导新格局。这里，习近平总书记提到的新闻舆论工作的体裁、形式、方法、手段等问题，同样适用于深度报道的写作环节。要把深度报道写好，既需要继承传统新闻文体中的精华部分，更加需要在媒体融合时代开拓创新。

第一节　深度报道的写作理念：讲好故事

回到本书第四章提到的优秀记者的七种能力（第一，选题能力；第二，突破能力；第三，沟通能力；第四，逻辑能力；第五，文笔能力；第六，数据挖掘能力；第七，呈现能力，即全媒体表达能力），其中逻辑能力、文笔能力和呈现能力都是写作环节所需要的能力，特别是前两种能力对写作至关重要。

一个长篇报道如果没有逻辑的话，如何把各种材料有机地串联起来？要以某种合理的结构将这几千字甚至上万字、数万字，写成比较清晰的文章，这对逻辑能力的要求是很高的。文笔能力是要记者既能把事实讲清楚，还能够比较艺术性地将其讲清楚。在深度报道中，逻辑能力必须具备；文笔能力则是越高越好，是尽量争取的能力；呈现能力体现在后期的编辑、校对、刊发的环节，是相对后端的一种能力，暂时不谈。

概括一下，深度报道要高度重视写作问题，有下面几个原因：第一，由媒体的功能属性所决定。媒体不只给读者提供新的信息，还要给受众提供阅读的美感、快感和痛感。第二，由文体特征所决定。深度报道都是长篇报道，如果没有张力、节奏、悬念、起伏，读者很难看下去。第三，由记者的职业追求所决定。特别是传统媒体时代，在记者与作家之间存在一个"旋转门"，两者在写作方面存在共性，都要把稿件写好。

深度报道的写作理念，如果用一句话表述，就是"讲好故事"。通过讲故事，展现人性、事件、现象的"复杂性"；通过讲故事，发现"被遮蔽的真相"；通过讲故事，对社会现实做出更深刻、更全面的"认知"；通过讲故事，让读者看到事件或现象背后的深层问题；通过讲故事，让读者更加直面社会的真实，这个真实有温暖的一面，也有残酷的一面。[①]

看一个例子，是《南方都市报》2005年11月刊发的《一个女工的最后72小时》。该篇报道的开头如下：

> 张大渊很慌，他选择一条小路来骑行单车，从而避开城市边缘依然喧嚣的车流和不断变换的红绿灯，并以40分钟的时间穿越了10公里路途。
>
> 然而，还是晚了。他所能见到的是体温趋于冰冷的妻子。
>
> 在经历了工厂连续四天的加班之后，30岁的四川籍女工何春梅，突然陷入昏迷，继而死在了医院的抢救室里。
>
> 广州市白云区石井人民医院出具的何春梅死亡医学证明显示：猝死（呼吸、心跳骤停）。
>
> 广东省总工会今年初公布的一项调查显示：珠三角76.3%的进城务工人员月工资水平处于1 000元以下，1 001~1 500元占17.5%，501~1 000元占63.2%，500元以下占13.3%。而他们的生活成本却达到每月500元左右。
>
> 调查表明，珠三角地区农民工月工资12年来只提高了68元，13.2%的进城务工人员入不敷出，63.2%的人没能攒下多少钱。52.4%的进城务工人员每天劳动时间超过8小时。而为了挣钱，他们只能靠加班。[②]

这几个段落点、面穿插，结合得很好。先从一个具体的悲情事件说起，而后用官方数据回到整篇稿件的"落脚点"，也就是稿件的主题，即当时打工群体收入低下、入不敷出

---

① 张志安：《深度报道：理论、实践与案例》，北京：高等教育出版社2015年版，第109页。
② 贾云勇：《一个女工的最后72小时》，《南方都市报》，https://wenku.baidu.com/view/9ac8d140be1e650e52ea99ce.html，2005年11月7日。

的生活状态。可以想见，之后的文章又会转向对这个具体的点的详细介绍，诉说何春梅如何到广州打工、工作的性质、工作的强度以及加班的频率，最后再回到打工者的加班和收入的总体情况。

这样的写法与消息的写法形成鲜明对照，消息的写法是"倒金字塔式"的、单刀直入式的，而深度报道则是缓缓进入、徐徐展开的节奏。消息的主要功能是告诉读者发生了什么，因此简洁明快；深度报道的主要功能除了告诉读者发生了什么，更强调怎么发生的以及为什么会发生，因此要娓娓道来。

再看另外一个例子，《外滩画报》刊发的《马骅：诗人不死，只是悄然隐退》，文章的开头几段是这样写的：

> 一切似乎都有预定。
> 2004 年 6 月 16 日晚上，马骅在他 8 平方米的简陋宿舍里招待朋友，酒酣之余，他拿起吉他唱歌。弦拨了几下突然断了。朋友说，把它接上吧。马骅说，算了，由它去。
> 就在这个晚上几乎同一时候，马骅最好的朋友之一、从前的校园歌手许汉秋，在母校北大的舞台上，弹断了手中吉他的弦。
> 4 天以后，马骅在明永冰川景区公路距澜沧江桥 300 米处遭遇车祸，被抛入滔滔江水中。而那把断弦的吉他，还静静地摆放在梅里雪山脚下的明永村小学二楼那间老师宿舍里。[1]

这个开头呈现的也是非常具体的几个场景，而且采取了对照呼应的写法。这样的开头充满了文学味道，类似于电影通过镜头讲故事的方式。这样娓娓道来、徐徐展开的写法和消息稿直奔主题、单刀直入的写法形成了明显的差异。

一、讲故事是新闻业的救星

在西方，STORY（故事）已经成为新闻的代名词。在中国，伴随着非虚构写作的开展，讲故事的能力也成为当下记者最重要的能力，而讲故事也被普遍视为新闻业的一个救星。

《〈华尔街日报〉是如何讲故事的》的作者说："不论是在他们（奥德修斯）那个时

---

① 陆晖、王晓楠：《马骅：诗人不死，只是悄然退隐》，《外滩画报》，https：//news. sina. com. cn/c/2004－07－07/13233634475. shtml，2004 年 7 月 8 日。

代，还是我们这个时代，这个行业的要求从来都没有变过。人们永远在思考哪些元素让一个故事从本质上变得有趣；如何在瞬间吸引观众的注意力；如何安排故事情节，让故事具有持续的吸引力；以及如何让故事深深刻在人们的记忆之中。"[1]

2001 年，获得普利策新闻奖特写报道奖的是一篇名为《面具背后的男孩》（The Boy Behind the Mask）的报道，刊发媒体是《俄勒冈人报》，报道的开头如下：

> 他停下来，端详起镜子里自己的脸，想看看他人眼中的自己是怎么一副模样。
>
> 他的左脸有一大团如气球般鼓胀的血肉肿块，夹杂着蓝色血管的组织主体，从颧角到下巴隆起一个包。肿块把他的左眼拉扯成一条细缝，嘴巴扭曲成嘴角朝下的小月牙状。看起来好像有人在他脸上打了三磅重（约 2.72 斤）未干的陶土，从此粘住不动，把少年的脸埋在了里面。
>
> 但他的右眼清澈晶亮，形状完美无瑕；虹膜是深邃、具穿透力的褐色。如果只看这只正常眼睛周围三分之一的脸庞，他是正常少年的模样。山姆寸长的短发精心剪过，秀气的右眼后面修得很整齐；右颊泛着他脸上其余地方看不到的健康红晕。
>
> 面具在那里。
> 面具背后的男孩也在那里。[2]

《面具背后的男孩》是一篇特写报道，具有如下几个特点。

第一，高阶主题的挖掘。

这不是一条猎奇式的社会新闻稿件。如果就写一个脸上有残缺的男孩，讲他与众不同的生活，那么这个立意就比较低，就属于猎奇，但这篇文章凸显的是两方面的主题。其一，从个人角度来说，是小男孩坚强、不向生活低头的意志，塑造的是一个身残志坚的人物形象。其二，从社会角度来说，是小男孩争取和正常人一样的受教育权等各种权利，他的抗争精神会给读者带来深刻的反思。

第二，扎实深入的采访。

记者采写这篇稿件花费了近 10 个月的时间，翻阅了几百个小时的医疗记录，多次去小男孩家里采访，甚至与他一起上学等，因此掌握了大量的细节，写出来的稿子让读者也

---

① ［美］威廉·E. 布隆戴尔著，徐扬译：《〈华尔街日报〉是如何讲故事的》，北京：华夏出版社 2018 年版，第 3 页。

② ［美］小汤姆·赫曼：《面具背后的男孩》，《俄勒冈人报》，2000 年 10 月 1 日。

感同身受。①

第三，记者退居幕后。

在写作过程中，记者完全"隐身"，按照故事自身的延展来进行叙述，将读者直接带到"镜头"前，让读者身临其境地进入新闻现场。不过，初写深度报道的记者，还不能让记者本人和信源完全隐身，特别是信源还是要明确交代清楚，因为信源一旦隐身了，会让读者看不到你的消息来源是什么，进而影响到稿件的可信度和所在媒体的公信力。

此外，记者在写稿的时候，同一个人物或事物尽量要变换不同的叫法，变换不同的人称，不要重复。比如稿子里写到"复旦大学许宁生校长"，第一次出现时叫"许宁生校长"，第二次出现的时候可以叫"许校长"，或者直呼其名，几种叫法轮换使用，否则也会影响到阅读感受。

二、深度报道讲故事的主要路径

细化来说，深度报道讲故事的思考路径可以分成四个步骤：第一步，主题事件化；第二步，事件故事化；第三步，故事人物化；第四步，人物性格化。用简单的一句话概括，就是要"以小见大"。"小"指的是人物是具体的，说的是小人物的故事；"大"指的是反映的问题是大的，是时代发展过程出现的大问题。②

上述的"四步走"是一个阶梯式的层层递进的过程，由具体到抽象，通过人物的性格把人物写活，通过人物把故事写活，再通过故事表达出报道的主题。这个主题一般是一个高阶的价值观，比如对生命权的重视、对男女平等的呼唤、对合法财产权的保护、对"蓝天白云""绿水青山"等美好生活环境的向往等。

深度报道不是政治文件，也不是宣传文件，不能直接向读者进行理念的灌输，而是要通过故事和人物来展现这些价值观，价值观是隐藏在文字和故事背后的。这非常类似于我们中学时候写作文的训练，文章的主题是暗含在记者的描述和论证之中的，但不宜直接表露出来，一定要通过故事含蓄婉转地反映出来。

来看一个例子，《南方都市报》2007年10月5日刊发的《脆弱的猪肉》，下面是该报道的开头部分：

> 一天早上，李月喜家来了一个补锅匠，一个皮肤黝黑、身材矮小的中年男人；他低头干活时沉默不语，技法有些生疏；他是一个满腹心事的家伙。

---

① 张志安：《深度报道：理论、实践与案例》，北京：高等教育出版社2015年版，第114页。
② 张志安：《深度报道：理论、实践与案例》，北京：高等教育出版社2015年版，第114页。

　　李月喜很好奇如今还有人肯为几块钱的生意而奔波，他问："你以前是做什么的？"

　　补锅匠说："我是兽医。"

　　这个答案令他震惊，继而亲切。这天早上，兽医李月喜碰到了另一个兽医陈祖卫。当两个中年兽医四目相接时，他们现在的身份：一个是补锅匠，一个是摩的拉客仔。在李月喜家门口，停了一辆"建设"牌摩托车，摔跤次数多，骨架松动，反光镜也脱落了，这辆跑起来有些晃荡的摩的每天给他带来 30 块钱左右的收入。①

　　这篇报道的主旨是讲中国农村兽医这个群体的命运起伏状况，兽医行业反映了农村基层的动物防疫问题，彼时经常发生的猪瘟与兽医的缺乏直接相关，这是一个宏大的主题，这个宏大主题要通过几个兽医的故事来凸显。

三、深度报道讲故事的基本策略

　　既然是讲故事，那就要遵循讲故事的基本策略。在深度报道讲故事的过程中，有如下三个基本策略。②

　　第一，叙述视角的故事化。

　　比如，可以以一只昆虫或动物的视角来看待气候变化，《南方周末》刊发的《三年大旱之后》的报道、《三联生活周刊》关于"云南大象"的报道等就选择了这样独特的视角，比惯常从人的视角去看这些问题就多了一些新意和故事性。

　　第二，叙述形式的故事化。

　　在深度报道的写作过程中，记者要着力去建立冲突以及强化冲突。冲突包括利益的冲突，如拆迁问题；也包括立场的冲突，如中美利益冲突；还包括观念的冲突，如对同性婚姻的不同看法等。有了冲突，故事就好讲了。

　　第三，抓住人这个故事的中心。

　　在报道中，一定让人成为故事中最核心的主体，有了人，报道就有了灵魂。比如地震中的人、爆炸事故中的人、动车事故中的人、非典型肺炎中的人等。人可以是新闻事件的当事人；也可以是身份不同或处于利益冲突中的人，比如《两个人的摩托》；还可以是处

---

　　① 龙志：《脆弱的猪肉》，《南方都市报》，https：//www.doc88.com/p - 9425498753920.html？r = 1，2007 年 10月 5 日。

　　② 张志安：《深度报道：理论、实践与案例》，北京：高等教育出版社 2015 年版，第 116 - 117 页。

在独特生活状态中的人,比如《大桥下面》,说的是生活在广州一座立交桥下的一群人,他们白天在城市里捡垃圾,晚上在大桥下睡觉,这类边缘人群很适合用特稿来表现。[①]

第二节　深度报道讲故事的两种取向

虽然深度报道的基本理念是讲故事,但是故事也有不同的讲法,至少可以区分出两种不同的取向。一种是"纪实性"写作,或者叫"骨感"写作。这一类报道运用的是简洁精练的笔法,文章直逼事实真相,强调核心事实的调查和披露,在调查性报道、解释性报道中用得比较多,大多是事实复杂、逻辑清晰、文笔精练的"硬核新闻"。另一种是"文学化"讲故事,或者叫"肉感"写作。这一类报道中有大量的细节描写,题材相对偏软,比如特稿、非虚构写作、人物特写等"软性新闻"的写作。

以上两种写作取向一方面和记者本人的能力特长有关,另一方面也和媒体平台的定位有关。在《每日人物》《南方人物周刊》等媒体的报道中,文学化写作占据主流;而《财新周刊》和《南方周末》等媒体的报道则偏纪实性写作。两种写法都是可行的,媒体和记者可以根据自己的情况进行选择。

当然,两种写法也是可以融合的,不是对立的关系。纪实性写作也是讲故事,只是文学性没有那么浓厚;文学性写法也只是在表达方式上偏文学性,事实仍然是基础,不能凭想象虚构情节。因此,采用哪一种写法,除了和题材有关以外,也和记者的文风有关,有的记者擅长文学化写作,有的记者擅长纪实性写作。

一、"纪实性"讲故事

下面看一个纪实性写作的例子:《广州黑人"部落"全记录》,是《广州日报》2007年刊登的一篇报道,开头如下:

> 近年来,不少广州市民发现,身边的黑人越来越多。
>
> 据广州社科院城市管理研究所所长黄石鼎透露,目前在广州常住(6个月以上)的外国人数已达5万,其中可统计的非洲人就有2万多。但这个数据显然不

---

① 陆晖:《深度报道的写作》,豆瓣网,https://www.douban.com/note/314933912/,2013年11月8日。

包括数量不详的隐居群落。据统计，目前在广州的黑人每年以 30% ~ 40% 的速度递增，有人估计总数已达 20 万之巨。

这是广州步向国际化的一个标志。人们知道，数量庞大的非洲黑人促进了中非贸易发展，在一定程度上加速了广东产业升级。然而，黑人"版图"中很多鲜为人知的故事也正在发生。

庞大的黑人"版图"分布如何？他们每天在过怎样的生活？专家直指，对黑人"部落"管理难度超出很多人的想象。

近两周，本报记者在广州洪桥、永平街等地进行了深入的调查，并请教有关专家学者，揭开目前在中国越来越活跃的"黑人部落"面纱。①

从开头的几段文字可以看出，这篇报道的用语比较平实，一是一，二是二，没有使用过多的形容词和副词，也没有心理和情绪描写，就是讲事实，是一篇比较典型的纪实性深度报道。

二、"文学化"讲故事

下面给出的则是故事化写作的一个例子，标题是《〈红楼梦〉作曲者王立平：一朝入梦 终身不醒》，刊发于 2017 年的《广州日报》上。

6 月 17 日晚，由王立平一手挖掘并悉心训练的原唱者陈力，将在人民大会堂时隔 30 年后再度开唱《葬花吟》等 87 版《红楼梦》原创音乐作品。

想到那个场景，头发雪白、戴着标志性粗框大眼镜的王立平，脸上的表情如回梦中。

从事音乐教育的父亲，在王立平心里种下了音乐梦。这个"很小就立志要做音乐家"的孩子天赋惊人——1954 年 11 月，年仅 13 岁的吉林长春人王立平考入了中央音乐学院少年班。

彼时的少年班，会聚了全中国最有音乐天赋的孩子。他们中的大多数，后来都成为影响中国音乐的重要人物。在这个盛产音乐家的摇篮里，王立平奠定了坚实的音乐基础。

1982 年，王立平已是创作出《太阳岛上》《驼铃》《牧羊曲》《大海呀故乡》等名作的作曲家。但他感觉自己的创作巅峰还没有到来。

---

① 柯学东、杜安娜：《广州黑人"部落"全记录》，《广州日报》，2007 年 12 月 13 日第 B06 版。

王立平坦言自己是个不折不扣的"红迷","经历了很多人生的波折、挫折甚至磨难之后，我又有机会读《红楼梦》，才真正读进去了。一朝入梦，终身不醒"。

冥冥中，这位堪称是"红迷"中最有音乐天赋的音乐人，迎来了专属他的缘分。牵线人是导演王扶林的夫人、中央人民广播电台资深音乐编辑王芝芙。"一天她突然说，你来一趟，王扶林正在筹拍《红楼梦》，你有没有兴趣?"

"极有兴趣! 而且迫不及待!"在王立平的眼里，这完全是一个喜出望外的奇遇。①

这是一篇人物特写报道，里面有较多的细节描写，比如，"头发雪白、戴着标志性粗框大眼镜的王立平"这样的表述，同时文章中也有比较多的原生态语言或者直接引语，让稿件很鲜活。这篇报道的总基调就是文学化的写作，透露出记者有比较高的文学修养。

三、讲好故事的常用技巧

不管采用哪一种讲故事的方法，深度报道讲故事都要遵循一定的规则，下面这几条就是"通用规则"。

第一，重点突出，不要"胡子眉毛一把抓"。

记者采访一般会经历一个从"全面采访"到"重点采访"的过程，典型事例要通过重点采访来完成。有了"重点采访"的保证，写的时候，自然也就有了重点和典型，而不是"胡子眉毛一把抓"。

第二，把故事放在具体环境中去写。

把采访对象的故事放在他生活的具体环境中，不要孤立出来。要做到这样，采访工作最好在当地完成，如果是通过电话、网络等远程采访获得素材，很难把当事人的工作和生活情境写出来。

第三，要有细节，但不能全是细节。

"细节是魔鬼"，一篇几千字的深度报道里一定要有三五个让人印象深刻的细节，这些细节画面进入读者的脑海中，久久萦绕。但是，也不能处处是细节，细节构成一个一个的"点"，还要有"面"上的情况，否则就可能带来"只见树木，不见森林"的后果。

第四，直接引语的使用要少而精。

一般的深度报道写作，以第三人称叙述的内容占最大比例。在这个过程中，适度地有

---

① 邱瑞贤、陈诗蓝:《〈红楼梦〉作曲者王立平：一朝入梦 终身不醒》，《广州日报》，2017年6月14日第8版。

一些采访对象的直接引语，一方面可以调节叙述的节奏，另一方面也可以增加报道的鲜活性和现场感。不过，直接引语的使用也不要过多，要少而精。

第五，写好开头，善于制造故事悬念。

一般来说，一个好的开头非常重要，可以带动 1 000 字的阅读。下一个 1 000 字的时候，就要注意制造新的悬念。这也是讲故事的一个老套路。评书版《三国演义》《水浒传》等，都有"欲知后事如何，且听下回分解"的说法，也是设置了一个一个的悬念。

第三节　深度报道写作要注意的十个问题

写作是一种典型的"易学难精"的活儿，我们这里讲深度报道的写作问题，讲的内容再多，都不能保证读者看完之后变成一个写作高手，因为写作既需要后天训练，也跟个人在语言文字方面的天赋分不开。但是，根据笔者长期在新闻业界对记者的观察以及在大学里对选修深度报道课程的学生的认识，帮助读者掌握深度报道写作的基本要求还是可以做到的。换句话说，不能保证学生的"上限"能达到多高，但是一定要保证"底线"不能失守，写出来的稿子至少看起来要像深度报道。要守住这个"底线"，至少要从下面十个方面去下功夫。

一、主题是否明确集中

（一）确定主题

如果一篇报道所涉及的主题比较小，那就直接写；如果主题比较复杂，那就先把复杂的大问题分解成小问题，然后从一个一个小问题写起。但是不管写的是什么主题，都要先把基本的材料写出来，把全部采访素材都展现在自己眼前，再重新组装加工，真正要写好一篇稿子需要后续不断修改。俗话说，"好稿是改出来的"，诚哉斯言。

2016 年秋季，ofo 小黄车刚刚走进大学校园，完全是一个新生事物。笔者让选修深度报道课程的学生以此为题，各自写一篇深度报道的稿子。那么，这个稿子怎么来写？首先就要确定自己的主题是什么，是要剖析它的运营模式，还是调查它对校园秩序带来的改变和困扰，还是两者都要写？这就是主题的确定过程。当然，主题需要根据掌握的材料随时调整，但不管怎么调整，最后选定的主题一定要明确而集中，不能面面俱到，面面俱到的结果就是"蜻蜓点水",每个问题都写不深入。

(二)深化主题

确定主题之后,还有一个深化主题的过程,记者的认知深度会决定主题的深度。主题的深化,要求记者尽可能挖掘背后更深层次的社会问题。记者做到最高境界,比拼的不只是技巧和技术,更是思想的深度,还有短时间内把握事件核心的能力。思想的深度不是一下子能养成的,记者对社会复杂性的认知有一个过程。除了接受基本的大中小学的教育之外,还要"用脚去丈量、用眼去观察、用心去感受"。

举个例子,《南方周末》刊发的《系统》一文是深度报道史上的一篇代表作,作者是曹筠武等三位记者,他们写的是《征途》这款火爆一时的网络游戏,该游戏同时在线人数超过百万,全部玩家加起来可以组成一个超级城市。该文不是把它当作一个普通的社会事件来写,而是探讨这款游戏的内在精神指向和价值观。

基于这样的思想认识,这篇报道所写的就不只是对一款热门游戏的追问,甚至也不只是对网游价值观的追问,而是对人与游戏、人与人之间关系的终极追问。因为虚拟世界是现实世界的一部分,在虚拟世界里,也有着人们必须遵循的基本准则。

> 在当下中国最火的一款网络游戏中,玩家们遭遇到一个"系统",它正在施行一种充满诱惑力的统治。这个"系统"隐匿无踪,却无处不在。它是一位虚拟却真实的垄断者。"如果没有我的允许,这个国家的一片叶子也不能动。"这是智利前独裁者皮诺切特的声音,悄然回响在这个虚拟世界之中。①

上面这段文字是报道的开篇,可以明显看出,记者不只是就游戏写游戏,而是就此开始剖析这款游戏的价值观、底层规则和内在逻辑,这个主题因此就被深化了。这样一种"系统"的思考方式,在近几年出现的深度报道中也有体现,比如2020年出现的《外卖骑手,困在系统里》。

不过,在提升主题深度的过程中,也要注意另外一个取向,否则会过犹不及,这种取向就是不能过于"上纲上线"。深度报道需要适当地"上纲上线",但是如果过度拔高了主题,会导致你所掌握的材料支撑不了你所要表达的主题,无限的拔高会使你的文章成为"空中楼阁"。因此,既要强化这方面的意识,也要注意把握合理的尺度。

---

① 曹筠武、张春蔚、王轶庶:《系统》,《南方周末》,https://www.douban.com/group/topic/2385039/,2007年12月20日。

（三）挖掘深层次问题

另外一个例子是《财新周刊》2019 年
5 月所做的《响水余响》这篇封面报道
（如图 7 - 1 所示）。报道的主标题之下还有
一个副标题——"苏北化工产业缘何陷入
高环境污染和高安全风险的困局？企图以
环境和安全代价换取经济增长实则双输的
路径锁定能否打破？"从内容上看，这个报
道分为上中下三篇，上篇叫《天嘉宜：难
免的灾难》，中篇叫《化工园区的路径依
赖》，下篇叫《苏北化工去留》。这个报道
的主标题、副标题以及内容布局比较好地
体现了对"响水爆炸"这个事件的主题挖
掘，不是"就爆炸写爆炸"，而是写爆炸后
面的经济发展模式问题。

图 7 - 1 《财新周刊》的《响水余响》封面报道

重大突发事件发生之后，一般的新闻
采写规则是，前两三天主要聚焦灾难本身：造成了多大的伤亡？原因是什么？背景是什
么？善后工作做得如何？以动态消息为主。三五天后，动态消息发布得差不多了，就要推
出深度报道了。深度报道不能再采用初期"一事一报"的动态消息，而要努力挖掘突发事
件中所隐藏的深层次问题。

《财新周刊》的这篇封面报道，讲的就是苏北化工产业园区的布局和发展问题。苏北
的化工园当初很大一部分是从苏南转过去的，苏南原来是这些产业的集中地，后来因为环
保的要求高了就转移到了苏北，苏北当时对环境的要求低一些，后来规模不断扩大，苏北
特别是盐城一带有了越来越多的化工园区。到了现阶段，化工业的发展与环境保护冲突进
一步凸显，这篇报道剖析的就是这个矛盾以及寻求它的解决之道。这样一来，报道的主题
就被深化了。

（四）考虑主题的独特性

在深化和挖掘主题的同时，也要考虑到新闻的可读性问题，用新媒体的语言说，就是
"流量"问题。深度报道绝不是故作高深的报道，无论是所在媒体还是作者本人都希望有
更多的读者能够读到这些报道，只有这样，新闻的社会影响力才能够体现出来，所以深刻
之外还要考虑主题的独特性。主题的独特性可以决定报道的新意，也可以带来"阅读率"

和"流量"。当然,主题的独特性不能为独特而独特,这个独特同样要有事实基础,要有理论依据。

说到报道角度和呈现方式的独特,《南方周末》刊发的另外一篇报道是一个典型,题目叫《"专访"1936 年的鲁迅:你想对"佛系青年"说什么?》。在这篇报道中,《南方周末》记者虚拟了这次跨越时空的对话,回答均引自《鲁迅全集》原文,不是网上流行的所谓假托鲁迅的"名言"。对话的时间设置在 1936 年 5 月 4 日,鲁迅的气喘暂时缓解,恢复工作,一天内给三位友人写了信。在对话当中,鲁迅聊起了"佛系青年""丧偶式育儿"等多个现代话题。讨论的内容是当下的,但借用了"虚拟对话"的写法,这就很独特,读者的阅读兴趣也会相对高一些。

总结一下,主题的确定是深度报道写作的第一步,要做到主题集中,需要集中"火力"。第一,如果报道只有三五千字的篇幅,最好只谈一个核心问题;如果有上万字,那么就要对大的主题进行分解,把大主题分解成几个有逻辑关系的小主题。第二,要深化主题,从表面看到内在,从底层看到高层,不断挖掘报道的深度。第三,主题要尽可能独特,避免人云亦云,表现形式也要尽可能独特。

二、逻辑结构是否清晰

深度报道篇幅长、内容多,因此在写作中,文章结构非常重要。重要内容既不要有遗漏,也不要有重复。要尽量做到详略得当,结构清晰。写完报道,一定要认真修改,把逻辑不顺的地方调理好。结构就像人的骨架和体形,结构清晰了,骨架就匀称了,体形也就优美了,读者读起来才舒服,愿意去读。

深度报道写作中,有几种常用的结构,下面分别介绍。

(一)问题主导型结构

这是深度报道写作中的第一种常用结构,按照所写的问题组织文章的结构,具体又可以分为线性结构和平行结构两种。

1. 线性结构

第一步,提出问题;第二步,分析问题;第三步,解决问题。这样的结构在党报的深度报道中较为常用,此外,话题性稿件的写作中也常用。

《广州日报》2010 年 8 月刊发了一篇深度报道,题为《山东诸城"农民上楼"调查》,这篇文章的结构就属于线性的问题主导型结构。文章分为四个小标题:一、社区化运动:1 249 个村合成 208 个农村社区;二、农民的困惑:居住地离农田太远成难题;三、政府的引导:不搞强拆鼓励农民向中心村迁移;四、专家意见:纯农业区不适合搞集中居住，不能强制农民"被城市化"。

第一个小标题的内容说"农民上楼"在当时的山东农村是一种新出现的现象，第二个小标题的内容是说这种做法带来的影响，这两个小标题是在"提出问题"；第三个小标题讲的是当地政府为什么要这么做，这是在"分析问题"；第四个小标题借助专家之口，说出化解这个问题的可能办法，是"解决问题"。按照这样的顺序写下来，四个问题层层递进，按线性结构逐一展开，读者读起来，就会感觉逻辑很清晰，很容易读下去。

线性结构在话题式深度报道或者解释性深度报道中也大有用武之地。比如，笔者曾经让学生写"大学生创业问题调查""共享单车何去何从？""中美贸易战透视"等报道，这些报道都可以采取这种逻辑结构去写。

2. 平行结构

运用这种结构，一篇典型的深度报道通常这样来写：开头、问题一、问题二、问题三、问题四、问题五、结尾。

《人民日报》2018 年 12 月刊发了一篇名为《改革开放 40 年中的外国留学生》的文章，是笔者指导复旦大学新闻学院的五名学生所做的报道。当时，五名学生记者一共采访了十几位留学生，每位留学生的故事都很精彩，采访素材很丰富。那么，怎么把最后的文章写出来？最简单的方法是为每个留学生写一段，以人物为线索，把每个人物的留学故事写出来。这是一种媒体常用的结构，很多媒体在写类似的报道时就是这么做的，写的时候，分开写，排版的时候，一个人配一个头像再加一段话。但是这样以人物为线索组织出来的稿件，就不像深度报道了，灵活有余而深度不足。

思考再三，笔者还是指导学生以问题为线索去组织素材，参与的学生各写一个版本的稿件，大家的写法不同，选择其中一篇为底稿，并在此基础上综合其他同学的意见，最终完成了一篇五六千字的稿件。终稿所采用的逻辑结构就是平行结构，以不同的问题为线索进行撰写。问题一：被采访的留学生中，有来自日本、乌克兰、新加坡等国家的留学生，他们为何选择来中国留学？问题二：他们在中国是怎么学习的？问题三：他们通过留学对中国有了什么样的认识？问题四：展望中国留学生教育的未来发展。这四个问题基本上是并列关系，分别呈现出来，共同形成一篇完整的报道。

（二）时间主导型结构

这是深度报道写作的第二种常用结构，文章的主体按时间的先后顺序去写，但不是完全的先后顺序，中间会有倒叙、插叙等方式的运用。一篇文章通常呈现出"现在—过去（主体部分，基本按时间顺序写）—现在"的结构。也就是说，不是完全从一件事情的开始写起，先是过去，然后是现在，最后再写到未来；而是要有不少倒叙和插叙穿插其中，先讲现在，然后从现在拉回到过去，再回到现在，接着讲到未来。

中央电视台《新闻调查》曾经播出了一个片子，叫作《谈判15年》，就是以时间顺序组织的。该片分为以下几个部分：第一，钱嘉东，递交复关申请；第二，沈觉人，第一任谈判官；第三，佟志广，第二任谈判官；第四，谷永江，第三任谈判官；第五，龙永图，第四任谈判官。

时间主导型是比较容易想到的逻辑结构，也是适用面很广的结构。前面我们讲过深度报道主要是通过讲故事的方式去写稿，故事本身通常都有自己的发生时间和发展过程，时间主导型结构因此也是符合故事自身进程的一种结构。

（三）空间主导型结构

在牵涉到多个重要空间地点的深度报道中，可以用空间主导型结构。

1. 同一时间发生在不同地点的场景

新华社发布过一篇报道，题目是《今夜是除夕》。文章开篇之后，记者分别写了五个地方的采访对象依旧在工作着——在中央电视台：不笑的人们；在长途电话大楼：传递信息和问候；在红十字急救站：救护车紧急出动；在北线阁清洁管理站："城市美容师"的心里话；在妇产医院：新的生命诞生了。通过以上五个不同空间场所的报道，刻画了各行各业的从业者在自己的工作岗位上喜迎新春佳节的情况。

2. 不同时间发生在不同地点的场景

这样的结构稍微复杂一点，其中有空间与时间的交叉，或者说是横向与纵向的结合，如果进一步细分，此结构又有纵横交叉式和蒙太奇式两种。此结构多用于事件复杂且时间跨度大、空间跨度广的报道，比如新闻名篇《为了六十一个阶级弟兄》采纳的就是空间与时间相互交叉的逻辑结构。

3. 延展意义上的空间结构

把具有相似性的报道对象并列展开，予以报道，形成一种"拟空间结构"。

《人民日报》1995年4月19日头版头条刊发的报道《浦东，璀璨的"双桥"格局》就是如此。文中三个小标题，分别揭示"双桥"格局的三个侧面：南浦、杨浦两座桥——基础建设由小到大的跨越；金桥、外高桥两座桥——城市经济功能由低到高的跨越；改革、开放两座桥——城市开发机制由旧到新的跨越。

（四）"华尔街日报结构"

和前面三种比较起来，这种结构不是一种完全独立的结构，和前三种有交叉与重合，这种结构是在20世纪90年代到21世纪10年代伴随着深度报道专业化操作兴起的，这种写作方式在特稿或非虚构写作中用得比较多。

"华尔街日报结构"一般是这样构成的：开头的"白描"+稍后的"报道主旨"+故事

化的"正文"+意味深长的"结尾"。大概比例是：开头2% + 主旨3% + 正文90% + 结尾5%。其中，正文部分的结构通常还是上面所说的三种结构之一。所以，它与上面三种结构不完全是并列的，而是交叉的。

前面提到的两篇报道，《一个女工的最后72小时》和《脆弱的猪肉》都是这样的写法，先写一个个案，然后点明报道的主旨，再写具体的故事。

三、报道的开头是否引人入胜

深度报道的开头不同于消息的导语，消息的导语就是第一自然段，深度报道的开头一般由几个自然段构成，是一个"导语群落"。深度报道开头最重要的目标不是把最重要的信息一下子都告诉读者，而是吸引读者去读这篇报道，留住读者的眼光，让读者觉得报道很有意思，想深入读下去，也就是说，是设置一个阅读"诱饵"。如此说来，它的功能与消息的导语明显不同，消息的导语承担着把重要信息传递给读者的功能。

深度报道的写法讲究"精心开头，巧妙结尾"。有的记者认为，好的开头好像"在一盆清水里滴一滴浓厚的墨汁，然后逐渐散开"。开头为整篇报道奠定基调，很多记者会花比较多的时间去琢磨开头的写法。文无定法，深度报道开头的写法有好多种，下面介绍一些比较常见的写法。

（一）场景式开头

开头描写的是一个具体的场景，而不是宏观的概括，是一个点而非一个面，像拍电影一样，一上来就是一个特写镜头，用这个镜头把读者的眼光"锁住"。

《被剥皮的红豆杉在流泪》一稿，刊发于2001年10月的《南方周末》，开头描写了一棵千年古树被剥皮的场景，让人印象非常深刻。

> "这不是真的，这棵千年古树并没有被剥皮！"
> 9月28日，一次次在雨雾弥漫的陡峭山坡上滑倒又爬起来时，记者在内心不断祈祷。
> 15时05分，经过7小时的艰难爬行，当这棵历尽沧桑的大树出现在记者的眼前，雨水和泪水模糊了记者的视线——她的皮已经被剥得光光的，从根到树梢，体无完肤。枝叶扔了一地，剥不到的树枝也被砍下来。
> 她艰难地挺立在悬崖边上，庞大的身躯上不停地渗出树液，像是血，又像是泪。
> 翻阅大理州云龙县的一份资料，这是中国有据可查的最大的一棵云南红豆杉，它的胸径达2.6米，六七个人才能合抱……

> 皮被剥光，树被齐根砍倒，裸露的树干鲜红鲜红的，像遮天蔽日的原始森林在泣血。①

（二）评论式或者夹叙夹议式开头

虽然一般不提倡在新闻报道中直接加进记者自己的评论，但是在关键地方偶尔有一两句评论的话，能够显示作者的态度，只要有事实依据，这样的评论也是可以出现的，可以起到画龙点睛的作用。

《玉门——石油枯竭后的艰难重生》这篇报道，刊发于 2004 年 6 月的《南方周末》。文章开头部分的"一个因油而生的城市，现在又要因油而痛""于是玉门走上了它的衰落与末路，就像一名功勋卓著的战将，只是英雄迟暮"，都是评论式的语句，目的是点亮文章的主题。

> 一个因油而生的城市，现在又要因油而痛。
>
> 玉门市离汉代玉门关有上百公里，离清代玉门县旧址约 70 公里，它高高地蹲伏在祁连山绵延重叠的余脉上，依靠着白雪皑皑的雪峰。
>
> 这里是诞生中国第一口油井的地方，这里是诞生中国第一个油田的地方，这里是诞生中国第一个石化基地的地方，这里是孕育大庆、胜利、克拉玛依油田的地方，这里是养育和繁衍中国现代工业的地方，这里曾经激荡着整个民族的光荣与梦想。
>
> 但现在，它是一块弃地。
>
> 20 世纪末玉门油田曾经面临枯竭。21 世纪初玉门市和玉门油田作出一个决定：迁移。
>
> 于是玉门走上了它的衰落与末路，就像一名功勋卓著的战将，只是英雄迟暮。②

（三）悬念式开头

深度报道的篇幅很长，要吸引读者阅读的做法之一就是设置悬念，甚至从一开始就设置悬念。中央电视台《新闻调查》2000 年 7 月 28 日播出了一期深度调查节目，说的是

---

① 曾民、张林：《被剥皮的红豆杉在流泪》，《南方周末》，2001 年 10 月 18 日第 9 版。
② 南香红：《玉门——石油枯竭后的艰难重生》，《南方周末》，2004 年 6 月 3 日第 A2 版。

2000 年中国的淮河治污取得了较大成绩，在国内外产生了较大影响，而当年年底是国家环保部门提出淮河治污的最后期限，淮河两岸人民一直憧憬着淮河水变清的这一天。这是一个重大的环保题材报道，一般的环保节目因为有比较强的专业性，不容易做出效果。为了能够把这个报道做好，片子使用了"悬念式开头"，一下子就把观众的注意力抓住了。

片中讲述，离淮河水返清最后期限不到七个月的一天，在淮河的重要支流颍河上发生了一起重大污染事件。2000 年 5 月 18 日傍晚，安徽省阜阳城郊的七里长沟边发生了一起惨祸：在河沟边水闸下种红薯的杨建波、杨新宽父子，正轮换着到闸下沟里挑水浇地，忽然眼前一阵眩晕，父子俩先后倒在水沟边。此后，前来救助的村民们也接二连三神秘地倒下，造成了六死四伤的惨剧。出事的第二天，有关部门对七里长沟进行了环境检测，发现硫化氢含量高达每立方米 700 毫克！这种浓度的硫化氢，人从接触到死亡，速度和触电差不多。在国家标准中，硫化氢这种神经毒物，居住区的许可空气含量是每立方米 0.08 毫克，工厂车间在安全设施跟得上的前提下的许可含量是每立方米 10 毫克。

但是，更让人不可思议的是：6 月 5 日，当地政府为了隐瞒事实真相，给 6 位死者每人 4.5 万元至 6.5 万元的"丧葬补偿"，其中 4 位死者正由市府向上级申报为"革命烈士"。从医院请假出席会议的 4 位伤者"憋着一肚子气"接受了披红花颁奖金的表彰。4 位伤者中，3 位领了"见义勇为奖"，回到医院静养。

到底谁是造成此次污染的责任者？为什么当地政府要隐瞒事实真相呢？接下来，这一期节目就对这一事件进行了深入细致的调查。这样的"悬念式开头"就为整个报道奠定了一个好的基调，吸引观众看完整个报道，同时，借由这个报道，推进淮河的污染治理工作，还一片干干净净的蓝天白云给淮河两岸的老百姓。

（四）开头与摘要不同

说到深度报道的"开头"，要注意它与"摘要"或"导语"的不同。有一些深度报道，特别是报纸上刊发的深度报道，有时候会在大标题之下、正文之前放一段话，一两百字，新媒体平台上的深度报道，有的时候也能看到这样的处理，但不一定每一篇都有。腾讯新闻"谷雨实验室"2020 年 10 月刊发的《章莹颖家人，还在寻找章莹颖》一稿，在主标题和正文之间有一段两百多字的文字：

> 2017 年 6 月 9 日，伊利诺伊大学香槟分校访问学者章莹颖在美失踪。其后，她被证实遭到绑架和杀害。如今三年过去，凶手已被擒获，法院结束审判，对旁观者而言，章莹颖案已经结束了。
>
> 但一个重要的事实是，章莹颖始终没有被找到，她的家人也没有收到过任何道歉和赔偿。一个曾经充满希望的家庭承担了无理的剥夺、纯粹的失去，却没有

一个"解决"可供他们消化这个巨大的创伤，他们的生活陷入了困顿之中。①

这段文字与前面所说的深度报道的"开头"具有不同的功能，姑且可以将其称为报道的"摘要"，目的是把这篇报道中最能打动读者的内容写在这里，一般是文章中的金句或者关键的新闻点。在形式上，这段摘要性的文字在报纸的版面上或者在新媒体的页面上是"自成一体"的，通常位于主标题和正文之间。这段文字的内容和深度报道的开头不冲突，甚至允许部分内容重复。

"剥洋葱"微信公众号是《新京报》的一个网络深度报道账号，这个账号上所刊发的稿件，一般都有一段"摘要"。这段摘要或者言简意赅地把报道的主旨讲出来，或者放一段正文中比较吸引人的段落，总之是希望能够抓住读者的眼球，把读者吸引到这篇报道中去。在有的媒体里面，"摘要"由记者自己写，但是也有一些媒体，由编辑做"摘要"，编辑从记者稿件里抽取一两百字放在显眼处。

四、信源是否充足

信源分为直接信源和间接信源，直接信源的可信度比较高，间接信源的可信度稍弱，但也可以使用，最好是直接信源和间接信源交互使用。相应地，直接引语和间接引语也要在文章中穿插使用。

我们之前讲过，根据业界资深记者总结的经验，要把一篇报道写好，原则上，1 000字要有一个独立信源。那么，一篇3 000字左右的深度报道，至少要有三个独立信源，才能保证文章基本立得住。随着报道篇幅的加长，信源也要随之增加，比如，报道写到了8 000字，就要求有至少八个独立信源。

这是一个硬指标、一个可以量化的指标，可以据此判断一篇深度报道写得够不够扎实。在实践中，经常可以看到一个采访对象说的话就构成了一篇长篇报道，特别是在名人专访中，常常如此。殊不知，这样写稿隐藏着很大的风险。记者需要格外警惕单一信源的使用，需要运用各种方法增加信源，特别对文章中谈到的关键问题要向多方核实。

五、文笔是否流畅优美

在文字表达方面，深度报道的写作有以下五个层次的要求，一个比一个要求高。对于

---

① 姚璐：《章莹颖家人，还在寻找章莹颖》，"谷雨实验室－腾讯新闻"微信公众号，https：//mp. weixin. qq. com/s/tTsDQZm4tek_ A4qIszpHKA，2020年10月26日。

所有记者或写作者来说，前三项都应该做到，这是底线，不能失守。后两项要求，一定程度上要看记者的天分，可以努力去提高，但不一定都能做到。

（一）没有错别字是第一要求

错别字是非常影响读者对文章第一印象的地方，看似小事，实则关系巨大。文章常出错别字的话，不仅会影响媒体的公信力，也影响记者的个人形象。在传统媒体时代，媒体有三审三校的强制性流程，可以比较有效地把住错别字这道关，到了如今自媒体时代，错别字可以说是满天飞。

（二）语句通顺，标点符号正确

和第一个要求一样，这也是最基本的、任何写作里面都会提到的一个要求。还有一个问题是，现在网络上经常出现各种"网言网语"或者具有网络特色的表达方式，很多和规范的汉语言表达是不一致的，不能出现在严肃的深度报道中。

（三）逻辑清楚，表达流畅

这个要求相对比较高，但是也属于基本要求之列，要求所写的深度报道具备比较合理的结构，逻辑清楚，语言流畅，读起来没有阻滞感。

（四）文字优美，尽量给读者美的享受

要求记者具有比较高超的语言掌握和运用能力，能像比较好的作家那样去写深度报道。这是对记者提出的比较高的要求，不一定每篇报道都能做到这一点，但这应该成为记者的一个追求目标。

（五）跌宕起伏，让读者一口气读完

报道写得紧张有序，其中有铺垫、有悬疑、有高潮，就像一部精彩的电影故事片一样，让读者读起来爱不释手。和上一个要求一样，这也是对深度报道比较高的一项要求。

六、报道的结尾是否余音袅袅

一般而言，深度报道的开篇要"由小及大，由点及面"，而深度报道的结尾则要"画龙点睛、首尾呼应、追求味道、给人启迪"。"结尾"虽然短，但是很重要，可能是仅次于"开头"的一部分，需要作者花时间认真写作和打磨。

《中国青年报》"冰点周刊"的微信公众号 2023 年 1 月 18 日刊发了一篇名为《这一

趟回家跨越时差》，新闻背景是 2022 年 11 月 11 日，国家卫健委发布《关于进一步优化新冠肺炎疫情防控措施科学精准做好防控工作的通知》，对入境人员，将"7 天集中隔离 + 3 天居家健康监测"调整为"5 天集中隔离 + 3 天居家隔离"。这样一来，因为新冠肺炎疫情几年在海外不能回国过春节的中国人开始回家过年了。这篇报道说的就是几个海外家庭回家过年的悲喜交加的故事。其中着墨最多的是卢丹一家，他们 2016 年起到荷兰定居，每年暑假都会回到中国浙江与父母团聚，规律的探亲之旅持续了 3 年，但从 2020 年起就中断了，这次终于克服种种困难回来了。与此同时，也有依旧不能回来的：在韩国留学的王家康花两天时间装满的行李箱，被他重新打开了。出发前三天，他确定感染新冠病毒，那张 1 月 12 日从首尔飞哈尔滨的机票只能退掉。

文章的主体部分都在讲卢丹一家的故事，但在文章的最后三段又回到了王家康的故事里，并以此结尾：

> 1 月 14 日小年夜，王家康的家人打来视频电话，桌子上摆着紫皮糖和巧克力，这是他最爱吃的两种零食。据王家康介绍，在腊月二十三这天，"祭祀灶王爷爷和灶王奶奶"，是东北当地的一种风俗，希望他们"上天言好事，下地保平安"。祭祀结束后，全家人会坐在一起吃灶糖。
>
> 王家康没吃到灶糖，但是妈妈已经把他的房间收拾好了，被褥全部换洗。爸爸给他求了个平安符，奶奶也给他准备了大红包。
>
> "等到一家人在一起的时候，才是我们真正的年，奶奶说不养胖十斤不让我回韩国呢。"王家康希望自己 2 月能顺利回家，把手机备忘录里的"回家想吃饭菜清单"全部吃个遍。①

这是一个对比式的结尾，不是让报道戛然而止，而是让读者在对比中对新冠疫情以及因之受影响的普通老百姓的生活有了更多一层的认识。此外，结尾所引用的素材充满了地方特色和人物特色，让读者有一种自然而然的亲近感。这样的结尾就是比较成功的。

七、大标题是否有深度感

标题是一则新闻的"眼睛"和"灵魂"，标题的制作对深度报道写作来说是非常重要的一环。一般来说，深度报道的大标题（或者叫主标题）要同时追求三种"感觉"：一是

---

① 陈晓：《这一趟回家跨越时差》，"冰点周刊"微信公众号，https://mp.weixin.qq.com/s/2cX9qjIWcpAcl4U3jRqVrA，2023 年 1 月 18 日。

新闻感觉，要把新闻性强的内容体现在标题里，这和消息标题制作的原理是一致的。二是深度感觉，比如在深度报道的标题里，常常可见"调查""背后""内幕"等词汇，类似的还有"困局""再造""轨迹""记录""实录""前世今生""之后""始末""风波"等，这些都体现了对深度的追求。三是文学感觉，和新闻感觉似乎有些相抵触，这种感觉追求的是标题的朦胧感、抽象感和电影感。比如《财新周刊》的"响水余响"这样的标题就有比较明显的文学感觉。

下面举一个例子看看深度报道标题的制作原则。《南方周末》微信公众号 2019 年 5 月发表了一篇深度报道，标题是《调查 | 20 年前获死刑，20 年后再涉黑"昆明恶霸"孙小果的"后台"》。从这个标题可以看出，同样的一篇报道，刊发在报纸上和新媒体平台上，标题的制作方法有所不同。由于报纸版面的空间限制，报纸上的标题字数相对比较少，主标题一般不超过 12 个字；而新媒体平台上能够容纳更多的字数，标题有时会达到 20 个字以上。此外，《南方周末》这则报道的标题也同样突出了新闻性，"20 年前获死刑，20 年后再涉黑"，这里有一个巨大的反差，设置了一个显而易见的悬念；"后台"两个字则是对深度的追求，表明这篇文章不只是简单说一个消息，而是要深度调查这件稀奇事情的"台前幕后"。

八、小标题制作是否有序

与简短的消息相比，深度报道有一个很大的特点，就是篇幅长。为了方便读者阅读，就要设立小标题，而在消息稿中，通常没有设立小标题的必要。一般来说，在报纸上刊发的深度报道中，600 字左右要有一个小标题，那么一篇 3 000 字的报道就要有 5~6 个小标题。杂志上刊发的深度报道比报纸上的报道要长一点，800 字左右就要有一个小标题，一般不要超过 1 000 字。

小标题的制作原则和大标题不一样，大标题要追求深度性和文学性，而小标题则要尽量具体，尽量不要制作抽象的标题。同时，每个小标题要在字数多少、句式等格式方面尽量统一。此外，小标题大部分情况下要"一行"走完，个别时候也可以制作"两行"标题。

图 7-2 是 2019 年 5 月 29 日《解放日报》第 9 版，也是该报"长三角周刊"的一个版面，这个版面由左边的一条主稿和右侧的一条配稿组成，主稿是一条深度报道。这条报道有三个小标题，每个小标题"统领"六七百字的内容，这样就比较易读。设想一下，如果没有三个标题把文章"打散"，整个版面就会呈黑压压一片，无形中给读者的阅读造成压力。最后，这三个小题的制作也比较特殊，每个小标题由一个标题句加一两句话组成，是相对比较复杂的小标题。

九、行段分割是否合理

在深度报道的写作中，行段分割也有讲究，基本要求是"以短为主""有长有短""长短结合"。每一段的文字不要过长，一般来说，100 字就可以了，特别是新媒体平台上刊发的深度报道，因为是在手机小屏幕上阅读，每个自然段更不宜太长。同时，写作的时候还要适当地变换节奏，必要的时候，还可以"一句话就是一个自然段"。

图 7-3 是《中国青年报》2019 年 5 月 22 日第 5 版，也是该报"冰点周刊"的一个版面，《村里有面博士墙》是这个版上的唯一一篇文章。文章很长，大部分自然段都很短小。如果每个自然段的文字很多，也会造成"黑压压一片"的视觉效果，不利于读者的阅读。

图 7-2　《解放日报》"长三角周刊"的一个版面

图 7-3　《中国青年报》中"冰点周刊"的一个版面

十、图片和视频的搭配是否到位

传统上，深度报道是以文字为主的报道，但是因为一篇报道的字数很多，也不能"一文到底"，需要搭配合适的图片。图片可以记者自己拍，这是最好的选择，因为图片的内容和文字的内容比较吻合，也可以由编辑部从购买的图库中选取，相对来说，这样的照片很可能只是"资料照片"，和文字的吻合度要差一些。

在编辑过程中，图片要放在版面上的合适位置。一般一条稿不需要搭配太多照片，有两到三张就可以了。选用的照片要有新闻性，要有现场感，要有冲击力。此外，还要注意一点，就是照片画面里一般要求有人，有人的照片比纯风景的照片要更有新闻性。

随着移动互联网的不断发展，如果一条深度报道要刊发在新媒体平台上，视频素材就和上面所说的照片一样，成为不可缺少的一个组成部分。这种视频素材可以是短视频形式的，其作用类似于照片，用来辅助文字报道；也可以是比较长的视频，长视频的功能接近于传统的电视深度报道，自主性比较强。

以上就是本书总结概括的深度报道写作中要注意的十个问题，分别是主题是否明确集中、逻辑结构是否清晰、有没有一个有吸引力的开头、信源是否充足、文笔是否流畅甚至是优美、有没有一个余味无穷的结尾、大标题有无深度感、小标题是否有序、行段分割是否合理、是否搭配上合适的图片和视频。

这十个问题所针对的十项要求，既有内容方面的要求，也有形式方面的要求，但都是最低要求。做到了这些要求，可以保证记者写出一篇合格的深度报道，但是不能保证写出优秀的深度报道，要写出优秀的深度报道，还需要"天时、地利、人和"等各方面的条件。

第四节　如何写好深度报道？——以《南方都市报》为例

《南方周末》在 20 世纪 90 年代率先在深度报道上发力，取得了令人瞩目的成就。但是 2003 年以后，情况发生了改变，都市报开始加入深度报道的战团。2003 年以《被收容者孙志刚之死》为起点和代表，《南方都市报》开始深入和频繁地开拓深度报道的选题，短时间内成为国内深度报道的一个"高地"。

高峰时期，该报的深度报道部有 20 多名记者，每周都有 2~3 篇重磅的深度报道推出，加快了深度报道的生产节奏，不再是之前《南方周末》那般以"周"为单位的慢节奏，只要有报道，理论上每天都可以出，所以日报做深度报道对当时深度报道的格局产生了很大的影响。《南方都市报》的深度报道是怎么操作的？其当时的负责人陆晖曾经总结过写好深度报道的若干要点。①　其中，有些要点在笔者前述的十个问题中已经说过，有些要点笔者在陆晖观点的基础上有所解释和发挥。

一、挖掘细节，多用具体词汇，少用抽象词汇

陆晖认为，细节是最鲜活的事实，是最本质的事件真相，是最透彻的人物灵魂。细节是电，细节是光，细节是唯一的神话。一个讲故事的人要尽量使用"精致的画笔"，不要使用"模糊的海绵块"。要精确，而不是无差别地描写。但是，与报道主题无关的细节统统都是阅读的累赘。要有细节，但也不能全是细节，要点面结合。

同时，在写作时要尽量用具体词汇，少用抽象词汇。比如，"问题"是一个抽象词汇，"水果"是一个抽象词汇，"慷慨"同样也是，这样的词要避免使用，要代之以更加具体的词汇。比如，能用"苹果""西瓜"等具体词汇的时候，就不要用"水果"这个抽象的词汇。

陆晖认为，要挖掘细节，具体来说，有如下几种办法：

第一，观察。从进入新闻第一现场开始，记者就必须观察发生的一切，在此基础上，注意突出的、反常的事物。这个问题不只是写作中的问题，而是要从采访的时候就要格外留心对细节的把握。比如，在第六章，我们讲过《中国青年报》"冰点周刊"特稿主编从玉华的采访心得。她说，要采访一位钢琴天才，就要知道他的手指有多长，一秒钟能弹多少个音符，这样的细节都要采访到。再比如，要采访广东一度出现的"大胡子"政协委员孟浩，就要掌握他的胡子留到最后有多长，记者采访的时候，最好能精确地把这个长度问出来，而不只是笼统地说"长胡子"。

第二，提问。记者需要满怀永无止境的好奇，事无巨细、不厌其烦地向了解情况的人提问。这个问题和上一个问题是一脉相承的。记者采访的时候，既要了解事件的全面情况，也要掌握关键的细节问题，只有提问，才能获得这些材料。基于此，记者的心理承受能力也要强，有的时候，不能因为被采访对象不愿意谈而轻易略过，需要尽力争取。

第三，记者要有根植于事实基础的想象力，也就是反推的能力。记者的想象力不是凭空捏造。想象的意思是当记者看到一个画面或东西的时候，要能够倒推这个画面或东西的来历是什么，再通过一系列的提问去证实或证伪最初的想法，这是一种前后联想的能力。

① 陆晖：《深度报道的写作》，豆瓣网，https://www.douban.com/note/314933912/，2013年11月8日。

良好的想象力可以给记者的采访指明方向。《南方都市报》记者丰鸿平写的《全球祭孔：政治话语投石问路》，刊发于 2005 年 9 月 27 日，里面有这么一段话："而今年，骆承烈应邀去山西做关于孔子的讲座。他在会场看到这次讲座的名称是'保持共产党员先进性教育活动'。"在这个时间段，全国都在进行这样一场学习活动，记者头脑里要把具体的新闻事件和宏观的社会背景有机结合在一起。

二、要展现，不要讲述

陆晖说，记者不要告诉读者发生了什么事，而要尽可能让读者自己看到这些场景和事件。可以把记者想象成一台摄像机，读者通过镜头感受到"摄像机"想传达的信息，在这个过程中，最大限度地调动读者的各种感官：视觉、听觉、嗅觉、味觉，乃至触觉等。同时，要避免使用华丽辞藻堆砌文章，避免夸大其词，不要把任何"短暂的困难"都说成"危机"。

那么，"展现"与"讲述"有何区别呢？下面是一个"展现"的例子，记者喻尘所写的《中国水危机之危险的海洋》：

> 2007 年 7 月 15 日，江苏省连云港市燕尾渔港，渔民单海兵正在和几个渔老板闲在海边的一间小房子里。狭小的空间弥漫着男人的汗味，大海的咸味。4 个人在打牌，另几个人喝着啤酒。黄海就在这间屋子的东面十几米处。百多艘铁皮的船停靠在一个狭窄的港湾里，一挂鞭炮急急响过，一只船形只影单地向大海深处驶去。①

如果，换成"讲述"，则是下面这个样子，也很可能是绝大多数记者会采取的一种写法：

> 单海兵是江苏省连云港市燕尾渔港的渔民，2007 年 7 月 15 日，他在接受记者采访时说，海洋污染严重，基本打不到鱼，一百多艘铁皮船都停在港里，只有个别出海捞鱼。由于无事可做，他正和几个渔老板闲在海边的一间小房子里打牌喝酒。

---

① 喻尘等：《中国水危机之危险的海洋》，《南方都市报》，https：//www.fx361.com/page/2008/0621/4062339.shtml，2007 年 11 月 2 日。

可以看出，"展现"与"讲述"的区别在于，"展现"没有画外音出现，整个叙述是平滑的、一气呵成的、没有被打断的。但是，在"讲述"中，会有一个画外音，会干扰叙述的连贯性。不过，这个问题要两面看，这种画外音通常是由信源带来的，按照我们对信源的要求，信源需要记者在文中精确交代。因此，在深度报道的写作中，我们要尽量兼顾两方面的需求。

三、虚实结合，点面结合

"虚实结合"指的是深度报道中的细节、场景、个案、引语等实际的内容要与背景、概述、资料、专家解读等相对抽象的内容巧妙地结合起来，最好是交替出现。如果文章过实，则会流于琐碎；如果文章过虚，则失于枯燥。因此，优秀的深度报道一定是将虚与实的比例和次序完美结合在一起的。

陆晖所说的"虚实结合"和我们前面所讲的"点面结合"是一个意思，"虚"等同于"面"，而"实"等同于"点"。

看一个例子，2005 年 7 月 13 日，《南方都市报》刊发了《丽江花园业主集体拒交物管费风波》，其中有这样的段落：

> "我从来没有说过不交管理费，我只是要按照政府的指导价交费，是他们不收。"几个月之后，提起这桩官司，刘演发挂在嘴边的就是这句话。
>
> 刘演发所说的政府指导价，是指广州市物价局、广州市国土资源和房屋管理局（以下简称广州市房管局）联合印发的《广州市物业服务收费管理实施细则》（穗价〔2004〕200 号，以下简称 200 号文件）的规定："实行包干制、酬金制的普通住宅物业服务收费实行政府指导价。"
>
> 这一价格的具体标准，根据《2004—2005 年度广州市普通住宅物业服务收费政府指导价基准价和浮动幅度》，一级资质的物业管理收费为：基准价，每月 1.7 元/平方米（有电梯）、0.85 元/平方米（无电梯），可上下浮动 15%，也就是说，最高不超过 1.96 元/平方米（有电梯）、0.98 元/平方米（无电梯）。
>
> 而丽江花园的各个非别墅小区中，物业管理费最贵的左岸达到 2.76 元/平方米，而最早开发的丽字楼虽然大部分没有电梯，也达到最低 2.2 元/平方米。
>
> 刘演发说他想不通，政府规定得明明白白的价格为什么就是得不到实行。"物业公司在欺压我们，我们没有别的依靠，只能自己组织起来，跟它斗。"[1]

---

[1] 陆晖、杨晓红、姜和：《丽江花园业主集体拒交物管费风波》，《南方都市报》，2005 年 7 月 13 日第 5 版。

这几个段落比较好地做到了"虚实结合"，丽江花园的个案或被采访对象刘演发的说法是"实"，属于比较具体和实在的内容。与此同时，广州市关于物业管理收费的办法则是比较"虚"的"面"上的宏观内容。两厢对照之下，可以看出丽江花园的物业收费所存在的问题。

在实际的写作和版面安排中，常见一些不符合上述原则的处理案例。典型的做法是，把个案与背景截然分割，先是讲述一个完整的当然也是篇幅很长的个案，然后加上一大段专家解读。从版面制作的角度来说，这样处理无可厚非，显得很直观、简洁，但这不是深度报道的处理方法，也是在虚实结合方面失败的一种做法。

四、注意起伏、变化感和节奏感

陆晖认为，写一篇报道就像唱一首歌，如果永远只是一个调子，那必然只能使人昏昏欲睡。因此，需要制造节奏感。比如，可以从事实方面制造起伏：从极小到极大，极微观到极宏观，就像是一会儿飞上云霄，一会儿深入地底的"过山车"感觉。

此外，还要讲究速度感，避免拖沓；以及力量感，适当地使用重复语词以及句子，可以增加力量感。至于节奏，可以通过变化的句子长度、段落长度以及结构，带来节奏的变化。还有，要尽量避免软弱、被动的句子结构，采用更加强有力的主动的描写手法。

五、前后呼应，重视结构

在深度报道的写作中，开头与结尾、段落与段落之间，要尽量留下伏笔，起到"一唱三叹"之妙。同时，在叙述的时候，要设置衔接过渡的语句，这是"钩子"。陆晖认为，信源的职务、头衔只出现一次即可，而且要尽量简化。必要的时候，记者也要大胆现身，做一个"概括者""裁判者"以及"观察者"，要有适度的"引导性"。数字的使用要谨慎，少而精，而且要具象化，少用庞大的数字，一般用阿拉伯数字，不用汉字表述。这样的表达方式给读者一种"精确"的感觉，从而也增强了报道的真实性和权威性。

陆晖认为，一篇报道就像一串项链，细节与事实是那些明亮耀眼的珍珠，而结构是将这些珍珠贯穿起来的那根线索。好的结构可以将事实呈现得清晰迷人，坏的结构则在华丽外表下显得空洞无物。消息的结构是"倒金字塔式"，深度报道最常用的结构是"橄榄形结构"，两头小，中间大。但现在是一个打破常规、彰显个性的后结构时代，一名优秀的记者应该树立这样的意识：报道是作品，它不是一用即扔的保鲜膜，而是正在被记录的历史，是未来人们凝视今天世界的窗口，只要能够把故事讲好，报道的结构可以创新。

六、挖掘金句，刻画好人物

陆晖认为，优秀的深度报道里，一定会有一些高度凝练却又直指人心的语句，成为让读者久久难忘的闪光点。金句当然不可能太多，一篇报道里，出现一两句即可。

此外，新闻归根到底是写人的故事，不管什么样的报道，消息、通讯乃至长篇深度报道，都需要展现出人的面貌和性格，通过细节把有血有肉的人写出来。

七、表现和强化冲突

关于冲突在深度报道中的重要性，我们在前面谈选题的时候已经专门讲过。在陆晖看来，冲突是一篇报道的灵魂，没有冲突的报道形同"白开水"。任何一篇稍有深度的报道，其表现的冲突必然是多重和多元的，一篇复杂报道必须展示和处理好主要冲突与次要冲突的清晰层次与逻辑。各种冲突的相关事实之间，不是并列关系，而是交错与延伸的联系。报道要抓住主要矛盾，并以此顺藤摸瓜，一一剥离和呈现出次要矛盾，并将它们组合成清晰的框架。

依然以上面提到的《丽江花园业主集体拒交物管费风波》为例。这篇报道所揭露的主要矛盾是维权业主与物管公司之间的矛盾，在这个主要矛盾之下，还有次要矛盾，比如维权业主与其他业主之间的矛盾、维权业主之间的矛盾、其他业主之间的矛盾，还有物业公司与发展商之间的矛盾、物业公司与房管局之间的矛盾、物业公司与法院之间的矛盾，最后，还有法院与房管局之间的矛盾、房管局与物价局之间的矛盾、物价局与物业协会之间的矛盾等。

一个主要矛盾带出一系列次要矛盾，文章只要抓住了这些主要矛盾和次要矛盾，围绕这些矛盾去写，就会是一篇好报道。

八、处理好情感

在陆晖看来，新闻是客观的，但是写新闻报道和读新闻报道的人并非客观。最动人的报道，一定是将情感"不动声色、不露痕迹"地融入故事里。笔者之前也说过，如果"动声色""露痕迹"就不是写报道了，而是发表评论，这是当下自媒体作者的常用写法，严格的深度报道不能这么写，而是要通过对事实的描述来展现作者的感情。这里再强调一下，不要把深度报道写成评论，也不要夹叙夹议地去写，要按照事实与评论分开的基本要求去写。新闻报道中的情感，最低层次是爱与恨，最高层次则是悲悯。

九、开好局，收好尾

一篇报道是否吸引读者，开头几乎起到 50% 的作用。写好开头事半功倍，必须在写作中给予开头最大的重视。开头要有气势，有吸引力，有突兀感。关于这个问题，之前已经专门讲过，这里不再展开。

尽管比不上开头的重要性，但结尾对一篇报道的重要性也不可忽视，它在很大程度上决定了读者对这篇报道能留下多深的印象。结尾重在隽永，余韵袅袅不绝，使人意犹未尽，我们将其称为"留白"。这个问题，前面我们也已经讲过了。

《南方都市报》记者谭人玮写的《一个"好人"绑匪的不归路》。下面是其结尾：

> 余纪糠几乎在一瞬间完成了一系列动作：启动、换挡、踩油门、开车门、身体倒出车外。他背部着地，在地上打了两个滚，恰好在河沿小斜坡上停住。车子飞了出去，直直栽到永通河里。奔驰 S350 从静止加速到 100 公里/小时，只需 7.3 秒。
>
> 余纪糠生怕黄伟拿了枪背着炸弹追来，爬起来时绊了一跤也不知道，狂奔而去。
>
> 车子没有爆炸，而是浮在水面向下游漂去。过了一会儿，岸上围观者听到了一声枪响。①

通过记者一系列的白描式描写，这个结尾充满了画面感。最后的"一声枪响"既呼应了前文所述，同时让整个报道"欲了未了"，回味悠长。

第五节　如何写好人物报道？——以"冰点周刊"为例

人物报道是深度报道中的一个重要类型，在新闻实践中，出现了多个专门从事人物报道的媒体和平台。在传统媒体时代，有《中国青年报》的"冰点周刊"、《南方人物周刊》、《人物》杂志等；在新媒体时代，有"每日人物""真实故事计划"等。杜涌涛曾任

---

① 谭人玮：《一个"好人"绑匪的不归路》，《南方都市报》，2005 年 11 月 15 日第 A16 版。

《中国青年报》副总编辑、"冰点周刊"主编。他总结过写好人物报道的若干点提示，非常有针对性，本节扼要将他的观点摘编如下。①

一、写人物就是写个性

杜涌涛认为，写人物首先要回到人物本身，不再承载人物本身以外的东西。我们之所以要写一个人，往往是因为这个人身上的某种个性吸引了我们，这个人成功也罢、失败也罢，或者做出了某种非同寻常的事，都和其个性有关。作为记者，就是要把这种个性写出来。

一个人在一生中会做很多事情，而决定一个人的人生走向的事情其实并不是很多，因此，记者在采访中不能"眉毛胡子一把抓"。很多事情记者采访到了，但哪些事情应该写进报道中，是大有讲究的。一般而言，一个人在重大关口所做出的选择最能体现这个人的个性。

人物写作中最大的问题往往是，只把人物的业绩写出来。记者采访到了很多故事，写了出来，但找不到这些故事和这个人的个性有何关联。我们不是在表现个性，而是在罗列事迹，这样的人物很难写好。

二、写人物要突出人物的某个侧面

杜涌涛说，每个人的性格都很复杂，甚至自相矛盾。不过，每个人的性格都有一个朴素的底色，在有限的篇幅里，记者要抓住这个人的底色去写。"冰点周刊"刊发的稿子，有三四千字的人物稿，也有一两千字的人物稿。我们需要在这样短的篇幅里把一个人的个性写出来。

记者张建伟写过一个46岁的团干部，不转业，却干得津津有味。他做了很多事情，似乎都可以写，但是在写这篇报道的时候，怎么组织材料？怎么让主题不散？记者后来抓到了一个"痴"字，所有的材料围绕这个特点去写，写出来的文章就不会散。

记者从玉华写过一个人物，叫"抠门谢老太"。这个人省吃俭用，"抠门"到了常人无法想象的地步，报道就写她一生的"抠门"和死之前的"不抠门"。在组织写作材料时，记者始终围绕着谢老太怎么"抠门"、怎么节省这个点去写，写出来的这个人物就很鲜明。

---

① 杜涌涛：《写好人物的十四点提示》，中青在线，http：//zqb. cyol. com/content/2009 - 08/06/content _ 2792024. htm，2009年8月6日。

在杜涌涛看来，一千五百字的稿件，最好能用一两个字来概括你所写的这个人物的性格，这样写出来的东西才不会散、不会乱。杜涌涛做记者时写过一个公务员，就写他性格中的两个字——"本分"。他身上可能还有其他个性，但记者只围绕着他的"本分"去写。

三、人物报道切忌写成人物小传

根据杜涌涛的观察，人物报道人人能写，但要写好不容易，其中一个最易犯的毛病就是把人物报道写成人物小传。记者生怕漏掉这个人的某一时期或某一段经历，于是按时间顺序去写他童年时怎样、少年时怎样、中老年时又怎样，这就写成了人物小传。这是记者最常犯的错误，"冰点周刊"的一些报道也存在这个问题。

这种人物稿件写出来的是"履历式"人物。凡是这样写人物报道的记者，都是采访时脑子里的主题意识非常弱，自己没有很成型的想法，让采访对象牵着鼻子走了，只是"有文照录"而已。并不是受访对象早年的事情不可以写，关键是怎么找到早年发生的事情和今天的性格之间的关联，找到与主题的关联。

四、不要做采访对象的传声筒

一个人的行为和语言构成他的性格。记者写一个人不能把这个人的性格直接写出来，直接写也是常见的一个毛病，比如写这人"勇敢""坚强"或"懦弱"，这就是记者直接给采访对象贴的标签。

杜涌涛认为，最好的写法是用自己的行为和语言来表现他的性格特点。记者采访时在注重采访对象怎么说的同时，也要注重观察他的行为，并且研究他的行为，因为行为才能表现出采访对象的真正个性。

在杜涌涛看来，采访对象说什么，记者就写什么，这是最偷懒的人物报道模式。最不好的表达方式是"他说""他说""他又说"，一篇文章大段地引用采访对象的话。不是说"访谈"这种体裁不能用，而是"访谈体"一定要非常慎重地用。意大利名记者法拉奇写稿都是用"访谈体"，那些访谈对象"够份儿"，可以用。只有在恰当的时候找到恰当的人说恰当的话，才可以用"访谈体"。

五、用三种方式交叉写作

杜涌涛说，记者一般会用到三种写作方式，一种是陈述，一种是描写，一种是对话。

陈述就是记者的叙述，写稿最怕记者"一陈到底"，这样的报道容易沉闷，让读者无法读下去。描写分两种，一种是记者直接采访时所目睹的内容，另一种是找到目击者请他描述当时的情景，再还原场景。对话，是记者与采访对象之间的一问一答。如果记者能用描写、陈述和对话三种方式交叉去写，文章就不容易沉闷。一般新闻以叙述为主，但一定要交叉使用描写和对话，特别是报道的篇幅很长时，更要综合运用。

六、把人物置放到特殊场景中去表现

杜涌涛认为，特殊的场景构成特殊的人，一个人的成长离不开具体的场景。"冰点周刊"的很多报道都尝试这样的报道手法。记者江菲写过一个修钢笔的人，主要是写这位老手艺人的职业伦理，记者写这个人时就把他放在钢笔铺这个具体的环境中。

记者包丽敏写过一个人物的"通往功名之路"，那是一个研究法律的人，毕业于北京大学，常年在基层普及公民意识和法律知识。有一次，他利用七天的假期去贵州山区普法。记者写作时，把他的贵州之行作为整篇文章的主轴，把他平常做的事情作为背景，在叙述贵州之行时不时插入他平常做的事情，这样去写既有新闻性，又会让读者觉得他的这次贵州之行不是孤立的行为。

七、正确使用直接引语和间接引语

杜涌涛说，引语的使用看起来是个小问题，但是经常在人物报道或其他深度报道中出现问题。首先，不是采访对象说什么都能成为引语，能作为引语的必须是这个人说的具有个性化的语言，只有他才会说这样的话，这句话带着他明显的个人烙印。而且引语一定要短小精悍，千万不能一引用就引几百字，有时引用几十个字可能已经很长了。其次，引语必须非常鲜明地表达采访对象的观点，没有意义的话不能作为引语。最后，引语还有一个非常重要的功能，就是在段落的上下衔接时起到重要作用，避免让文章"一陈到底"。在陈述的过程中，让采访对象自己出来说一两句话，可以使整个文章发生节奏上的变化。

八、不断变换称谓而且放在合适位置

依据杜涌涛的经验，写一个人物时，不要用同一个称谓，需要不断地变换。比如第一次用"她的名字"，第二次用"她"，第三次用能够代表"她职业特点的称谓"。总之，要不断地变化称谓，让记者的叙述不至于沉闷。如果通篇用的都是"她"，就会非常单调。其实，要变化的不只是称谓，报道中用到的其他词语也要经常变化。

同时，"他说"放在什么地方，这个也有讲究，是值得注意的一个细节，对提升一篇文章的阅读感受非常有用。记者有时会用"津津乐道地说"，有时会用"突然跳起来说"。这里有的把"说"放在内容前面，有的放在内容后面。有前有后，会让记者的叙述不那么机械。

九、写一个人物最少要采访 10 个人

要想写好一个人，不采访他周围的人就去写是不可能的。被采访人经常意识不到自己在别人心目中的印象，周围人提供的关于被采访的印象才可能更接近于真实，因此，记者在动笔之前需要采访 10 ~ 20 人。

美联社有一位记者为了写好纽约市长，首先看了市长的传记，然后看了所有之前和他有关的新闻报道，再采访市政厅的工作人员、市长的竞争对手以及他的家人，在采访了六十多个人之后，还要求跟着市长生活一个星期，直到这个星期结束，记者才坐下来跟市长对谈。谈完后材料无限庞大，记者开始整理材料，最后才写出一篇六千多字的报道。

理论上是这样，但真要做到很难，"冰点周刊"的稿子也很难做到这一点，一般的稿子只能采访到两三个人。实践中，最少应该采访四五个人，不能只采访一个人就开始写。很多东西写不到位，除了技巧不足之外，大多是采访不到位造成的，根源问题出在采访上。

十、好记者要培养自己独特的风格

养成自己的写作风格是比较高的要求，只能靠记者自己去悟，只可意会，不可言传，这也是最难的。"冰点周刊"训练记者的时候，会提供十篇不同类型的人物报道，让记者根据这些报道来进行比较：哪一个人物写得好？为什么好？有时候用语言讲不出来，只能揣摩它，比如叙事的节奏、语言等，这种说不出来的东西只能靠记者去体悟。

只要一个记者把这里说的十条都做到了，那么这个记者写出来的文章，就算不署名，大家也知道是谁写的。新闻这种东西，传统上是"手工作坊"式的，不是"工业流水线"的方式能培养出来的。

复习思考题

1. 本章提到了很多深度报道的篇目，至少找出其中的三篇原文，认真阅读，体会它们在篇章结构、语言特色、开头、结尾、信源等方面的特色。

2. 分别阅读财新网和"每日人物"微信公众号的三篇报道，不同媒体平台上的深度报道在写作风格方面有什么差异？你更喜欢哪一种风格？为什么？

3. 尝试写一篇深度报道，或者找出你曾经写的一篇深度报道，与本章所列出的十个方面的要求对照分析，哪些方面做得比较好？哪些方面有待改进提高？

第八章

调查性报道

从这一章开始，我们讲授深度报道的三种主要类型。一方面，对读者来说，在阅读的时候其实是不关心报道类型的，更多是关注稿件的内容是否和自己的兴趣相吻合、是否能给自己带来愉悦的阅读感受等；另一方面，前面几章所讲的深度报道的选题、采访、写作环节的特点和要求等，在任何一种类型中也都是通用的，它们都属于深度报道生产过程中的必备要件，都要满足深度报道的一般要求。所以在采访、写作的要求上，无论是调查性报道、解释性报道还是特稿，都具有若干共性，从这一点来看，类型的划分也是不必要的。

但是，划分类型也有其必要的一面。比如，很多新闻奖项是按照文体的分类来设置的，普利策新闻奖中的调查性报道奖、解释性报道奖、特稿写作奖这几个奖项就是按照类型分别设立的。另外，在新闻行业这个专业领域里，记者同行还是能够很清楚地意识到有这样的报道分类。记者在采访和写作的时候，虽然不会对自己所选用的类型进行"楚河汉界"式的、泾渭分明式的划分，但是在采访开始和下笔写作的时候，依然会对自己的稿件做一个基本的定位。最后，从学术研究的角度来说，这样的划分也是学界通用的、公认的一种划分方法。因此，本书接下来将按照类型对深度报道做进一步的介绍。

按照类型，深度报道可分为调查性报道、解释性报道以及特稿三个主要类别。调查性报道是深度报道里的"硬新闻"，它一般直逼新闻事实，试图揭露被掩盖的真相，因此充满批判色彩。解释性报道与调查性报道的"调性"明显不同，从选题上来说，它"软硬"兼有，重在分析事件的来龙去脉，揭示新闻背后的新闻。特稿，也可以叫"非虚构写作"，非虚构写作是一个比较时髦的、近些年出现的概念，特稿是相对比较传统的、从20世纪80年代开始出现的概念，它在传统新闻业界用得比较多，是"持证记者"所操作的一种文体，而非虚构写作的主体则宽泛得多，所有社会化写作者都可以进行此类写作。不过，从表现形式上看，两者之间的差别不大，可以在相同意义上使用这两个概念。

调查性报道、解释性报道和特稿的分类，是一般教科书中所采用的分类方法，本书也沿用这一分法。除了这种分类，深度报道中还有"人物报道""专题报道"等多种常见文体，这里就不多介绍了。本章主要讲调查性报道。

说到调查性报道，我们很容易想到习近平总书记提出的对新闻记者"四力"的要求。2018年8月，习近平总书记在全国宣传思想工作会议上的讲话中指出，宣传思想干部要不断掌握新知识、熟悉新领域、开阔新视野，增强本领能力，加强调查研究，不断增强脚力、眼力、脑力、笔力，努力打造一支政治过硬、本领高强、求实创新、能打胜仗的宣传思想工作队伍。要写出好的调查性报道，就需要新闻记者不断在脚力、眼力、脑力、笔力这"四力"上狠下功夫。要做好调查性报道，新闻记者必须具备这"四力"。

第一节　调查性报道的内涵和特点

我们常说，"深度报道是新闻背后的新闻"，那么最能体现这一说法、最有代表性的深度报道就是调查性报道。如果说深度报道是新闻报道中的"皇冠"，那么调查性报道则是深度报道这顶"皇冠"上的"明珠"。

调查性报道需要同时满足三个标准：第一，有被遮蔽的真相。无论出于何种动机，有重要的事实被掩藏。掩藏的主体可能是涉嫌违法犯罪的政客、政治组织、公司企业、慈善机构等。第二，事件涉及公共利益。如果不涉及公共利益，报道就可能蜕化为追踪个人隐私的八卦新闻，调查性报道要避免变成隐私报道，避免对一般私人事件的"人肉搜索"。第三，报道的内容是记者独立调查所得。也就是说，素材不是官方或者其他机构主动提供的，是记者通过自己的采访获得的，这样的采访过程通常是费时、费力、费钱的。

基于以上三条标准，可以给出一个调查性报道的定义：调查性报道是以揭露被遮蔽的真相、发掘社会弊病为目的的，有助于社会良性发展和推动社会进步的，能够引起公众广泛关注的深度报道。

基于以上的界定，我们可以归纳出调查性报道的如下六个特点：第一，独立性。稿件是记者独立调查写出来的，不是发布官方通稿，官方通稿是有关职能部门的调查所得。第二，科学性。多方求证，去伪存真，能够基本把握事实的真相。第三，风险性。调查取证漫长艰辛，采访过程充满危险，是新闻官司的"雷区"。第四，重大性。题材重大，一般的社会新闻不需要写调查性报道。第五，公共性。不是私人的家长里短，而是和社会的公共议题紧密相关。第六，成就性。一旦操作成功，对社会的良性发展有帮助和促进作用，也会给记者和媒体带来成就感。

以上六个特点之间互相关联，其中风险性这个特点尤其值得注意。在前面讲深度报道的采访时，我们讲过风险性，相比于一般的新闻报道，深度报道采写中的风险性是比较高的。在深度报道中，调查性报道比解释性报道和特稿的风险"更进一步"，可以说具有最高等级的风险性。正是因为调查性报道有这样的特点，从事调查性报道的记者就要格外注意对风险的防控，其中最重要的一点就是要把采访做得非常扎实，有一分证据说一分话，不要道听途说，不要无端猜测，更不能虚构臆想。在下笔的时候，尽量控制自己的主观偏好和情感。这样采写出来的报道，即使是遇到了各种投诉甚至是诉讼，也能经得起事实和法律的检验，既可以保护自己，也可以减少对自己所在媒体的工作影响。

第二节　中国新闻奖推出舆论监督报道奖

关于深度报道的历史发展过程，我们在第二章、第三章里已经有详细的介绍，调查性报道属于深度报道里的典型代表，因此也符合深度报道的一般发展规律，这里再简单进行回顾。

一、调查性报道在美国的发展

无论是深度报道还是调查性报道，它们产生和发展的基础都是媒体和新闻事业的发展。这一过程，在美国是到了 19 世纪末才开始的。为什么是这个时期？我们知道，19 世纪 30 年代开始，以"便士报"为代表的商业化办报成为美国的主流办报模式，之后商业化报纸的发展进入了快车道。经过了五六十年的发展，到了 19 世纪末，报纸已经发展得非常成熟，为深度报道的产生和发展提供了深厚的土壤。

1896 年，《世界报》刊发揭露标准石油公司、贝尔电话公司垄断行为的报道，这些报道监督的对象是自由资本主义时代大公司的各种"寡廉鲜耻"的行为。之后，美国的报纸和杂志掀起了一股"扒粪报道"的潮流，这些报道主要就是调查性报道，矛头指向各类不当和违法的政府行为。之后，"一战""二战"相继爆发，深度报道在这期间继续发展，以《时代》周刊为代表的媒体把深度报道作为自己的竞争利器。

不过，有研究者认为，从"一战"到"二战"的这段时期，美国的调查性报道处于一个相对的"平淡期"，主要是因为新闻媒介受到了战时新闻检查制度的制约，政府和公众更倾向于包含政治、经济、军事内容的新闻，还有就是解释性报道在这一阶段的异军突起。①

"二战"之后，由于电视等新兴媒体的发展，作为传统媒体的报纸纷纷把调查报道作为对抗电视媒体的有力手段。比如，1967 年，《新闻日报》成立调查性报道小组，由一名编辑、一名记者以及一名研究秘书组成；1972 年，《华盛顿邮报》关于"水门事件"的报道使调查性报道进入了"高光时刻"。《纽约时报》《洛杉矶时报》《华尔街日报》等主流大报都把调查性报道作为自己的核心竞争力大力发展。

---

① 段勃：《比较视域下的中美调查性报道研究》，武汉：华中科技大学博士学位论文，2017 年，第 57－58 页。

1975 年，美国成立了"调查记者编辑协会"；1985 年，普利策新闻奖设立"调查性报道奖"。这些行业组织和新闻奖项的设立对整个业界调查性报道的发展起到了很大的推动作用。

值得一提的是，普利策新闻奖在美国新闻界中扮演了重要的"指挥棒"的角色，在全球新闻界也有重要的示范和引领作用。笔者曾经统计了 2007—2016 年 10 年的普利策新闻奖获奖作品（如表 8-1 所示），在这 10 年之中，有 14 组报道获得调查性报道奖，其中 4 个年份有两组作品同时获奖，反映出这个奖项竞争之激烈。14 组报道中，负面监督类选题有 13 个，占绝对大的比例。从选题领域看，科教文卫类选题最多，有 5 个，占 36%；经济选题有 4 个，占 29%；政法类选题有 3 个，占 21%；社会类选题有 2 个，占 14%。[1]

表 8-1　2007—2016 年普利策新闻奖中的调查性报道奖获奖作品及其选题

年份	获奖媒体/机构	报道时间及数量	选题内容	领域	倾向	时效
2007	《伯明翰新闻报》	2006 年 5 月 6 日至 11 月 25 日，10 篇	亚拉巴马州大学体系里的腐败和任人唯亲现象	科教文卫	负面	静态
2008	《纽约时报》	2007 年 5 月 5 日至 12 月 16 日，5 篇	在进口医药和其他产品中发现毒性原料	经济	负面	静态
	《芝加哥论坛报》	2007 年 5 月 5 日至 12 月 19 日，10 篇	因政府监管不力，有害产品被召回	经济	负面	静态
2009	《纽约时报》	2008 年 4 月 19 日至 11 月 29 日，3 篇	退休后的将领被军方延聘，为伊拉克战争辩护	政法	负面	静态
2010	《费城每日新闻》	2009 年 2 月 8 日至 9 月 24 日，10 篇	数百例警察的犯罪丑闻	政法	负面	静态
	ProPublica	2009 年 8 月 29 日，1 篇	卡特里娜飓风灾区状况	社会	中性	动态
2011	《萨拉索塔先驱论坛报》	2010 年 2 月 27 日至 12 月 4 日，9 篇	佛罗里达财产保险体系的黑幕	经济	负面	静态
2012	美联社	2011 年 8 月 20 日至 12 月 22 日，10 篇	纽约警方对穆斯林社区的秘密监视	社会	负面	静态
	《西雅图时报》	2011 年 12 月 10 日至 12 月 21 日，4 篇	便宜但危险的药物替换安全但稍贵的药给病人用	科教文卫	负面	静态

[1]　窦锋昌：《普利策奖深度报道奖项的"选题常规"——基于 10 年间 7 项普利策奖获奖报道的全样本分析》，《新闻大学》2016 年第 5 期。

（续上表）

年份	获奖媒体/机构	报道时间及数量	选题内容	领域	倾向	时效
2013	《纽约时报》	2012 年 4 月 21 日至 12 月 27 日，2 篇	沃尔玛面对墨西哥子公司的行贿行为选择息事宁人	经济	负面	静态
2014	华盛顿公共廉政中心	2013 年 10 月 19 日至 11 月 6 日，10 篇	律师和医生操纵下，黑肺病煤矿工人的福利被剥夺	科教文卫	负面	静态
2015	《纽约时报》	2014 年 1 月 19 日至 12 月 18 日，5 篇	游说团体游说国会领导人和总检察长	政法	负面	静态
2015	《华尔街日报》	2014 年 6 月 9 日至 12 月 25 日，9 篇	美国医疗提供商从未公布过的机密数据	科教文卫	负面	静态
2016	《坦帕湾时报》和《萨拉索塔先驱论坛报》	2015 年 10 月 31 日，一组报道	佛罗里达精神病院中不断升级的暴力行为	科教文卫	负面	静态

　　除了专门的调查性报道奖之外，在普利策新闻奖其他奖项的获奖作品中也有大量的调查性报道，比如国内报道奖、国际报道奖等，其中最突出的是公共服务奖，该奖是普利策新闻奖中最为重头和最有分量的一个奖项。2007—2016 年的 10 年间，该奖项获奖的作品全部可归为调查性报道（如表 8 - 2 所示）。从选题倾向来说，获此奖的作品全部是负面选题；从选题领域来说，3 个选题聚焦于政法，3 个选题聚焦社会问题，经济类选题有 2 个，科教文卫类选题有 2 个。

表 8 - 2　2007—2016 年普利策新闻奖中的公共服务奖获奖作品及其选题

年份	获奖媒体/机构	报道时间及数量	选题内容	领域	倾向	时效
2007	《华尔街日报》	2006 年 3 月 17 日至 12 月 26 日，18 篇	公司增发新股时允许老股东低价认购，不平等且易滋生腐败	经济	负面	静态
2008	《华盛顿邮报》	2007 年 2 月 17 日至 12 月 1 日，10 篇	一家军方医院环境恶劣，受伤士兵受到不人道对待	科教文卫	负面	静态
2009	《太阳报》	2008 年 3 月 29 日至 12 月 27 日，20 篇	拉斯维加斯建设热潮中，每 6 周有 1 名工人死亡	社会	负面	静态
2010	《布里斯托尔捷报速递》	2009 年 12 月 5 日至 26 日，16 篇	弗吉尼亚州西南部天然气特许使用费管理混乱	经济	负面	静态

（续上表）

年份	获奖媒体/机构	报道时间及数量	选题内容	领域	倾向	时效
2011	《洛杉矶时报》	2010 年 7 月 14 日至 12 月 27 日，16 篇	贝尔市 25% 的民众生活贫困，官员却挪用公款发高工资	政法	负面	静态
2012	《费城问询者报》	2011 年 3 月 26 日至 12 月 17 日，20 篇	费城 268 所公立学校的校园暴力问题	科教文卫	负面	静态
2013	《太阳哨兵报》	2012 年 2 月 11 日至 12 月 29 日，14 篇	佛罗里达州警察超速行驶 5 000 多次	政法	负面	静态
2014	《卫报》 美国版和《华盛顿邮报》	前者 2013 年 6 月 4 日至 12 月 17 日，14 篇；后者 2013 年 6 月 6 日至 12 月 23 日，20 篇	斯诺登泄露的文件显示，美国国家安全局进行国内监听	政法	负面	动态
2015	《查尔斯顿邮报》	2014 年 8 月 19 日，系列报道	南卡罗来纳州每 12 天有 1 名女性死于家庭暴力	社会	负面	静态
2016	美联社	2015 年 3 月 23 日至 12 月 13 日，9 篇	美国超市以及餐馆的海鲜供应链奴役劳工	社会	负面	静态

二、中国新闻奖为舆论监督报道推出专门奖项

作为一种深度报道的文体，调查性报道在中国大批量出现是在 20 世纪 90 年代，但是具有调查性报道特点的报道在 20 世纪 80 年代已经有了。比如，1979 年，《工人日报》刊发的关于渤海二号钻井船事故的系列报道，该事故造成 72 人死亡，《工人日报》的记者就此事做了专门的调查，之后写成报道发表，致使时任石油部部长辞职；同样是在 20 世纪 80 年代，《中国青年报》《经济日报》《人民日报》也刊发了不少调查性报道，比如《中国青年报》关于 1987 年大兴安岭森林大火的报道。但是，这个时期的调查性报道还比较零散，没有形成常态化的生产机制。

到了 20 世纪 90 年代，调查性报道才开始大规模在新闻媒体上出现，其中包括以央视《焦点访谈》为代表的电视调查报道；以《南方周末》为代表的周报的调查性报道；以《财经》《南风窗》为代表的新闻期刊的调查性报道；以《南方都市报》《新京报》为代表的日报的调查性报道；等等。具体情况，我们在本书的第三章中已经详细介绍，这里不再展开。

在中国，调查性报道一般还有另外一种称呼，叫作"舆论监督报道"，中国相关机构

也一直都高度重视舆论监督报道的开展。2022 年，中国新闻奖的评选进行了一次大范围的改革，在这次改革中，引发业内很大关注的一个"新闻点"是专门设立了"舆论监督报道奖"。2022 年 5 月，由全国评比达标表彰工作协调小组办公室发布的《关于 2022 年第一批评比达标表彰项目的公示》显示，中国新闻奖的奖项设置被明显精简，由 29 项调整为 20 项。在此奖项数量紧缩的背景下，中国记协反而为新闻舆论监督专门增设了一个奖项，殊为不易。

这里有一个背景需要交代一下，就是 2014 年以来，不少媒体人认为舆论监督报道的数量和质量有明显下滑，比如深度报道版面的裁撤、调查记者队伍的压缩、重大突发事件的采访减少等，这样的现象确实存在，原因也很复杂。一个比较重要的原因是随着媒体营利能力的下滑，媒体用以支撑舆论监督报道的费用降低。不过，这只是问题的一方面，我们也可以同时看到舆论监督报道在以各种新的形式出现和发展。

不论是从理论上还是实践上来说，在中国特色社会主义新闻学理论中，舆论监督是非常重要的组成部分。这是坚持马克思主义新闻观、遵循习近平新闻舆论论述推进舆论阵地建设的理论要求和实践要求。中宣部新闻评阅组专家顾勇华认为，为舆论监督设立专门奖项，是对我国社会进行监督、鼓励媒体承担各自职责功能的理论支持。《北京青年报》编委宋建华也认为，中国新闻奖增设专门的舆论监督奖，是向媒体界和全社会释放一个重要信号，"要求媒体回归到新闻的基本功能之一的'舆论监督'上"。

以 2022 年获得舆论监督报道一等奖"中国之声"的报道为例。2021 年冬，中央广播电视总台新闻热线接到河北秦皇岛地区居民的投诉来电，称在推进碳中和过程中，当地片面追求清洁能源，"一刀切"地禁止原有的烧柴等群众习惯的取暖方法，甚至封堵群众灶炉，众多老人和孩子在寒冷中煎熬。中央广播电视总台随即派出记者前往现场调查，通过翔实的证据、客观的报道将此问题抽丝剥茧揭露出来，引起生态环境部的高度重视，专门召开通气会，责令当地立即整改，要求以实际行动确保群众温暖过冬。此后，中央广播电视总台持续跟踪，制成系列报道，并将以《河北山海关古城清洁取暖被指"一刀切"：禁柴封灶致部分群众挨冻》为代表的作品报送中国新闻奖，最终荣膺一等奖。

评委对这组作品评价颇高，认为报道"在质变与量变中设置议题、把握节奏，讲求地方报道与区域报道、一次报道与跟踪报道、消息报道与深度报道的系统性有效把握"。实践证明，只要把握好新闻的"时度效"，舆论监督报道是可以大有作为的。专业媒体机构在新媒体技术加持下，完全可以与时俱进地进行有效的"舆论监督"。事实上，"中国之声"已经有多篇舆论监督类作品获得了中国新闻奖。2022 年 10 月 16 日，在同济大学召开的中国新闻史学会应用新闻传播学专业委员会年度论坛上，"中国之声"的舆论监督报道获得"年度十大创新案例"的称号，其主创人员之一管昕在会上分享了许多他们做监督报道的经验。从他们的实践当中，能够很好地找到当下做舆论监督报道的"要诀"。

第三节　调查性报道的分类与采写

一、调查性报道的分类

依据不同的标准，调查性报道可以被分成不同的类型。

第一种方法，是按报道对象所在的社会领域划分，这也是常见的一种分类方法。以此标准分类，调查性报道可以分为政治政法类、经济环境类、科教文卫类、社会民生类调查性报道等。这些领域和老百姓的切身利益关系密切，都是比较容易出问题的领域，问题多，出新闻的概率就比较高，出调查性报道的概率也就比较高。比如，著名的深度报道《被收容者孙志刚之死》就属于政治政法类选题，报道出现后，中国最终废除了收容制度。经济领域的调查性报道也很多，比如《穿透安邦魔术》《银广夏陷阱》《谁的鲁能?》等，财经类媒体在这个领域每隔一段时间就会有比较重磅的调查性报道问世。

第二种方法，是按报道的内容划分，可以分为突发事件类报道、专题类报道和历史类报道。调查性报道中有很大比例是报道突发事件的，这一类属于动态报道，是在动态报道的基础上进一步对事故的原因和后果做的调查性报道，比如《财新周刊》在江苏响水化工厂爆炸后所做的《响水余响》。有些调查性报道属于专题类报道，比如庆祝改革开放 40 周年、庆祝中华人民共和国成立 70 周年等，这类选题的主体不是调查性报道，但是其中某些部分有可能是调查类选题。与前面一类选题相近，近年来的媒体上，还出现了一些历史类报道，《南方人物周刊》就做过不少这样的选题，比如《袁家后人在袁寨》，这类选题一定程度上也有调查性报道的特点。

二、调查性报道的选题来源

那么，调查性报道的选题来自哪里？调查性选题有比较强烈的自身特点，它的选题来源通常不会是官方渠道，一般来自下面这些渠道：第一，网上报料（含社交媒体）；第二，读者来电、来访、来信；第三，线人报料；第四，媒体同行报料（媒体定位不同，有些选题某一家媒体做不了，但可以推荐给同行做，或者为了规避可能的风险，几家媒体联合起来做）；第五，已有的报道，没有做透，继续调查；第六，律师报料，由于工作关系，律师手里掌握着很多有价值的调查性报道选题；第七，中国裁判文书网公布的案例，这是一个庞大的数据库，里面会公布一些有特点的案件；第八，学者的研究论文或报告。

三、调查性报道的采访与写作

采访方面，调查记者一般通过如下方式进行采访：第一，互联网检索；第二，人际搜索，在以往的采访资源库中搜索；第三，到达新闻现场采访；第四，外围第二现场采访；第五，知情人采访；第六，专家采访。因此，调查性报道的选题大多数来源于"一般信源"，也就是说权威性不够，所以不能直接拿来用，需要多方比对，去粗取精，去伪存真。通常遵循"先外围再核心"的采访路径，对采访到的信源进行交叉验证。为了保证最后达到采访效果，无论采取哪一种采访方式，在采访之前，记者都要做好案头工作。

采访之后，就进入写作的环节。和特稿比起来，调查性报道的写作对文笔的要求没有那么高，调查性报道的力量一般不来自优雅的文学性表达方式，而在于事实本身的刚性和触动性。

调查性报道在写作上，有六个方面的要求。第一，叙事的完整性。要一五一十，把事件交代清楚。第二，逻辑的缜密性。篇幅很长，事实很复杂，讲述的过程要讲究逻辑。第三，语言的平实性。一般来说，多用动词和名词，少用形容词和副词，语言要求更加平实。第四，过程的动态性。新闻事件是在发展的，要用动态的眼光看问题，不要轻易下结论，保留结论的开放性，必要的时候采取追踪报道的方式予以持续报道。第五，结构的平衡性。调查性报道一般是批评性报道，要给冲突双方都留下表达自己立场的空间，不要偏颇，不要先入为主。第六，下笔的克制性。调查性报道是事实性报道，从头至尾，记者不能感情用事，要隐藏在新闻当事人背后，让消息源说话。

张志安教授在《深度报道：理论、实践与案例》一书中也总结了调查性报道采写的22条"军规"[①]，这些"清规戒律"具有比较好的指导性，摘录如下：

> 第一条，永远不要放弃"追问"真相的质疑精神；
>
> 第二条，只要有百分之一的希望或可能，就要去努力尝试；
>
> 第三条，离现场近些近些再近些；
>
> 第四条，小心求证，保存证据；
>
> 第五条，让你讨厌的人也开口说话，让你的敌人有机会说话；
>
> 第六条，对新闻有高度热情与好奇心比任何技巧都重要；
>
> 第七条，脸皮要厚点，心理要坚强点；

---

① 张志安：《深度报道：理论、实践与案例》，北京：高等教育出版社 2015 年版，第 155－158 页。

第八条，尽一切可能去接近真相；

第九条，拒绝主观臆测，一切以事实为准；

第十条，主题可以先行，但需要随时修正；

第十一条，慎重对待一切信源，多方核实，避免落入圈套；

第十二条，有观点但要讲技巧，评论性语句不要出自记者之口；

第十三条，呈现事实，但不要轻易地下结论，结论随时都可能改变；

第十四条，不要断章取义；

第十五条，用事实说话，用细节展现；

第十六条，对于传言，要三思，要核实；

第十七条，头脑可热，下笔要冷，多叙述少煽情；

第十八条，有选择但不偏袒；

第十九条，字字有来源，句句有出处；

第二十条，坚持底线，不说假话和谎言；

第二十一条，少点私心，抵制诱惑；

第二十二条，公众利益永远是第一位。

总之，调查性报道的采写有比较高的风险，一定要让自己的采访内容、采访过程经受住来自各方面的检验。既要在内容上过硬，也要在采访程序上过硬。

第四节　退而求其次的"类调查性报道"

在过往20余年的媒体实践中，中国出现了一批具有标志性的调查性报道。学习调查性报道的采写，一个重要的方式就是对这些经典报道反复研读，在研读中去琢磨和体会调查性报道的选题、采访和写法。我们在第一章中已经给出了若干篇经典阅读篇目，其中也包括多篇调查性报道。需要再次指出的是，列举这些经典报道，并不意味着这些报道没有问题和瑕疵，事实上，其中的多篇引起过广泛的讨论甚至是批评。俗话说，"新闻是遗憾的事业"，我们研读这些作品，一方面是吸取这些作品中的有益部分，另一方面也是尽量避免重复它们曾经出现过的问题。

这些调查性报道之所以能进入经典之列，是因为这些报道具有调查性报道的典型特征，如：选题重大，具有良好的公共性和批判色彩；大部分作者采访扎实深入，掌握了比较丰富的素材；文章客观冷静、条理清晰，让人过目难忘。这些报道是优秀的报道，是值得学习的报道。

但是在现实的新闻生产中，出于各方面条件的限制，要做出如上的优秀报道并不容易。因此，大部分媒体采取了折中办法，在"类调查性报道"上下功夫。这些报道的监督对象层级没有那么高，报道的深度也没有那么深，但同样对社会和公共利益有帮助，是一种现实可行的报道策略。

图8-1所示的《广州日报》这个版面的头条稿件讲的是高空坠物问题，2018年4月15日广州市鸦岗村一楼下，一条狗从天而降，将路人砸瘫了。这个问题不是很复杂，但是把这类问题报道出来也很重要，因为现在很多市民都生活在高楼大厦里，假如这类问题处理不好，就会给市民的出行带来很大的安全隐患。

这样的稿件就是"类调查性报道"，属于"退而求其次"的报道，随手翻阅媒体上的报道会发现，这样的报道数量很多。这一方面是媒体的现实选择；另一方面，作为记者特别

图8-1 《广州日报》刊登"狗从天降"的版面

是新入行的记者，不妨先从这样的报道做起，慢慢磨炼自己的采写功夫。

第五节 中国的调查记者概况

调查性报道是由调查记者操作完成的，有的媒体设立了专职的调查记者岗位，也有的媒体没有专职的调查记者，而是在需要的时候，由其他记者兼职来做调查报道。有学术团队于2016—2017年就专职调查记者做了一项调查，这项调查是对2010—2011年所做调查

的一次后续调查，两次调查结果也形成了比较明显的对比，由此可以看出在互联网条件下中国调查报道所发生的一些重要变化，下面是该项研究的一些主要研究发现。①

一、调查性报道和调查记者面临极大挑战

总体上，调查记者行业面临严重的人才流失趋势，传统媒体调查记者从业人数下降幅度高达58%；调查记者行业依然由男性主导，且年龄结构偏向年轻化，教育程度和收入水平相对更高，从业经历也更加丰富；调查记者高度集中在7家传统媒体和2家新媒体机构，41%的调查记者工作地在北京，曾经从业人数占比最高的湖南籍调查记者占比有所下降；他们在择业动机、角色认知方面与首次调研结果高度相似，但职业认同感显著下降，工作自主空间有所收缩，职业忠诚度更加充满不确定性。

调查发现，调查性报道比过去面临着更大的生存困境。通常，调查记者被视为新闻从业者队伍中追求事实真相、推动社会进步的标杆。近年来，在技术、政治、市场等多重压力下，中国新闻业的生态环境正在发生重构和变革，调查性报道行业比过去面临着更大的生存困境。

一是微博微信等社交媒体的崛起，削弱了传统新闻业的文化权威，用户生产内容（UGC）、公民新闻、网络监督的活跃意味着传统媒体不再是事实真相的唯一提供者和舆论监督者的主力践行者，由此导致组织化的调查性报道和传统媒体雇佣的调查记者面临着社会影响力衰落的严峻考验；二是舆论环境的变化和新时期宣传报道力度的增强，客观上限制了调查性报道的供应量；三是越来越多的传统媒体陷入发行下降、经营亏损、人才流失等生存困境，不少市场化都市报裁减甚至撤销了深度报道部，且普遍压缩了用于调查报道的采访成本。

但也有不少媒体在高薪招聘调查记者。同时，传统媒体的融合转型也为调查记者开辟了新的传播平台和职业空间，一些有影响力的传统媒体依旧重视和坚守调查报道。2014年7月，澎湃新闻一上线就推出系列深度调查报道；2017年2月，红星新闻发布年薪20万招聘调查记者的广告；2017年4月，《新京报》宣布"将至少增加2 000万元投入，寻找最优秀的新闻人"。

二、调查记者的角色认知："记录者"和"倡导者"

本次研究核定的调查记者共175名，比六年前减少了159名；本次研究共回收问卷

---

① 张志安、曹艳辉：《新媒体环境下中国调查记者行业生态变化报告》，《现代传播（中国传媒大学学报）》2017年第11期。

163 份，比六年前减少了 96 份。纵向比较，有如下主要的研究发现。

第一，调查记者从业人数下降，目前在岗人员仍以男性为主。与首次调查结果相似的是，调查记者行业仍然以男性为主，女性调查记者仅占 18.4%；不过，在新入行调查记者中，女性调查记者比例有了显著提升，占比 25.6%，更多年轻女性加入这个行业。这个群体的年龄结构非常年轻，平均年龄 34.8 岁，50 岁以上的调查记者仅有 4 人；女性调查记者相对更加年轻，平均年龄仅 32.3 岁。

第二，教育程度有所提高，平均从事新闻工作近十年。与首次调研结果相比，绝大部分调查记者都是本科及以上学历，获得研究生学历的比例（20.9%）也显著高于首次调研结果（14.7%）；调查记者接受教育的专业背景更多来自新闻传播学，占比 47.2%，其次是语言文学、历史、哲学等人文社会科学；调查记者从业经历相对更加丰富，平均从事新闻工作的时间为 9.9 年、平均从事调查报道的时间为 6.5 年，而首次调研时这两个数据分别为 8 年、4.8 年。

第三，调查记者的任职机构呈现高度集中化趋势。拥有最多调查记者的媒体有澎湃新闻、财新传媒、《新京报》、界面新闻、《北京青年报》、《南方周末》、《南方都市报》、《大河报》、《中国青年报》，这九家媒体汇聚了约 40% 的调查记者。调查记者所在媒体的总部主要分布在北京、上海、广州、郑州。不过，现在情况有所变化，这几年成都的红星新闻、封面新闻和重庆的上游新闻也做得不错，可以把成都、重庆加上，但就算加上，分布也依然比较集中在省会城市和一线城市。

第四，湖南籍调查记者所占比例下降，山东籍调查记者崭露头角。曾经是湖南籍的记者最多，特别是当时在广州几家媒体工作的湖南籍记者是最多的（也是地缘离得近）；现在山东籍的记者比例上来了，也是地缘问题，山东离北京很近，山东离上海也不远。现有调查记者群体的籍贯分布中，来自河南（13.5%）、湖北（12.9%）、湖南（10.4%）三个省的数量最多，湖南籍调查记者的比例有所下降，如果再统计新入行调查记者的籍贯，这一趋势就更为明显——新入行的调查记者中，湖南籍占比下降至 7.7%，位居河南（12.8%）、山东（11.5%）之后。与"调查湘军"有所衰落的趋势相比，山东籍的年轻调查记者数量有了显著提升。

第五，当前调查记者群体对"兴趣类"的择业动机更加重视。采用十点量表（1 = 非常不重要，10 = 非常重要）对调查记者的择业动机进行测量，结果显示，调查记者的择业动机具有高度稳定性：最吸引调查记者入行的因素是"揭露社会问题、维护公平正义"（$M = 8.02$）、"表达百姓呼声"（$M = 7.33$）、"传播新思想、启迪民心"（$M = 7.06$），可见推动社会公平正义的价值理念对调查记者最具有感召力；最不认同的择业理由是"收入较高"（$M = 3.15$）、"有机会成名"（$M = 3.61$）这类功利性动机。

第六，调查记者的角色认知："记录者"和"倡导者"。调查记者最为重视的社会功能是"报道可靠信息以阻止流言的散播""对复杂的问题提供分析与解释""依据事实报道新近发生的事件""帮助人民实行舆论监督""推动社会改革";最不重视的功能是"为民众提供娱乐和休闲""提高群众的知识与文化水平""舆论引导""报道最大多数群众感兴趣的新闻"。

第七,调查记者比一般条线记者"综合素质更高"。调研结果显示,调查记者群体普遍认为调查记者比一般条线记者"综合素质更高""对社会更重要""更受人尊敬"。不过,与首次调研结果相比,调查记者的职业认同感明显降低,"比一般条线记者综合素质更高""比一般条线记者更受人尊敬"两项的平均得分显著下降。

第八,调查记者的月收入有显著提升。当前调查记者群体的月收入集中在 5 000 ~ 15 000元,占比68.9%。与首次调研相比,收入水平有了显著提升,约60%在 10 000 元以上,而首次调研只有17.5%的调查记者在此区间。月收入过万的调查记者中,约37%在 10 001 ~ 15 000 元,约17%的月收入在 15 001 ~ 20 000 元,个别记者的月收入在 20 000元以上。

第九,调查记者的工作自主程度不是很高。从调查记者的总体评价来看,他们在工作中获得的自主程度并不高。新入行调查记者与资深调查记者对工作自主性的评价并没有显著差异。与首次调研结果相比,来自政府部门的行政控制、主管领导方面组织控制有了显著提升,调查记者的工作自主性有所削弱。

三、要写出高质量调查报道,必须有高素质记者

最后做一个小结。要写出高质量的调查报道,最重要的是要有一支素质过硬的调查记者队伍,但是要培养这样一支队伍并不容易。

2016 年 2 月 19 日,习近平总书记在党的新闻舆论工作座谈会上的讲话中指出,要加快培养造就一支政治坚定、业务精湛、作风优良、党和人民放心的新闻舆论工作队伍。新闻舆论工作者要增强政治家办报意识,在围绕中心、服务大局中找准坐标定位,牢记社会责任,不断解决好"为了谁、依靠谁、我是谁"这个根本问题。要提高业务能力,勤学习、多锻炼,努力成为全媒型、专家型人才。要转作风改文风,俯下身、沉下心,察实情、说实话、动真情,努力推出有思想、有温度、有品质的作品。要严格要求自己,加强道德修养,保持一身正气。

习近平总书记的上述讲话具有很好的指导性,具体到调查记者来说,只要把握住了这些要求和指引,就可以做一个优秀的记者,写出优秀的报道。

复习思考题

1. 财新传媒目前是中国调查性报道的一个主要刊发平台，完整地阅读一期《财新周刊》，统计一下，调查性报道在这一期周刊中所占的比重是多少？

2. 《南方周末》是中国调查性报道的一个重要刊发平台，完整地阅读一期《南方周末》，统计一下，调查性报道占多大比例？

3. 看了《新京报》记者关于"孙小果案"报道的采访过程后，你对哪一点或哪几点印象最深？说说理由。

第九章

解释性报道

2013 年 8 月 19 日，习近平总书记在全国宣传思想工作会议上强调，宣传思想部门工作要强起来，首先是领导干部要强起来，班子要强起来。各级宣传部门领导同志要加强学习、加强实践，真正成为让人信服的行家里手。在这里，习近平总书记对新闻宣传战线的工作者提出了要成为"行家里手"的要求，这个要求很有针对性，它要求记者需要在专业领域具备专业知识。因为现在的新闻早已超越了单纯报道"新闻是什么"的阶段，而是着重挖掘"新闻背后的新闻"，告诉读者这件新闻为什么会发生以及将来要往什么方向发展。在回答这样的问题的过程中，解释性报道扮演了一个重要角色。

第一节　解释性报道及其适用范围

解释性报道又称解释性新闻、分析性报道，是综合运用即时信息、专业知识和背景材料等分析新闻事件发生的原因、意义、影响或预示发展趋势的一种新闻报道。解释性报道侧重于说明新闻事件的来龙去脉，阐述事实发生的原因、结果以及相关事物之间的联系。解释性报道能够帮助读者思考，加深读者对新闻事实的理解。

一般认为，解释性报道起源于 20 世纪 30 年代的美国，到 20 世纪 50 年代后在多种新闻文体中占据了十分显要的地位。这是因为 50 年代以后，一方面，社会发展得越来越复杂，社会各个领域发展得也越来越专业化，"隔行如隔山"，需要媒体这个居间机构向社会大众解释专业的医学、经济学、高科技武器装备以及海洋、火山、大气、环保等专业知识。另一方面，社会发展变化的步调加快，新事物、新现象、新做法、新观念层出不穷，需要媒体用解释性报道的方式为读者提供信息和分析。

第八章谈到调查性报道在美国的演进史时提到，在 20 世纪 20—60 年代这段时间，美国的调查性报道处于一个相对的"平淡期"，其中的原因之一就是解释性报道在这一阶段的"异军突起"。当时的《基督教科学箴言报》所做的报道中 90% 属于解释性报道。[①]

解释性报道适用的报道题材主要包括：政党和国家颁布的重要方针、政策及举措；政治、军事、经济等突发重大事件及趋势变化；重要的科技发现和成果运用；涉及公众切身利益的重大问题。比如，特朗普执政时期发生的"中美贸易战"就是一个很专业的经贸问题，如果对经济问题特别是对外经贸问题不熟悉，对中美双方的国情和政情不熟悉，对世界历史不熟悉，就可能无法理解贸易战为什么会发生以及贸易战的走向，这时候就需要媒

---

① 段勃：《比较视域下的中美调查性报道研究》，武汉：华中科技大学博士学位论文，2017 年，第 58 页。

体做相应的解释性报道。再比如，上海 2019 年以来积极推进"垃圾分类"问题，看起来很简单，但其实也是一个非常专业的问题，一般的市民百姓未必了解生活垃圾的流程，尤其是后端处理的流程，媒体可以通过解释性报道向读者阐明"垃圾分类"问题。

在写法上，虽然解释性报道具有比较强的专业性，但一方面此种报道依然属于新闻报道，因此要尽量用通俗的语言去写作，另一方面它依然属于深度报道，因此记者还是要尽量用"讲故事"的方式去报道，而不能一味地用"专家说""专家又说""专家进一步说"去组织自己的文章。一般来说，解释性报道要通过"个案描述 + 专家解读"的框架去组织素材，才能保证故事的讲述效果。

第二节　普利策新闻奖中的解释性报道

普利策新闻奖设有专门的解释性报道奖，我们不妨看看近年来获得解释性报道奖的媒体机构和获奖作品：2010 年，获奖作品是《纽约时报》所做的关于"遭受污染的汉堡包等食品安全问题"的报道；2011 年，获奖作品是《密尔沃基哨兵报》所做的"使用基因技术挽救患怪病的 4 岁男孩"的报道；2012 年，获奖作品是《纽约时报》所做的"富人以及大公司如何钻法律空子避税"的报道；2013 年，获奖作品是《纽约时报》所做的"科技企业的商业行为及中国制造业在科技企业供应链中的角色"的报道；2014 年，获奖作品是《华盛顿邮报》所做的"美国后衰退时代的食品券问题"的报道；2015 年，获奖作品是彭博新闻社所做的"大批公司逃避税收，政府却无能为力"的报道（如表 9 - 1 所示）。

在以上所列举的六组获得普利策新闻奖的解释性报道中，《纽约时报》三次获奖，是一个名副其实的获奖大户，可见该报对于解释性报道的重视，其他获奖媒体也多是美国的知名媒体。

表 9 - 1　2007—2016 年普利策新闻奖中的解释性报道奖获奖作品及其选题

时间	获奖媒体及记者	报道时间及数量	选题内容	领域	态度	时效
2007 年	《洛杉矶时报》3 名记者	2006 年 7 月 29 日至 8 月 2 日，5 篇	记者报道了正在遭遇不幸的海洋世界	经济	中性	静态

（续上表）

时间	获奖媒体及记者	报道时间及数量	选题内容	领域	态度	时效
2008 年	《纽约时报》 1 名记者	2007 年 3 月 17 日至 12 月 27 日，10 篇	探讨 DNA 测试引起的道德问题	科教文卫	中性	静态
2009 年	《洛杉矶时报》 2 名记者	2008 年 7 月 26 日至 8 月 2 日，7 篇	报道对美国西部处理野火威胁的成本效益进行了新鲜而艰苦的探索	社会	中性	静态
2010 年	《纽约时报》 全体职员	2009 年 2 月 8 日至 12 月 30 日，10 篇	该报记者曝光了受污染汉堡包和其他食品安全问题，并呼吁政府完善相关管理制度	科教文卫	负面	静态
2011 年	《密尔沃基哨兵报》 5 名记者	2010 年 12 月 18 日至 12 月 25 日，一组 9 篇报道	记者用简明易懂的语言对使用基因技术来挽救患怪病 4 岁男孩的过程进行了报道	科教文卫	中性	静态
2012 年	《纽约时报》 1 名记者	2011 年 5 月 2 日至 12 月 29 日，一组 6 篇报道	报道揭露了美国最富裕公民及公司如何钻法律漏洞、如何避税	经济	中性	静态
2013 年	《纽约时报》 全体职员	2012 年 1 月 20 日至 12 月 26 日，10 篇	报道调查了苹果公司等科技企业的商业行为，特别是中国制造业在全球供应链中的角色	经济	中性	静态
2014 年	《华盛顿邮报》 1 名记者	2013 年 3 月 16 日至 12 月 15 日，6 篇	报道揭示了美国后衰退时代食品券的普遍性，令人关注贫困问题	社会	中性	静态
2015 年	彭博新闻社 1 名记者	2014 年 1 月 26 日至 12 月 17 日，10 篇	报道了大批美国公司逃避税收的现象，但政府却无力阻止	经济	负面	静态
2016 年	ProPublica 1 名记者、The Marshall Project 1名记者	2015 年 7 月 29 日至 12 月 20 日，6 篇	报道揭露了执法系统强奸案件调查的失败以及对受害者创伤治疗的无能	政法	负面	静态

从选题的角度来看，2007—2016 年这 10 年间获得普利策解释性报道奖的作品选题包括食品问题、基因问题、税务问题、产业链问题、海洋问题、山火问题、法律问题等，都是非常具有专业性的问题，同时也都是非常具有民生性的问题。一般的读者对这样的问题感兴趣，想了解其中的"内幕"和深层次原因，但是因为这些问题过于专业，普通读者通常都难以理解，需要媒体通过解释性报道的方式进行深度报道，在专业问题与普通大众之间架起一座桥梁。

第三节　中国语境下的解释性报道

解释性报道作为一个专门的文体，在中国出现得比较晚。虽然具有解释性功能的单篇报道在历史上也不鲜见，但解释性报道正式"登堂入室"也只是在 20 世纪 90 年代到 21 世纪 10 年代，作为深度报道的一个重要类型，伴随着深度报道的蓬勃发展而发展起来。不过说句实话，媒体和记者虽然在实践中做了很多的解释性报道，但解释性报道远不如调查性报道那么"名声在外"，它的单篇报道不会产生特别大的社会传播力，作为整体也没有那么耀眼的光环。就算是跟近年来"不经意间走红"的特稿和非虚构写作比起来，解释性报道也显得相对寂寞。

不过，就当下的中国来说，解释性报道大有用武之地，因为中国正在经历"百年未有之大变局"，在这样的"大变局"之中，每时每刻都在诞生新的事物、新的做法以及新的思想观念，这些都是解释性报道取之不尽、用之不竭的选题来源。具体说来，中国的解释性报道的议题主要聚焦在以下两个方面。

一方面，对社会中复杂专业问题的简化和通俗解读。

这类选题是解释性报道的主要选题类型，社会发展得越来越复杂，各个行业高度专业化，"隔行如隔山"成为常态。那么，媒体就可以充当一座桥梁，把专业问题向大众做简要和通俗化的解读。比如，2016 年 12 月，一篇微信公众号文章吸引了众多网友关注，题目叫作《曹德旺跑了，宗庆后会跑吗?》，这篇文章讲的是企业的纳税问题，这样的问题，没有做过老板的人很难有切身的体会。作者采访了企业家曹德旺，他既在中国开办公司，也跑去美国开办了公司，对中美两国的税负有切身的了解和感受。比如，他说中国的宏观税负大约是 37%，主要在土地、税费和能源这几部分。这样的采访对象说出的话，就比较有权威性，同时也通俗易懂，可以让普通读者了解企业税负这个很专业的问题。

另外一篇稿子，同样出现在 2016 年 12 月，题目叫作《刘煜辉：青萍之末，中国正在做正确的事》。作者是一位经济学家，在一个叫作"首席经济学家"的论坛上，这位学者谈到了当时热门的外汇政策、房地产调控等问题，这些问题同样也很复杂，一般的老百姓难以看懂，但是通过这样的专家解读，就把这些复杂专业的问题通俗化了。

经济问题之外，这样的选题同样存在于医学、科学、环保等专业领域。比如上文提到的获得普利策新闻奖的作品对 DNA 测试引起的道德问题的报道、对野火威胁的报道等。

另一方面，对社会中出现的新问题、新现象、新观念的报道。

除了复杂和专业问题之外，随着科技等各方面的发展，当下社会的变化速度也骤然加快，进入了快速迭代的发展阶段，因此新问题、新现象、新观念层出不穷，这是解释性报道需要关注的另外一大类选题。

早在 2006 年，笔者在《广州日报》工作期间，与另外一位记者去采访一位社会学家，这位社会学家提出不能免费采访，要收费，虽然费用不高，但毕竟是一种新的做法，在笔者以往的采访经历中未曾遇到，也是一种新观念。在写完了之前预定的稿件之后，我们又顺便写了一条关于"支票簿采访"（国外新闻界的叫法）的稿子，采访了多方面的人士，介绍收费采访在国外和国内的情况。事实上，国内外的情况差别很大，虽然收费采访在国外具有一定的普遍性，但是在中国很难推进。

图 9 - 1　《解放日报》关于大兴机场试飞的版面

再比如，"两年制"的专业硕士 2005 年左右大规模进入了中国的高校，在这之前，中国只有"三年制"的学术硕士。对于当时的社会大众来说，"两年制"硕士是一个新生事物。为什么要推出这种类型的硕士？它和"三年制"硕士有什么不同？培养时间短了，培养的学生质量会不会下滑？这些问题给了媒体做解释性报道的空间，《广州日报》当时派记者采访了各方相关人士，推出了相关报道，推动了社会各界对"两年制"硕士问题的认识和讨论。

图 9 - 1 是《解放日报》2019 年 5 月 14 日第 5 版的版面，虽然主标题看起来是消息，但这篇稿件也属于解释性报道。大兴机场是一座新建的现代化机场，虽然老百姓经常出入机场，对机场有比较多的感知，但是我们平时所接触的都是机场的"外表"。飞机如何飞行？机场怎么运作？正式投入运行

之前，还需要做哪些方面的准备工作？这些都是非常专业的问题，需要媒体做这样的解释性报道予以解释。

我们可以看到，解释性报道不像调查性报道那样，有那么强的负面监督色彩，相当一部分解释性报道属于"中性报道"。前面我们讲过，"中性报道"是在正面宣传与负面监督之间的"第三条"道路，具有比较强的可普及性与可推广性。因此，在当代中国，解释性报道有相当大的用武之地。但是在如今的环境下，无论是实务界还是理论界，大家都比较喜欢谈调查性报道和特稿，对解释性报道的重视度不够。

第四节　做好解释性报道的三个要义

解释性报道可以大致分为动态性报道和整合性报道，而在新媒体环境下，报道的形式更加全媒体化，策划、实施和产出全过程耗时较长，解释性报道的发展一定程度上呈现出以整合性报道为主的趋势，相较于强时效性的动态性报道，更加注重在平淡的事件和话题中寻找新闻亮点。而就目前的媒体融合发展阶段而言，各家媒体相关技术的运用已经较为成熟，报道中形态的运用丰富多样，更关键的是要考虑对选题切口的把握以及形式和内容的适配度。因此，想要做出高质量的解释性报道，其基础落脚点还应当在选题、策划和采访上。

一、选题方面要做到"顶天"

媒体人常说"好的选题是成功的一半"，而解释性报道不同于交通事故、地震、火灾等突发新闻，突发新闻的选题不是既定的，采访方向和采访内容也并不明确，不同记者所产出的报道可能完全不同，因而更考验记者的突破能力。但是解释性报道的选题往往是既定的、可控的，因为采访的方向是明确的，这就需要主创人员认真分析有关材料和背景，做到选题方面的"顶天"。

"顶天"是一个比喻的说法，在新闻报道中，指的就是精准领会选题的内涵和外延，这是报道的根本遵循。解释性报道的选题通常都具有重要性、深刻性等特点，采编人员要在较短的时间内把握住选题的要旨不容易，需要认真研读相关资料并进行必要的"头脑风暴"，才能准确把握报道的主线，让这条主线与党和国家的大政方针有机地"勾连"起来。所谓"顶天"，核心意思就是与中央政府或者媒体所在地的地方政府的工作重点结合起来。

当然，只有主线还远远不能达到高质量报道的要求，即便在新媒体环境下，媒体不再受版面和篇幅的限制，但人们的耐心和注意力是有限的，而且解释性报道所涉及的领域较为多元，媒体也难以面面俱到。因此媒体只能选取主线中的一个局部来展开报道。这就需要新闻报道组在进一步细化选题时抓住其中的一个要点进行深入操作，使其能够充分彰显媒体特色、发挥媒体优势，这个要点便是这家媒体的选题"天线"。

二、策划实施时要做到"立地"

尽管解释性报道在一定程度上承载着我国媒体的宣传作用，但新闻报道有自己的规律，不能等同于党的政策文件和科研论文，如果违背规律，把党的政策文件和科研论文原封不动地照抄给受众，或者只高谈阔论不摆事实，自然收效甚微，还可能会引起受众的反感。

因此，解释性报道仅有"顶天"是不够的，还要"立地"，即化"讲道理"为"讲故事"，把严肃选题的精神内核用通俗化的方式讲出来。这便需要媒体记者做大量的具体工作，如持续关注某一问题的进展，不断地收集素材、查证资料、访谈专家，选取多元化的信源，并找到最为群众关心和感兴趣的新闻事实作为由头，较为全面立体地展现该主题下的事态或进展，以小见大，方能达到"四两拨千斤"的效果，进而推动所报道的主题"立地生根"。

其实，不仅新闻报道有这样的要求，学术论文的写作也是这样。在学术论文写作中，既要有恰当的理论，又要有丰富的经验材料，理论就相当于前面所讲的"顶天"，经验材料就相当于这里所讲的"立地"，两者缺一不可。

三、采访过程中要"点面结合"

本书之前说过，新闻界有一句行话"七分采，三分写"，这道出了采访在新闻工作中的重要地位。采访指的是新闻工作者为搜集新闻素材所进行的专门活动，目的是获取新的信息或者某一领域的专门知识。在解释性报道中，要把宏大议题具象化、贴民生、接地气，推出差异化的、具有充分信息增量的报道，"点面结合"的采访应为必经之路。

"点"指的是采访中要把握细节、场景、个案、引语等实实在在的内容，"面"指的是新闻背景、概述、资料、部门负责人解读、专家解读等相对抽象的内容。在采访以及后续写作中，要巧妙地把"点"和"面"结合起来，最好是交替出现。如果采访中的"点"过多而"面"不够，报道就会流于琐碎和重复；如果采访中的"面"过多而"点"不足，报道就会显得空洞和枯燥。因此，优秀的解释性报道一定是将"点"与"面"的比例和次序完美地结合在一起，才能将看似触不可及的概念化为具体鲜活的实践，同时让受众领悟到报道的社会意义。

第五节　解释性报道对记者的三项要求

要写出优秀的解释性报道，需要记者具备全面的、高超的技能。下面我们通过一个实战案例来看看解释性报道需要记者掌握的主要技能。

2020年6月，财新网发布了一篇深度报道，题为《电信界"拼多多"被查风波》。这是一篇具有调查性质的报道，同时也可以看作一篇解释性报道，因为报道涉及一家电信公司的运营模式。这种运营模式有些复杂，在使用这家公司的上网卡的消费者看来，是一种能够让他们少花钱的方式，但后来被山东聊城警方认定为"传销"。因此，对这种比较复杂的上网卡的销售模式的定性是此起案件的核心，记者在采写的过程中，需要层层解析此种模式以及刑法上关于传销的规定，因此是一篇调查性报道和解释性报道的结合体。

这里强调一下，虽然我们在教学和研究中，把深度报道分为调查性报道、解释性报道和特稿三种文体，但是在实际采写过程中，有的时候，三种文体之间是有交叉的，并不是那么地泾渭分明。

下面是这篇稿件的开头部分：

支付1700元，手机流量两年内可无限使用；每推荐一人购买，推荐者可获得708元奖励；如果直接推荐的人再能推荐一人购买，则可再获得42元提成……

自2018年1月起，自称是电信领域"拼多多"的杭州国脉电信服务有限公司（以下简称国脉电信），通过上述模式实现了业绩上的狂飙突进，注册会员一度超过102万人，销售上述1700元流量包近40万个，营收总计6.75亿元。

但这一切在2019年6月戛然而止，国脉电信创始人卢小杰等人被山东聊城警方以涉嫌组织、领导传销罪抓捕。

目前，卢小杰等人涉嫌组织、领导传销一案正在山东聊城当地法院审理中。[1]

---

[1]　崔先康：《电信界"拼多多"被查风波》，财新网，https://weekly.caixin.com/2020-06-06/101563831.html，2020年6月6日。

接下来，稿件讲述了关于国脉电信的传销争议：2018 年 8 月，国脉电信在丽水市召开代理商培训时，被人举报涉嫌传销；2019 年 5 月左右，国脉电信在杭州市亦被人举报涉嫌传销；负责人被（聊城警方）抓捕前，最严重的一次危机是 2019 年 6 月，当时，浙江广播电视台钱江都市频道连续多天对国脉电信的销售模式进行报道。

事实是比较清楚的，关键是在法律上如何对这种行为定性。是合法经营行为的创新？还是违法犯罪的传销？在报道中，记者援引了中国政法大学民商经济法学院商法研究所所长王涌参与撰写的《法律意见书》，意见书对传销的认定采取了质疑态度。

结合上下文可以看出，此稿的报料人或者主要信源是一位律师，该律师在此稿刊发之前，已经在网络上实名发文认为山东聊城警方的抓捕行为不当。在财新网这篇报道的最后，记者也采访了这名律师，该律师认为："如果说这种销售模式激发了人们的某种欲望，或者潜藏了风险，以及是否涉嫌传销等问题，都可以探讨，即便不允许使用这种销售模式，市场监管部门的一线行政命令就可以禁止，而《刑法》具有谦抑性原则，能用行政手段和行政处罚解决的，何必由公安介入、动用刑罚一棍子打死？"

对于这样的实战案例，记者在做报道的时候需要注意以下三个方面的问题。

首先，记者要在不同的立场和观点之间寻求平衡。

这是一起来自律师的报料，之前我们讲过，来自律师的报料是深度记者经常要面对的一大类线索，不能不信，也不能轻易地相信，需要不断比较和权衡。对这个案件来说，一方面，可以认为那是属于商业领域的民事行为，因为它在客观上降低了上网卡的售价，有利于消费者的利益，从保护消费者权益的角度出发，这个事件值得报道。另一方面，警方认定是传销，而且已经采取了抓捕行动，虽然当时还没有经过法院的最终裁判，但毕竟警方已经在行动了，因此在记者报道的时候，还要充分考虑警方的立场。在这样的"两难"境况下，如何既把事件客观地说出来，同时又被各利益相关方接受，就要考验记者的水平了。

事后来看，这篇报道的记者比较好地处理了其中的关系，既把稿件写出来，表达了各方的主要观点和立场，也没有引发来自警方的过度反弹。深度报道的记者需要经常在日常采写中平衡此类关系，做出此类考量。

其次，解释性报道对记者的专业要求比较高，最好能有相应的知识储备，还需要快速的学习能力。

一般来说，记者是个"杂家"，什么都懂一点，又都懂得不多。如果是以写作动态新闻为主，作为"杂家"的记者基本能满足工作需要。但如果要写深度报道特别是专业性比较强的解释性报道，那么对记者在某些方面的专业要求就比较高了。比如在这个案件中，记者就需要对电信行业、商业模式以及民法、刑法的相关规定比较清楚，否则很难把这件事情讲清楚。因此，大学的新闻学院所开设的课程，通常不仅仅是新闻传播学的相关课程，还包括经济、法律、国际政治、社会学等专业知识模块，学生可以从中选择一个模块课程进行学习，力争成为"一专多能"的复合型人才。不过，对于大部分深度报道记者来说，最重要的是提高自己的学习能力，在遇到一个自己不熟悉的问题时，要能够通过各种学习方式，在比较短的时间内把握住问题的核心。

最后，对于解释性报道来说，记者要具有比较强的"转译"能力，也就是说，要能够把复杂专业的问题用通俗的语言、读者看得懂的语言表达出来。

在这个意义上，操作解释性报道的记者承担的是一种"科普"的工作，这也是新闻这种文体和学术论文的一个主要不同所在。解释性报道的选题往往聚焦在医疗、环保、商业、金融、科技等高度专业的领域，记者首先要吃透这些选题，然后尽量用通俗的语言把这些领域的专业问题写出来。因此，高质量的解释性报道对记者的能力要求往往也是比较高的。

复习思考题

1. 财经类媒体目前是中国解释性报道的一类主要刊发媒体，完整地阅读一期《21世纪经济报道》或《第一财经周刊》或《财经》杂志，统计一下，解释性报道在这些媒体中所占的比重是多少？

2. 《解放日报》的"焦点"和"特稿"版经常会刊发一些解释性报道，完整阅读一个月的《解放日报》"焦点"和"特稿"版，统计一下，解释性报道所占的比重是多少？

3. 2021年的普利策解释性报道奖有两组作品获奖，其中一组是《大西洋月刊》所做的关于新冠疫情的报道，作者是Ed. Yong。这组报道由7篇报道组成，包括《疫情将如何结束》《大流行是如何打败美国的》《美国的"拼贴流行病"正在进一步恶化》等。找出其中的三篇认真阅读，认真感受这些报道的选题角度、写作方法等。

第十章

特稿与非虚构写作

随着媒介技术的不断发展，现在的新闻越来越多地具有了技术的特点，算法新闻、数据新闻、VR 新闻、AR 新闻等就是新闻技术性的一面。但是与此同时，新闻还具有人文和文学性的一面，这也是传统新闻业比较突出的特点。在新闻学的学科发展中，新闻和文学有"剪不断，理还乱"的历史关系，根源也在于此。

可以说，在所有的新闻文体里面，特稿是最具有文学性的，它代表了新闻"古典"的一面。跟特稿这个概念非常接近的"非虚构写作"这几年异军突起，这个概念的再度流行让我们看到新闻有两个不可或缺的方面，一是技术的一面，二是文学的一面，这两个方向都非常重要，从一定意义上来讲，非虚构写作在今天网络时代的快速发展恰恰就是这两个方面的有机结合。

2015 年 12 月 25 日，习近平总书记在视察解放军报社时指出，现在，媒体格局、舆论生态、受众对象、传播技术都在发生深刻变化，特别是互联网正在媒体领域催发一场前所未有的变革。读者在哪里，受众在哪里，宣传报道的触角就要伸向哪里，宣传思想工作的着力点和落脚点就要放在哪里。今天我们研究特稿或者非虚构写作，也必须放在这个大的社会背景下去进行。

第一节　特稿成为一部分媒体的核心竞争力

一、特稿在新媒体环境下焕发勃勃生机

如果一名记者在《中国青年报》的"冰点周刊"、《南方人物周刊》、"每日人物"这几个平台上从事稿件采写的话，那么这名记者所写的稿子大概率是特稿。特稿这种文体属于深度报道的一种，而且别具特色。

> 5 月 12 日夜里，陈崇芳做了一个梦。鹅毛大雪从空中飘落，一朵一朵，掉到她的身上。她伸手去接，一口气竟吹到了别人头上，"看着就像戴孝一样"。她猛然惊醒，摸出手机搜索，"解梦"网页写着，"梦见身上的雪花或残雪不掉落，预示不久会有丧事或重大变故灾难发生"，"打算出门的人梦见大雪满地，建议延后几天再出行"……
>
> 一周前，陈崇芳买好了川航 3U8633 重庆飞拉萨的机票。
>
> 同行的还有表侄女丁雁和三姐陈崇淑，她们准备到拉萨开个川菜馆，找好铺

子就立马开张。陈崇芳想着自己的梦一向很准，睡不着。早上不到 7 点半，她推门而出，一句"我走了"说得很重。老公感到异样，但也没说什么，怕忌讳。①

以上是《南方人物周刊》所发的关于川航客机"劫后余生"的稿件开头片段，它由一个乘客的"梦"切入主题，也就是从一个很小的细节开始写起，然后逐渐扩散到与这名乘客同行的其他乘客身上，这些乘客稍后将和这架飞机一起共同遭遇一次巨大的危机，这样的写法就是典型的特稿写法。

同样是川航 3U8633 客机这个题材，"每日人物"微信公众号的写法和《南方人物周刊》的写法非常类似，也是从一个细节开始，然后慢慢辐射开来。这两个平台都是目前国内比较知名的特稿写作平台。

特稿在新媒体环境下焕发了勃勃生机，但其实这种文体在传统媒体时代已经有了。早在 2004 年，《南方周末》在报道一架东航客机遭遇的空难事故时，采用的就是特稿的写法，当时的题目叫作《悲情航班 MU5210》，作者是知名特稿记者李海鹏。2011 年，《中国青年报》"冰点周刊"所刊发的《永不抵达的列车》是一篇对温州动车事故的深度报道，选择了乘坐这列动车的两个大学生的故事来展现这个巨大的突发事件，通过对两个具体人物的细微描写，以小见大来凸显命运的离奇，成为特稿写作的一篇经典之作。

二、特稿与非虚构写作的探索空间巨大

以上的这些报道案例都是特稿在当今媒体中的具体实践。从中，我们可以发现，从事特稿报道的媒体平台相对集中，或者说，有一些媒体平台会试图把特稿打造为自己的核心竞争力。相比于同为深度报道的调查性报道和解释性报道而言，特稿的采写和探索空间更大。

比如，2022 年上半年，深圳报业集团旗下的都市类报纸《晶报》迈出了媒体转型特稿（非虚构写作）的第一步。团队推出了"元故事"栏目，每天推送一则非虚构文化故事。尽管内容生产能力有限，不能保证篇篇上乘，但栏目屡次登上深圳同城热搜榜单的成绩已足够说明，非虚构写作的强大传播力是有可能在媒体加持下大放异彩的。

2022 年 9 月 27 日，在《晶报》推出"元故事"专栏 100 期的这一天，该报写了一篇长文，梳理了中国非虚构写作从喷涌到困境的历程。《晶报》总编辑胡洪侠对于这样一个举动的看法是："非虚构转型的成功与否取决于我们对深圳文化、深港文化乃至湾区文化发展的判断。如果判断不离谱的话，我们就能做成一份大文化报纸，其中又有一个主打的

---

① 陈竹沁：《川航 3U8633 劫后余生》，《南方人物周刊》2018 年第 15 期。

非虚构产品。"①

《晶报》的这篇回顾文章概括了国内非虚构写作的两个源头,一个来自新闻媒体的特稿,受国外"新新闻主义"的影响,如 1995 年《中国青年报》的"冰点周刊"和 2004 年《南方周末》的特别报道版;另一个则来自 20 世纪 80 年代活跃在文学领域的报告文学。1987 年大兴安岭火灾事件中,《中国青年报》刊发的《红色的警告》《黑色的咏叹》《绿色的悲哀》三篇报告文学,是新闻史上的里程碑。进入 21 世纪,报告文学衰落,逐渐被非虚构写作代替。

两种源头的写法有所不同。在曾任《南方周末》特稿版编辑的冯翔看来,第二个源头的报告文学通常使用"上帝"视角,有浓厚的主观意识和价值判断,而第一个源头的非虚构写作一般用事实细节说话,即使其中出现了"我",也只是作为参与者和观察者。《南方人物周刊》的采访总监卫毅则形容,报告文学有时会出现一些让人感觉不太真实的东西。写一个人物,他的后面有时是冒着金光的,"非虚构写作就是把背后的金光去掉"。

三、特稿与非虚构写作的"同"与"不同"

追溯非虚构写作在中国的当代源头的话,2012 年出版的非虚构作品《江城》被认为在国内掀起"非虚构风潮"。该书的作者彼得·海斯勒(Peter Hessler,中文名何伟)是美国人,曾在《纽约客》当记者,1996 年作为"美中友好志愿者"到四川涪陵任教两年。1998 年,离何伟离开涪陵还有不到半年的时间,何伟认为中国将成为其生命中的重要组成部分。他写信给自己在普林斯顿大学时的写作老师约翰·麦克菲,后者是美国非虚构写作领域的开拓者。麦克菲鼓励何伟,"涪陵就是故事本身,应该定下心来写一本书"。《江城》成了何伟"中国纪实"系列(《江城》《寻路中国》《奇石》)的开篇之作,2001 年在美国出版,2012 年在中国由上海译文出版社出版。这本书引入重新审视日常生活的外来者视角的同时,也第一次向国内展现出文学领域非虚构写作的魅力。②

2017 年,《非虚构:时代记录者与叙事精神》一书出版,这是国内第一本专门讲非虚构写作的书籍,书的主编是中国传媒大学的副教授周逵,他在 2016 年发表的论文《非虚构写作的新闻实践与叙事特点》中对"非虚构写作"下了这样的定义:"非虚构写作的概念从广义上包括了传记、报告文学、游记、散文等写作样式;而狭义上专指美国 60 年代兴起的非虚构小说、新新闻报道、历史小说等新的写作样式或体裁。"③

---

① 张馨尹、施嘉翔、杜锐峰等:《非虚构,潮起潮落》,《晶报》,2022 年 9 月 27 日第 A01 版。
② 张馨尹、施嘉翔、杜锐峰等:《非虚构,潮起潮落》,《晶报》,2022 年 9 月 27 日第 A01 版。
③ 周逵、顾小雨:《非虚构写作的新闻实践与叙事特点》,《新闻与写作》2016 年第 12 期。

在笔者看来，特稿和非虚构写作发展到今天，大概形成了两个主要阵地：一个是专业的媒体机构，像上面所提到的《南方周末》《南方人物周刊》《晶报》等，这些专业媒体都由传统媒体转型而来，在今天的互联网时代，组织了专门的队伍，开辟了专门的版面和栏目，专职经营这一类文体。此类平台上的此类文章，一般叫作"特稿"，当然也有叫"非虚构写作"的。另外一大阵地则是由广义的自媒体或平台型媒体开设的，比如腾讯的"谷雨实验室"、网易的"棱镜"等，或者是前媒体人所开办的创业型自媒体平台，比如"真实故事计划""正面链接"等。此类平台上所发的文章一般叫作"非虚构写作"。

就此而言，"特稿"含有"体制内"的味道，而"非虚构"有比较多的民间色彩，但是在选题、采访、写法、表达方式上，两者没有根本的不同。本书在近乎一个意义上使用这两个概念。

第二节　新闻和文学的历史渊源

一、小说的写法影响特稿和非虚构写作

法国作家玛格丽特·杜拉斯的小说《情人》里，有下面这样的写法："我已经老了。有一天，一个男人主动向我走来，介绍自己，那是在一处公共场所的大厅里。他对我说：'我认识你，永远都不会忘记。那时你很年轻，大家都说你美丽极了，现在我特意来告诉你，在我看来，现在的你比年轻时更美，你现在这张备受摧残的面孔，比年轻时娇嫩的面孔更让我热爱。'"

这是小说里的关于爱情的一段表达，是典型的文学式表达，这样的写法也经常可以在特稿和非虚构作品里看到，和消息写作中常用的"倒金字塔式"写法完全不一样。

哥伦比亚作家、记者加西亚·马尔克斯在《百年孤独》里面的第一段话写道："多年以后，面对行刑队，奥雷里亚诺·布恩迪亚上校将会回想起父亲带他去见识冰块的那个遥远的下午。那时的马孔多是一个二十户人家的村落，泥巴和芦苇盖成的屋子沿河岸排开，河水清澈见底，河床里的卵石洁白、光滑，宛如史前巨蛋。"

这是一种倒叙的写法，这种站在现在回望过去的"回忆式"写法在特稿里很常见。受到马尔克斯这段话的影响，我们可以在不少国内的非虚构作品里看到类似的表达方式。

二、读者需要心里"咯噔一下"的非虚构作品

2017 年 12 月，在复旦大学新闻学院举办的一次非虚构写作工作坊上，时任院长米博

华列举了《为了六十一个阶级弟兄》《县委书记的榜样——焦裕禄》等中国新闻史上的经典报道，在此基础上回顾了"报告文学"这种特殊的文体在中国的历史发展过程。谈及复旦大学新闻学院举办非虚构写作工作坊初衷的时候，米博华说："在今天这个快速发展变化的时代，人们把很多时间用于谋生、奋斗、竞争、成功，但我们仍然需要有情怀的、有文学要素的、让人读完心里'咯噔一下'的非虚构作品。"

米博华的意思是，新闻作品不只是传递信息，也需要有文学素养、有情怀，这样才能够触动读者的心灵，这也就是非虚构写作的力量和价值所在。毕业于复旦大学中文系的嘉宾袁凌在工作坊上说，这个工作坊其实不应该单由复旦大学新闻学院来办，而应该由新闻学院和中文系一起来办。二人表达的意思是一致的，都是在肯定非虚构写作的文学性。

举例来说，《南方人物周刊》采访总监卫毅清楚地记得，《举重冠军之死》刊发在《南方周末》2003年6月19日第25版上。那年6月，他即将大学毕业，在学校里第一次读到它，有一种从未有过的阅读体验。"当时只知道这个报道和一般的新闻不一样，但不一样在什么地方，说不清楚。"稿件作者是被视为中国特稿开创者之一的李海鹏，那个月的月初，时任《南方周末》专题部主任杨瑞春和他在广州总部讨论前亚洲举重冠军才力的死讯。杨瑞春说，这个题材能做成"特稿"最好。李海鹏说，他也这么想。这篇"不一样"的稿件在报社内部引起不小震动。稿件摒弃老套的叙述、铺陈、剖析，紧紧抓住故事，通过细节和冲突推动读者情绪，最终让读者意会一些更大的"问题和道理"。

这就是当文学的因素注入新闻中之后，两者所产生的一种强烈的化学反应。

第三节　特稿与非虚构写作在美国的发展

一、"新新闻主义"运动的兴起

在新闻领域谈非虚构写作，一般会追溯到"新新闻主义"运动。"新新闻主义"（New Journalism）是20世纪50年代初起源于美国的一种新的新闻写作主张，其特点是文学创作与新闻写作相结合。这类作品被称为"新新闻报道"或者"非虚构新闻"，其特点是利用多种感知方式和采访技巧获取对某一事件的内部观点，利用写小说的技巧，把重点放在写作风格和描写方面；而传统的新闻则是依靠一般采集信息和提出老一套问题的手法去获取素材，并在此基础上写作。

简单来说，传统新闻特别是消息的写作是短平快的，能够把"5W"说清楚就达到了基本要求；而特稿和非虚构的写作，需要对采访对象具有非常深入的了解，甚至要跟采访对象生活在一起，才能获得写作所需要的大量丰富而感性的素材。

"新新闻主义"写作潮流跟美国 20 世纪五六十年代的社会状态以及文化背景有关。当时，美国社会面临巨大的精神危机，美国的霸主地位有所动摇，社会秩序动荡不安。于是，存在主义哲学思潮在美国流行，渗入文学、艺术、社会学等意识形态和社会生活之中，与此同时，客观主义、实证主义等思想遭到怀疑。当时的不少学者认为"世界总是通过知觉而呈现的，而不是通过理性和科学的认识呈现的"。这样的思潮也蔓延到了新闻传播领域，催生了"新新闻主义"运动。

在这种新闻采写过程中，记者不再只是一个旁观者，而是作为一个中心人物出现，成为一个对各种信息进行筛选的个人反应器。不同的记者操作同一个选题，呈现的效果可能截然不同，因为记者的个人特色会比较多地呈现在文本里面，记者所做的工作不再只是一个简单的转述，而是比较深入地参与到了这个事件当中。

二、"新新闻主义"的四种采写技术

被称为"新新闻主义之父"的汤姆·沃尔夫列举了"新新闻主义"的四种采写技术：第一，一幕幕场景接场景的结构；第二，对话的全部实录；第三，第三者的观点；第四，运用众多琐碎的细节来勾画人物。[1]

其中"对话的全部实录"这一点需要辩证理解，不是把采访对象的原话原封不动地在文章中呈现，而是会用到比较多的直接引语和间接引语，但同时又能够表现为一个完整的有机体。此外，"众多琐碎的细节"指的是报道的基本单元已不再是"何人、何事、何时、何地、如何与何故"，而是所有场景与对话的伸展，"新新闻主义"写作需要注意到最细微的事实和细节。

我们以沃尔夫所写的《美国最后的英雄》一文的开头部分为例，感受一下"新新闻主义"写作的特点。

> 星期日早上 10 时，在北卡罗来纳州的山头。车，数里长的车，四面八方而来；数以百万计的车阵，似用蜡笔画成，水绿色、水蓝色、炭棕色……香吉士的橙车，三十一种口味的冰淇淋车，统统在这些车龙中。守护着北卡罗来纳州的老太阳，一直从挡风玻璃爆出光芒。[2]

---

① 张聘：《新闻向文学致敬——新新闻主义的叙事学分析》，《当代文坛》2010 年第 3 期。
② 许冰清：《我们还能怎样做新闻——新新闻主义初探》，百度文库，https://wenku.baidu.com/view/215d2a8a7cd184254b3535cb.html，2012 年 3 月 13 日。

这样详细的细节描写在新闻消息稿中是绝不可能出现的，特别是在文章的开头部分，但是在"新新闻主义"运动的写作中，沃尔夫这样的写作方式却成了模板。我们前面所举的例子都有这样的特点，不论中外。

三、普利策新闻奖专设特稿奖项

1979 年，普利策奖评委会注意到非虚构写作在美国的发展壮大，开始增设"特稿写作"奖项，首届特稿奖颁发给了《巴尔的摩太阳晚报》的记者乔恩·富兰克林，奖励富兰克林 1978 年 12 月所写的作品《凯利太太的妖怪》（Mrs. Kelly's Monster）。普利策新闻奖在美国业界具有巨大的示范效应，有了这个奖项之后，很多具备实力的媒体就会有针对性地为了获得这个奖项去准备作品。

不过，特稿写作在美国也出现过一些严重问题，最臭名昭著的是《华盛顿邮报》的一篇报道。1980 年 9 月，该报发表了 27 岁的女记者珍妮特·库克的新闻特写《吉米的世界》，该文描写了一个 8 岁小男孩吉米在母亲及其情夫的诱使下染上毒瘾的故事。华盛顿市长下令寻找"吉米"，市警察局局长下令搜捕"吉米"的母亲及其情夫，全市各小学每天检查男学生的胳膊，却毫无结果。1981 年 4 月 13 日，普利策奖评奖委员会宣布将该年度特稿奖授予库克。但是，她提供给评奖委员会的个人履历有假，引起华盛顿邮报社的怀疑。审查过程中，库克终于承认虚构了《吉米的世界》。1981 年 4 月 16 日，评奖委员会宣布取消库克的获奖资格。

库克事件暴露出"新新闻主义"或是特稿写作存在的一些潜在危险：因为有比较强的主观性和个人色彩，如果把握不好其中的分寸，就有可能越过合理的边界，违背新闻的真实性原则。

第四节　特稿与非虚构写作在中国的发展

一、特稿把关注点转移到普通人甚至是边缘人

说到中国的特稿来源，一般会追溯到《中国青年报》所刊发的《北京最后的粪桶》这篇报道。1995 年 1 月 6 日，该报记者王伟群撰写的这篇报道以整版篇幅刊登在"冰点周刊"的创刊号上，是"冰点周刊"栏目的开山之作。这篇报道开国内特稿写作的先河，

从选题上看，文章关注的不再是社会中的重要人物和主流人物，而是一群普通人甚至是边缘人，写的是这群普通人的生活状态、情感和命运，这标志着新闻报道理念的一个重大转变。从那以后，国内媒体开始比较多地尝试做特稿。

普利策特稿写作奖的评奖条件是"除了具有独家新闻、调查性报道和现场报道的共有的获奖特质外，特稿主要是考虑高度的文学品质和原创性"。学者陆晔认为，在《南方周末》特稿的写作上，"一方面，以美国普利策新闻奖的获奖特稿为蓝本的特稿写作，始终置于该报整体的办报理念框架之内……一方面，其特稿采用文学新闻的主观化报道倾向，包括为了行文流畅不交代消息来源的直接叙述，夹叙夹议等背离传统新闻报道原则的做法"①。

知名特稿作者、《南方周末》前记者李海鹏认为非虚构写作是对传统的新闻报道模式的创新，其选材及观察角度独特，强调新闻事件的故事性，在尊重人性及新闻真实性的基础上刻画细致、文笔优美、文学色彩浓厚。

《南方人物周刊》采访总监卫毅认为，非虚构写作和新闻调查报道不同。调查报道需要解决各种前因后果的问题，希望找到一条清晰无误的逻辑链。非虚构写作应该可以在因果关系之外有所尝试和探索，呈现人、事件及世界的复杂状态，更应该是非虚构要去做的事情。

在暨南大学新闻与传播学院名誉院长、南方报业传媒集团前社长范以锦看来，特稿应强调独家性，即便新闻事件不是独家的，但沿着报道线索要尽量挖掘独家细节。特稿的文笔可以类似小说的写法，特稿通过具体的故事、具体的细节描写去感染人，以达到引发人们深沉思考的预期效应。有些特稿以第一人称去叙述，这在调查性深度报道中使用较少。

二、非虚构写作培养了一大批"民间写手"

说到非虚构写作在中国的发展，这里举一个发生在笔者身边的例子。2021年5月初，"真实故事计划"举办的第三届非虚构写作大赛有了结果。在超过2 000部投稿作品中，迟秋怡的《漫长的爆炸》获得大赛的一等奖。在评审打分过程中，《漫长的爆炸》以平均分8.2的高分，力压群雄。

《漫长的爆炸》以1987年的哈尔滨亚麻厂大爆炸为题，讲述了事故幸存者们30余年来的生存状态，再现出他们漫长而艰难的人生重建历程。作者在行文中还融入了东北经济兴衰的宏观背景，个体人物的命运与时代变迁交织，读来令人印象深刻。《漫长的爆炸》在微信公众号"真实故事计划"上刊发之后，收获了无数流量，从文末那一长串的读者评

---

① 陆晔：《文学新闻：特征、文化价值与技术驱动的未来》，《新闻记者》2018年第5期。

论中可以看到，这篇稿子的确触动了无数读者心底最柔弱的部分。它最后的获奖可以说是众望所归。

作品大家都记住了，但是估计对大部分读者来说，作者迟秋怡还是陌生的。和绝大多数读者不同，在2021年4月中旬之前，笔者不知道这篇作品，却认识这篇作品的作者，她是2020年秋天进入复旦大学新闻学院学习的一名硕士研究生。2021年4月中旬，她来笔者办公室谈论文事宜，偶然谈到此事。她把链接发过来，笔者看了一遍作品，立即被震惊了，小小年纪，能够写出文笔这么成熟的作品，真是了不得。

之后，笔者把文章转发到几个课程群里，其中包括本科生的"深度报道"以及博士生的"当代新闻传播实务研究"，让选课的同学观摩一下这个"非虚构写作"样本。当时，这篇作品还只是22篇入围作品中的一篇，不知道最终能否获奖。2021年"五一"假期，在朋友圈里，笔者看到有老师转发了奖项公布的文章，《漫长的爆炸》斩获大奖。这也是实至名归。

这件事让笔者想到了之前的另一次非虚构写作大赛。2019年1月23日，由澎湃新闻主办，复旦大学新闻学院、今日头条联合主办的首届非虚构写作大赛启动。笔者以评委的身份参与到这次大赛当中，读了上百篇作品；虽然质量参差不齐，但依然有相当一部分作品令笔者感到震惊，无论是选题、采访还是文笔呈现都显示出了非常高的水准，让笔者这种在新闻业界有18年工作经验的"老记者"不时发出"高手在民间"的感叹。

"民间高手"的大量涌现，是新闻生产社会化浪潮的一个衍生现象。在传统媒体时代，新闻生产高度垄断，只有专业新闻机构的专业人员才有机会进行新闻采写。但是，在移动互联网技术的赋权之下，"人人都是记者"成为可能。

当然，和迟秋怡一样，参加非虚构大赛的写手也有不少在读大学生或职业作家。这样的写手也不是一般意义上的"乡野写手"，比如迟秋怡本科毕业于南京大学新闻传播学院，之后又就读于复旦大学新闻学院，受过很多的课堂训练，只是没有在专业的新闻机构工作的经历。

三、写好非虚构作品的三个必要条件

"近水楼台先得月"，迟秋怡这次获奖后，笔者也很快把她请到了本科生的"深度报道"课堂上，让她跟学弟学妹们分享《漫长的爆炸》这篇作品的创作感受。她准备得很充分，谈得很细，也展露出了东北人的她"快人快语"的说话风格。听她分享完，笔者认识到非虚构写作的"民间高手"不是凭空产生的，也需要很多主客观的条件。比如，下面三条就是写好非虚构的"必要非充分"条件：

首先，要有很好的选题意识。当下国内的非虚构写作，一般都以边缘人群为主要的写作对象，好处是"安全系数"比较高，但是因为选题边缘，写作的重要性就会降低，对读者的触动也不会那么强烈。

其次，要有扎实的采访和广泛的阅读。非虚构之所以是非虚构，就是因为材料的真实性。一方面需要自己的采访，要让受访对象愿意接受你的采访，迟秋怡的这次采访总共进行了六百多分钟；另一方面，还要把之前相关的文本都读完并消化吸收。

最后，要有高超的写作和表达能力。这一点特别重要，也是特别需要技巧的地方。迟秋怡在写作之前读了很多东北作家所写的"东北作品"，从中寻找写作的灵感，之后，根据自己掌握的素材精心构思并且反复修改，最后才成稿。

第五节　特稿与非虚构写作在新媒体环境中的发展

当下特稿和非虚构写作在国内的兴起，可以说既有世界新闻文体和新闻业发展的一般规律，也有鲜明的中国特色。同时，这类文体的发展既有中国新闻事业发展的内在逻辑，也和大的社会结构变迁密不可分。

一、中国新闻文体的三种范式变更

特稿和非虚构写作在新媒体时代的兴起有一个原因，就是从新闻媒体本身的发展上来讲，经历了从"宣传范式"到"专业范式"再到"故事范式"的发展脉络，需要注意的是，三种范式的发展不是线性的发展，不是互相取代的关系，它们之间更多的是一种平行展开的逻辑。也就说，在新闻理论层面，可以把新闻写作分成三个范式：宣传范式、专业范式和故事范式。[①]

《中国青年报》1960 年所刊发的《为了六十一个阶级弟兄》这篇报道就属于"宣传范式"，它承担着传统通讯表达党和国家的政治诉求的功能，通过这个"一方有难，八方支援"的故事来传递社会主义核心价值观中的正能量。中华人民共和国成立之后，特别是改革开放之前，国内媒体的报道基本遵循这个范式。到了今天，"宣传范式"依然有效，在我们的党报党刊中，这样的报道依然是最主流的报道。

新闻报道的"专业范式"强调新闻采写的专业性，不以表露报道者的主观看法为主

---

① 刘勇：《嬗变的轨迹——1978 年以来中国报纸新闻文体发展研究》，上海：复旦大学博士学位论文，2008 年，第 25－26 页。

旨，重点在于在对事实的挖掘和呈现。随着社会主义市场经济的发展，大众对信息的专业化与深度化需求日益凸显，媒体的主要功能是传播新闻，同时还要干预和推动社会。"专业范式"就来源于此，其核心内涵是坚守新闻操作的专业性，突出公共性，强调信息的深度与整合。客观报道、解释性报道、调查性报道等成为新时期"专业范式"的代表性报道样式。

第三种新闻范式是"故事范式"，虽然调查报道也讲故事，但还是以事实为主，而特稿更看重对故事的追求，表达叙事审美性和文化日常性的诉求，比如《中国青年报》"冰点周刊"所做的《青年工人农民的公务员生活》就是典型的故事范式。故事范式关注细节和平民性，坚守公共立场，进一步突出新闻语体的平民化和在地性，从宏大叙事走向日常叙事。

以上三种新闻范式的区别，可以比较清楚地把特稿、传统通讯以及调查新闻区分开来，同时通过这个框架，可以看出特稿的与众不同之处。

二、非虚构写作兴起背后的社会结构变化

非虚构写作兴起的另外一个原因就是社会结构的变化，特别是在技术推动之下社会结构所发生的改变，为特稿的兴起提供了一个强大的社会基础。在如今的新媒体时代，受众已经不太习惯通过纸质刊物去阅读，而是通过电子化手段去阅读，那么这种能够打动人心的有细节描写的故事，在新媒体平台上的阅读率自然会更高，因此推动了特稿的发展。同时，媒体在一些社会焦点选题上的操作空间有限，转而关注普通群体甚至是边缘群体，在这个广阔的报道空间里，特稿可以发挥自身的特长。此外，信息传播结构发生了变化，资本化、市场化、商品化新媒体平台的出现，为特稿写作提供了空间。2015年，一些新媒体平台和互联网公司开始关注非虚构写作，网易、腾讯、界面新闻相继推出了非虚构栏目"人间""谷雨实验室""正午故事"等。

2017年出现的一个新媒体公众号"ONE实验室"，专门生产非虚构故事，团队阵容可谓熠熠生辉，还专门设有"事实核查员"一职。团队中的成员大都来自《南方周末》《南方人物周刊》《人物》《时尚先生》等著名媒体，都是受过专业训练的记者。这个平台成立于2017年1月5日，最后一篇稿件推送于当年7月20日，团队解散于当年10月，共生产10余篇非虚构作品。这个是很短暂的一个平台，但是也说明了它的一种潜在价值，只不过要找到一个合适的商业模式才能够让这个平台持续运转下去。

三、非虚构写作平台的可持续发展

在探索非虚构写作平台的持续性发展方面，各家非虚构写作平台做了很多探索，"ONE 实验室"想要打通非虚构写作和影视剧改编的做法是其中一种尝试。事实证明，这条道路非常漫长，不容易走通。此外，还有不少非虚构写作平台尝试用举办写作培训班的模式进行变现，效果也不太好。

目前看来，把非虚构写作和出版结合起来可能是一条可行的路径。2019 年初，"真实故事计划"调整思路，招募专业的写作者，从"用户生产内容"（User Generated Content，UGC）为主转向"专业生产内容"（Professional Generated Content，PGC）和 UGC 兼具，主打新媒体和版权业务。到今天，"真实故事计划"在版权方面的收入已经能与广告持平，也建立了将近 20 人的图书运营团队。从 2021 年开始，该平台的图书出版模式从与出版商合作转变为独立策划、独立推广。"真实故事计划"的负责人雷磊曾在一篇文章中披露，他们出版的非虚构故事集《活着就是冲天一喊》在 3 个月的时间里卖出了接近 3 万册，登上 2021 年度文学类书籍的畅销榜单。作为出版方的"真实故事计划"，也在不久后被当当网评选为年度最具成长力的出版机构。他希望，"通过出版留下作品，又能有商业上的反馈，把这条价值的链搭建起来"。

从新闻实操的角度来看，特别是对突发事件的报道来看，特稿也是必不可少的一种文体。首先，用消息形式把突发性事件传递出去，告知大家事件的发生；其次，进行调查报道，调查事件的起因；最后，通过特稿展现事件的前因后果和人物命运，这就是从消息到深度报道的渐进式发稿节奏。要注意的一点是，特稿的真实性和主观性的有机结合是一个比较容易出问题的地方。真实性是第一位的，是不能动摇的；主观性是可以有的，不同的记者去操作同一个选题会有明显的不同，但是主观性不能够以牺牲真实性为代价，需要处理好二者的关系。

总之，相比于调查性报道和解释性报道，特稿和非虚构写作的选题相对来说"更软"，甚至可以说是"边缘化"，但也正因为如此，它的探索空间更大，容错率相对较高。不过，它对文笔的要求更高，对细节更加敏感，写作者要善于观察人物和世界，对事物的复杂性和人性的复杂性了解更多，同时要有更好的表达能力。

复习思考题

1. 一般情况下，传统新闻机构更愿意用"特稿"来称呼自己生产的"文学新闻"，阅读一个月的《中国青年报》"冰点周刊"的稿件，体会它的选题特点和写作特色。

2. 在新媒体环境下，出现了大量定位为非虚构写作的媒体平台，比如"谷雨实验室""真实故事计划""每日人物"等，找三篇此类平台上刊发的稿件，注意比较这些稿件和传统新闻机构所发特稿之间的异同。

3. 2021年5月，在"真实故事计划"举办的第三届非虚构写作大赛中，迟秋怡所写的《漫长的爆炸》获得一等奖，找到这篇作品并认真阅读，体会作者的写作特色以及长短之处。

后 记

《深度报道新论》终于要交付出版了，我不禁深深出了一口气，这本书凝聚了我过去二十年在深度报道领域的所做、所教与所思。

2004年6月，我受命重组广州日报社机动记者部，在这份市场化党报中常规性地运作起深度报道。一直到2011年我转任政文新闻主任之前，在七年多的时间里，机动部的"十几杆枪"不停地奔赴在大江南北的新闻第一线，写出了一大批深度报道作品。之后，我虽然离开了机动部，但是无论是在广州日报社政文部还是在南风窗杂志社工作期间，也一直与深度报道形影不离。这是我在新闻业界"做深度报道"的阶段，做得多，想得也不少，但这个时候想的更多是操作性的问题，比如怎么寻找选题、确定选题，怎么突破层层障碍采访到核心信息源，怎么成稿，怎么编辑，怎么既把新闻刊登出来又在安全的范围之内，等等。

2016年3月，我调整工作到复旦大学新闻学院任职。复旦大学新闻学院是中国一个老牌的新闻学院，一直有重视新闻实务教学的历史传统，"深度报道"是新闻系本科生的一门必修课。从2016年开始，我每年都给本科生上"深度报道"课程。上课需要的是"讲深度报道"，这和在业界的"做深度报道"既有直接的联系，但更有明显的不同。"深度报道"每周3节课，连续16周，因此不能像做讲座那样只在知识点上单兵突进，而是需要给学生描绘一个完整的深度报道知识图谱，从而搭建一个完整的深度报道课程体系。

为了讲好"深度报道"这门课，我对原来做新闻时期的实践经验进行了必要的概念化和理论抽象，以便能够让深度报道的实践与理论有机地融合在一起。在这个过程中，我做了不少工作，一方面是回忆和搜集尽量丰富的采写实战案例，另一方面是大量阅读新闻理论和新闻实务方面的专著和论文，拓宽理论视野，提高理论系统化水平。经过多年的不懈努力，终于有了现在的这本《深度报道新论》。

回望十余年与深度报道打交道的经历，我遇到了太多的良师益友，没有他们的帮助和提携，不可能有展现在读者面前的这本书。他们包括但不限于复旦大学新闻学院的刘海贵、张涛甫、陈建云等领导和同事，尤其值得一提的是，以刘海贵老师为负责人的新闻实务团队在整个研究中给我提供了莫大的鼓励，我深为成为复旦大学这个"钟扬式好团队"中的一员感到骄傲和自豪。同时，我还要感谢《广州日报》和《南风窗》的李婉芬、黄卓坚、邱敏、邱瑞贤、肖欢欢、武威、张丹、李华、李桂文、李龙等老领导、老同事。

在这里，我也要感谢我的同事张志安教授，张老师年轻有为，在深度报道的教学和研究领域成果丰硕；同时要感谢中国传媒大学的周逵老师、《南方都市报》前深度报道部主任陆晖先生以及《中国青年报》前副总编杜涌涛先生，他们的研究成果和实战经验总结给我提供了很有价值的参考和素材。感谢《南方周末》主编王巍，他领导的媒体是深度报道研究的重要对象。

在本书的撰写过程中，复旦大学新闻学院刘甜、闫芳琦、张舒卉三位同学整理了初步的文字材料，为本书的最后成稿做出了实质性贡献。林晓晖同学则通读了全部书稿，找出了大量在内容和文字方面需要修改的地方。在这里，一并向这些同学表示衷心感谢。

最后，我要特别感谢暨南大学出版社原社长张晋升对本书出版的关心和支持，也要感谢责任编辑刘蓓、王辰月老师，她们在编辑过程中表现出了高度的专业性和责任感，为本书的顺利出版做出了重要贡献。

窦锋昌
2024 年 5 月